知识产权管理研究丛书
中细软知识产权管理研究出版基金资助
国家社会科学青年基金:生物技术企业创新中的知识产权策略研究:基于创新“接力”过程的博弈分析(12CGL016)
国家自然科学基金:接力创新的模型及实证应用研究:以生物制药为例 (71372121)

知识产权布局和运营研究

——以现代生物技术为例

冯 薇 著

科 学 出 版 社
北 京

内容简介

本书聚焦现代生物技术产业的知识产权布局和运营，在理论研究的基础之上，通过专利数据等实证分析，总结出现代生物技术知识产权布局和运营存在的主要问题，提出相应的对策建议，具有较大的理论价值和现实意义。同时，本书进一步厘清知识产权在战略性新兴产业中的重要作用及其作用机理，将相关理论研究引向深入；聚焦发展现代生物技术产业的优势技术和优势区域的知识产权布局和运营，对现代生物技术知识产权布局和运营的建议具有战略性和前瞻性，可为政府知识产权部门制定发展相关产业的知识产权政策提供参考；研究的思路和方法也可推广应用于其他战略性新兴产业的知识产权布局和运营，有助于全国更有针对性地开展战略性新兴产业的知识产权相关工作。

本书适合生物技术公司知识产权专员，政府知识产权部门工作人员，其他知识产权从业人员，高等院校教师和学生阅读参考。

图书在版编目(CIP)数据

知识产权布局和运营研究：以现代生物技术为例 / 冯薇著. — 北京：科学出版社，2019.6

（知识产权管理研究丛书）

ISBN 978-7-03-061251-9

Ⅰ. ①知… Ⅱ. ①冯… Ⅲ. ①知识产权-研究-四川 Ⅳ. ①D923.404

中国版本图书馆 CIP 数据核字（2019）第 094695 号

责任编辑：张 展 莫永国 / 责任校对：彭 映
责任印制：罗 科 / 封面设计：墨创文化

科学出版社出版

北京东黄城根北街16号
邮政编码：100717
http://www.sciencep.com

四川煤田地质制图印刷厂印刷

科学出版社发行 各地新华书店经销

*

2019 年 6 月第 一 版 开本：787×1092 1/16
2019 年 6 月第一次印刷 印张：12 1/4
字数：320 000

定价：120.00 元

（如有印装质量问题，我社负责调换）

丛书编委会

"知识产权管理研究丛书"序一

创新驱动发展战略需要知识产权"双轮"驱动

人类的经济增长的源泉均来自知识的重大突破，包括技术革命和制度创新。这些突破被人类称为划时代的里程碑，如石器、青铜、铁、蒸汽机、计算机，以及封建、资本、企业、跨国公司等。现代社会并存着各种经济发展模式，如不同密集程度的资源型、资金型、技术型、劳动力型等。其中，数字技术所主导的信息与远程通信技术极大地提高了新知识在世界范围的传播和扩散速度，人类社会作为一个整体，其生活方式的更新速度大大加快，周期大大缩短。这促进了经济全球化、规则一体化的进程。在统一市场的调配下，以创新型国家引领的全球化产业链，以及按照知识、技术含量为标准的产业上下游分工模式，已成为当代占统治地位的国际经济发展模式。主要依靠技术与制度创新作为经济增长手段的"创新驱动发展"模式，已经成为人类迄今为止最高层级的经济发展形态。

在中国，"创新驱动发展战略"是十一届三中全会确立的以经济建设为中心的正确路线的继续。其不仅意味着中国经济增长方式的转型，而且表明中国正朝着高阶经济发展形态努力，事关中华民族的伟大复兴。据统计，目前世界上大约有 20 多个创新型国家。中国要建成创新型国家，并非循规蹈矩依赖西方国家的现有路径，复制已有的模式可以奏效。"创新驱动发展战略"的设计本身就是一个创新，需要经过考察、学习、比较、判断、选择、综合、设计、修正、试错、纠错等手段，量体裁衣，开拓新路，才可实现。

创新是人的本能。制度是孕育、涵养一切技术、艺术，决定人的创新与劳动激情能否有效发挥以及发挥程度的土壤和温床。一个国家创造财富的能力既取决于它的技术水平，也取决于借助于创新体系将技术转化为财富的能力。国家创新体系是一个包括技术、各种制度、机制等要素的复杂系统，其整合、匹配所形成的创造财富的能力是由其短板决定的。中国的短板是知识产权法治相对落后，没有发挥市场对资源配置的决定作用，对科技成果运用不当，保护不力，就可能不能完全适应技术的高速进步和与时俱进的经济发展，拖了经济发展的后腿。中国的短板还在于创新主体的知识产权管理行为"异化"和知识产权管理能力"弱化"。前者如部分企业的专利申请行为与其市场竞争需要脱节，商标"驰名"曾出现的乱象等；后者如企业知识产权积累与发展战略的错位，知识产权运营和保护能力还无法保障企业经营安全等。知识产权法治和知识产权管理的双重短板，使得中国企业在全球竞争中抢滩涉水时难以获得知识产权"炮火"的有力支持。从这个意义上说，中国的知识产权法治建设和知识产权管理能力提升，是漫漫"长征"，还有很长的路要走。

"创新驱动发展战略"的实施，需要"知识产权强国"的有力支撑，需要知识产权法治建设和知识产权管理实践"双轮"驱动。当前，中国知识产权法治建设和管理实践领域存在一系列问题，急待从不同角度开展理论研究，厘清关系。比如创新与守成的关系、知识产权与民法的关系、知识产权领域政府和市场的关系、成文法与判例法的关系、全球化与本土化的关系、知识产权司法保护与行政执法的关系、知识产权司法体制改革问题、转型时期的知识产权教育问题、知识产权与技术及经济的关系以及社会利益的多元化与知识产权学者立场问题。既然知识产权法学的兴起是人们思考和研究知识产权制度发展诉求的理论产物，那么，对知识产权管理实践提出的理论问题的积极回应，是否也可以视为知识产权管理成为工商管理新兴学科发展方向的契机？只要顺应时代发展的需求，并付诸持续的努力，涓滴意念也是有可能汇成奔涌江河的。

由电子科技大学中细软知识产权管理研究中心学术委员会和科学出版社共同策划的“知识产权管理研究丛书”，正是对实施“创新驱动发展战略”和建设“知识产权强国”的积极回应。期待该丛书著作的出版，有助于推动中国的知识产权管理理论探索和实践总结。

是为序。

刘春田
中国人民大学知识产权学院教授、院长
2016 年秋

“知识产权管理研究丛书”序二

抓住与世界同步“机会窗”，推动中国知识产权管理实践与理论发展

近四十年来，如果说是改革开放和加入世界贸易组织的需要，使得知识产权制度这个舶来品在中国生根发芽，那么，“创新驱动发展战略”的实施和“大众创业、万众创新”局面的形成，正促使知识产权制度在中华大地上开花结果，持续推动着中国特色知识产权制度的内生和知识产权管理实践的发展。中国知识产权管理实践和理论探索迎来了前所未有的、与世界同步发展的“机会窗”。

世界银行统计数据表明，近年来二十国集团主要国家和地区研究与开发(research and development，R&D)占 GDP 比重总体呈明显增加趋势。其中，中国的 R&D 费用占 GDP 的比重先后超过意大利、英国和加拿大，已经达到欧盟的整体水平。与此相一致，中国的知识产权创造能力也得到持续提升。世界知识产权组织(WIPO)统计数据显示，加入世界贸易组织以后，中国国家知识产权局受理的发明专利申请量十二年间增幅达到十三倍，年均增长近四分之一，先后超过韩国、欧盟、日本和美国，自 2011 年起连续五年居世界第一。同时，来自中国的《专利合作条约》(PCT)专利申请也先后超过英国、法国、韩国和德国，仅次于美国和日本，位居全球 PCT 专利申请第三位。此外，中国国家工商行政管理总局商标局受理的商标申请更是连续十四年全球排名第一。由此可见，随着 R&D 占 GDP 比重的增加和社会主义市场经济的发展，特别是企业技术创新和市场拓展的全球化，中国专利和商标等知识产权创造活动已经位列世界主要国家之一。

当知识产权积累到一定量级之后，如何有效萃取知识产权资源的商业价值，有力支撑企业或组织赢得创新所得和持续竞争优势，就成为创新主体的紧迫任务。在这一实际背景下，中国关于知识产权创造、运营、保护和治理等知识产权管理系统的实践探讨和理论研究也就明显活跃起来，而且正在吸引着世界知识产权界的目光和国际国内其他专业领域的关注。比如，中国专利信息年会、中美知识产权高峰论坛、中欧知识产权论坛、金砖国家知识产权论坛、上海知识产权国际论坛、亚太知识产权峰会，等等，业已成为中外政府、企业界、学术界广泛交流与沟通的平台；同时，诸多创新、战略、金融等管理经济领域的重要国际国内学术会议，也将知识产权的相关议题纳入，显现出知识产权在其他专业领域的渗透能力和重要程度的提升。中国知识产权管理实践和理论探索的活跃，既表现出知识产权制度具有很强的时代性，比如，面对互联网技术和商业模式的变革，面对基因和蛋白质等现代生物技术带来的管理经济和社会伦理挑战，等等，需要世界各国知识产权界共同面对；同时也表明，相对于物力资源、财务资源、人力资源等企业资源的管理理论而言，有关知识产权资源的管理理论方兴未艾，除专利许可等特定领域外，欧美知识产权管理理

论也还处于建构和发展时期。随着中国在世界技术进步和经济发展中地位的提高，特别是中国融入全球经济的步伐加快和程度加深，中国的知识产权事业已经成为世界知识产权的重要组成部分，中国政府、企业界和学术界急需也有机会通过共同努力，抓住与世界同步的“机会窗”，推动中国知识产权管理实践和理论发展。

正是基于上述认知和考量，经与科学出版社协商，拟出版“知识产权管理研究丛书”，以期为建设“知识产权强国”事业尽绵薄之力。丛书选题不仅涉及知识产权管理基础理论的探索，而且关注中国知识产权管理实践的总结；不仅涉及知识产权管理理论框架的建构，而且面向创新创业给出知识产权管理的“工具箱”；不仅涉及知识产权管理一般理论分析，而且关注战略性新兴产业技术领域的知识产权管理专题研究。丛书著作作者的共同特点是，既有知识产权法基础，也有理工或经济管理背景。感谢丛书编委会各位委员，在百忙之中抽出时间审阅书稿，提出中肯的建设性意见；感谢中细软知识产权管理研究出版基金共襄盛举，使“知识产权管理研究丛书”的著作得以陆续与读者见面。

是为序。

朱雪忠
同济大学知识产权学院教授、院长
2016 年初夏

“知识产权管理研究丛书”序三

支持知识产权管理理论探索是中细软的重要社会责任

变者，法之至也。《孟子·公孙丑下》曰：“彼一时，此一时也。”《孙子兵法》曰：“兵无常势，水无常形，能因敌变化而取胜者，谓之神！”商业竞争亦复如是。

与农业社会和工业社会相异，自从人类社会迈入信息时代，以知识产权为代表的无形资产在企业资产结构中的比重就与日俱增，知识产权业已成为企业、产业乃至国家的战略性资源和竞争“利器”。美国 Ocean Tomo 对标准普尔 500 指数里的上市公司资产结构统计结果显示，上述公司的资产结构越来越“轻量”化。比如，1975 年上述公司无形资产占企业总资产的比重仅为 17%，1995 年即已上升至 68%，2015 年更是上升至 84%。可见，以知识产权为代表的无形资产价值潜力已然超过厂房、土地等有形资产，“知本”概念逐渐深入人心。环环相扣的知识产权布局，不仅是国际商业“大鳄”在竞争对手面前树立起的一道道屏障，而且也在社会公众心中埋下了知识产权文化种子。无论是传统产业代表，如通用、IBM、丰田、飞利浦，还是新经济产业代表，如谷歌、甲骨文、苹果等，都深谙“知本”运作之道，攻防兼备，在一次次知识产权竞争和交易中获取高额利润。诸多商业实践表明，谁在全球竞争中拥有领先于对手的专利技术和品牌商标等知识产权，谁就有可能掌握商业竞争主动话语权和规则制定权。

在过去三十余年里，作为“后来者”的中国制造企业如华为、中兴通讯、TCL、联想等，一次次在外国领先企业的知识产权“围追阻截”中突围，以“奋斗者”的姿态践行着他们的商业使命，并在“跟跑”欧美和日韩企业的追赶过程中逐渐积累起相应的知识产权能力和竞争优势。当前，全球新一轮科技革命和产业变革蓄势待发，互联网、云计算、人工智能、石墨烯新材料等为代表的新兴技术蓬勃发展，中国企业迎来了与欧美和日韩企业“并跑”甚至“领跑机会窗”。面对新的发展“机会窗”，如何顺应党中央和国务院实施“创新驱动发展战略”和建设“知识产权强国”的时代要求，切实有效地积累知识产权数量、提升知识产权质量和萃取知识产权价值，通过构建知识产权优势参与甚至引领全球新兴商业生态发展，并在这一过程中获得可持续竞争优势，是中国已有的“在位”企业和“新生代”企业需要共同面对的课题。中国企业在世界商业舞台上的角色转换，向知识产权制度和知识产权管理提出了诸多新的理论诉求，急需学界积极回应并展开正面的研究。

受惠于近年来中国企业的创新和商业实践，中国知识产权服务行业迎来了前所未有的发展机遇。就中细软而言，以 2002 年创立的中华商标超市网为起点，中细软现已发展成为中国领先的大型综合性知识产权科技服务云平台，致力于为中国创新提供系统解决方案和信息服务，即借助互联网技术、云计算技术、人工智能技术等手段，为企业、科研机构、大学、个人的知识产权创造、运用、保护提供高质量的系统解决方案。截至 2015 年 12 月 31 日，中细软拥有专业知识产权服务人员 1200 余人，全年营业收入超过 3 亿元人民币。公司总部位于北京市房山区中细软科技产业园，在圣地亚哥、成都、洛阳、天津和深圳等地拥有子公司。反躬自思，中细软的成长和发展，离不开国内外优秀学者的鼎力相助。早在 2004 年，中华商标超市网的优化设计和改版就得到电子科技大学老师们的大力支持；2006 年，中华商标超市网第三次改版上线，业务量大幅提升。2010 年 1 月，中细软开发的知识产权管理软件正式面世；同年 6 月，中华专利超市网正式上线。2013 年，中细软闲置商标盘活量已经连续十年居全国第一。

在公司持续发展的同时，管理层一直在思考如何以实际行动回馈中国知识产权管理理论研究和人才培养。机缘巧合，2014 年 12 月，电子科技大学中细软知识产权管理研究中心成立。今年年初，研究中心学术委员会与科学出版社共同策划“知识产权管理研究丛书”，得到了知识产权法学界和经济管理学界诸位前辈和老师的大力支持，刘春田教授、朱雪忠教授、陈向东教授、范晓波教授、顾新教授、黄灿教授、李雨峰教授、童文锋教授、王岩教授、银路教授、曾磊研究员、张米尔教授、朱谢群教授等欣然应允出任丛书编委会委员，从著作选题到审稿都作出积极的卓越贡献。借此机会谨向电子科技大学中细软知识产权管理研究中心学术委员会和丛书编委会各位学者表达深深的谢意！

立身以立学为先，立学以读书为本。衷心希望科学出版社陆续出版的“知识产权管理研究丛书”能够有助于各行业人士加深对知识产权管理的理解，为中国富强崛起、企业辉煌超越共谋前程！

孔军民

北京中细软网络科技有限公司创始人、董事长

2016 年秋日

前　言

知识产权制度的本质是鼓励创新。《与贸易有关的知识产权协议》(Agreement on Trade-related Aspects of Intellectual Property Rights，TRIPS)已经注明：“知识产权的保护及其相应权利的行使，目的应该是为了促进技术的革新、技术的转让与技术的传播，以有利于社会及经济福利的方式去促进知识的生产者与使用者互利，并促进权利与义务的平衡。”由此可见，知识产权制度作为一种分配权利与利益的均衡器，鼓励创新者的智慧投入，在法定的范围内赋予创新者以垄断权，回报知识的生产者，规范知识的使用者，从而促进技术进步和社会发展，这也是知识产权制度存在的根本价值所在。一方面，创新离不开知识产权的保护，知识产权是创新者获利的重要法律与制度保障；另一方面，知识产权制度的产生与发展与技术创新密不可分。一部知识产权发展史，就是一部技术演进史。知识产权和创新存在着非常紧密的联系，知识产权制度其实就是由于私法领域的产权创新而产生的。

党的十八大提出要提高自主创新能力，建设创新型国家，实施创新驱动发展战略，这是完善社会主义市场经济、加快转变经济发展方式的重要战略部署。国务院 2017 年发布的《“十三五”国家知识产权保护和运用规划》指出，“我国将在‘十三五’时期深化知识产权领域改革，破除制约知识产权发展的障碍，全面提高知识产权治理能力，为促进‘大众创业、万众创新’提供有力保障，为促进经济提质增效升级提供有力支撑”。因此，国家知识产权局将“加强知识产权交易运营体系建设，包括完善知识产权运营公共服务平台、创新知识产权金融服务、加强知识产权协同运用”作为四大专项工程之一。可见，知识产权布局和运营日益成为实现创新驱动发展，为“双创”保驾护航的重要环节和关键因素。

现代生物技术是七大战略性新兴产业之一，具有非常显著的技术创新特征与产业特征。作为新兴技术典型代表之一，现代生物技术的发展离不开技术创新，而赢得创新所得离不开知识产权的保护。现代生物技术产业的自身特点决定了知识产权对于现代生物技术的重要性以及特殊性。以往与企业技术创新和知识产权策略有关的研究更多的是集中在单个企业中，而现代生物技术的高投入、高风险等特点决定了单个企业很难完成技术创新的全过程。现代生物技术企业的创新具有“接力创新”的特质。现代生物技术企业在创新的不同阶段其知识产权显示出哪些特点？现代生物技术企业在技术创新过程中应该如何进行知识产权布局和运营？不同类型的现代生物技术企业在“接力创新”的过程中应该采取何种知识产权策略？政府应该为现代生物技术企业的“握手接力”提供怎样的政策和法律支持？这些都是急待回答的问题。因此，揭示现代生物技术创新的特点，深入研究现代生物技术企业知识产权保护的策略选择，打开技术创新过程中知识产权保护的“黑箱”，对企业不同创新阶段的不同知识产权布局和运营策略进行分析，具有重要的理论价值和现实意义。

本书正是作者对上述问题进行系统回答的有益尝试。本书试图对知识产权布局和运营中的一些原则性和规律性的东西进行总结，并以现代生物技术为代表，研究在具体产业和企业中应该如何进行知识产权布局和运营，希望能够为以现代生物技术为代表的战略性新兴产业的知识产权布局和运营提供一定的参考和借鉴。基于此，本书主要包括以下几方面的内容：第一章，绪论。本章对现代生物技术和知识产权制度进行了概述，剖析了现代生物技术发展中知识产权的重要作用和知识产权促进现代生物技术发展的作用机理以及相关问题的研究现状。第二章和第三章，是知识产权布局和运营的理论研究。本书分别从中观和微观两个层面研究了知识产权布局的含义及模式，以及现有企业知识产权运营的主要方式和知识产权价值评估。第四章，首先聚焦现代生物技术知识产权中观布局的层面，在总结现代生物技术中观布局的原则的基础之上，运用定量分析和定性分析相结合的方法，分别分析了全球、我国以及四川省生物技术知识产权布局的现状。以四川省为例，提出了生物技术布局方面的对策建议。第五章，本书分别从横向(知识产权各类客体)和纵向(企业不同创新阶段)两个角度，论述了现代生物技术知识产权微观布局，并且提出了适于现代生物技术企业(尤其是中小企业)的特有知识产权布局模式。第六章主要研究了现代生物技术企业知识产权运营问题。本书分析了基于创新过程的现代生物技术企业知识产权运营策略，深入讨论了现代生物技术企业“接力创新”中的知识产权运营模式。接下来，本书以四川省现代生物技术企业为例，进行了实证研究。本书借助 incopat 等相关数据库，对四川省生物技术企业知识产权运营现状、影响因素、运营态势等进行了详细分析，在指出存在的相关问题的基础之上，提出了相应的对策建议。第七章，案例研究。本书分别选取了现代生物技术企业知识产权布局和运营策略的案例，综合运用单案例和多案例研究相结合的方法，对前面的理论研究部分进行了验证。

本书作者长期关注知识产权布局和运营，尤其是现代生物技术的知识产权布局和运营问题，在借鉴现有研究的基础之上，结合作者近五年完成的国家级、省部级等知识产权研究项目，对研究报告进行系统归纳整理，完成本书。本书相关研究受国家社会科学青年基金：生物技术企业创新中的知识产权策略研究：基于创新“接力”过程的博弈分析(12CGL016)；国家自然科学基金：接力创新的模型及实证应用研究：以生物制药为例(71372121)；中央高校基本科研业务费专项资金：大数据驱动下的高校知识产权运营研究(ZYGX2016J242)；2017 年四川省省级知识产权专项资金项目(2017-BH-00001)多项资助。此外，作者还要感谢学界前辈及同仁的谆谆教诲，无私关怀。特别感谢本书作者冯薇的恩师银路教授，在研究道路及本书的写作过程中给予的巨大帮助。感谢肖延高老师作为同事、同行、朋友长期以来的支持和鼓励。感谢科学出版社的领导的厚爱和编辑的辛勤付出，感谢“知识产权管理研究丛书”编委会委员们的大力支持。感谢中细软知识产权管理研究出版基金资助，使得本书能够与读者见面。

由于作者自身水平所限，本书纰漏与不足之处，敬请知识产权学界前辈与同行，企业界朋友，以及读者们批评指正。

目　　录

第一章 绪　　论

1.1　现代生物技术与知识产权

1.1.1　现代生物技术概述

1)现代生物技术的含义及特征

生物技术(biological technology，Biotechnology)，也叫生物工程，这一词最初是由匈牙利工程师Karl Ereky于1917年提出的。当时他所提出的生物技术主要是指用甜菜作为饲料进行大规模的养猪，即利用生物技术将原材料转变为产品。随着科学技术的不断进步，生物技术的概念也逐渐有了新的含义。经济合作与发展组织(organization for economic co-operation and development，OECD)对生物技术的定义是："生物技术是应用自然科学及工程学的原理，依靠微生物、动物、植物体作为反应器将物料进行加工以提供产品来为社会服务的技术"。因此，通常所说的生物技术包括传统生物技术和现代生物技术两部分。前者指旧有的制造酱、醋、酒、面包、酸奶、奶酪及其他食品的传统工艺。这种技术可以溯及到很古老的年代。埃及人利用酵母菌酿酒，并能对枣椰树进行交叉授粉以改善果实的质量。我国也早在石器时代后期就开始进行酒精发酵。公元前3世纪，我国人民就能够利用传统生物技术制作豆腐、酱油和酿醋。这些技术在很大程度上推动了当时社会经济的发展和人类文明的进步，有的基础技术，如发酵等技术也沿用至今。而后者，即现代生物技术的概念，学者们的定义虽然不完全一致，但主要内容比较相近。宋思扬和楼士林(2007)认为，"现代生物技术是指人们以现代生命科学为基础，结合其他基础学科的科学原理，采用先进的工程技术手段，按照预先的设计改造生物体或加工生物原料，为人类生产出所需产品或达到某种目的"。李天柱和银路(2009)给出的定义是："现代生物技术是以现代生命科学为基础，以脱氧核糖核酸(DNA)重组技术为核心，结合工程技术手段和其他基础学科的科学原理，按照预先设计改造生物体或加工生物原料，为人类生产出所需产品或达到某种目的，是多学科相互渗透的高技术综合体系"。

与同为高技术的IT技术等相比，现代生物技术除了具备新兴技术所具有的"知识正在扩展""市场正在革新或形成""创造性的毁灭"等一般特征以外，还具有很多自身的特性(武忠亮，2008)。李天柱(2010)将现代生物技术的特征归纳为："技术通用性强，互相依赖；应用与理论同步，科学与技术融合；资源依赖性强，但对基础资源的需求量很小；发展阶段多，开发周期长；呈现长期加速发展的趋势；对社会影响深远。"

2)现代生物技术的主要技术群及其相互关系

根据现代生物技术的操作对象及操作技术的不同，主要包括以下五项工程。

(1)基因工程(genetic engineering)。基因工程指的是对基因进行人工分离、合成和重组的技术。20 世纪 50 年代，DNA 双螺旋结构的发现及对其功能的广泛研究为现代分子生物学的发展奠定了基础，从此打开了人类在分子水平上认识生命的新篇章。基因工程兴起于 20 世纪 70 年代，其主要原理是应用人工方法把生物的遗传物质，通常是 DNA 分离出来，在体外进行切割、拼接和重组。然后将重组后的 DNA 导入某种宿主细胞或个体，从而改变其遗传品性；或使新的遗传信息(基因)在新的宿主细胞或个体中大量表达，以获得基因产物(多肽或蛋白质)。这种通过体外 DNA 重组创造新生物并给予特殊功能的技术就称为基因工程。基因工程主要包括两项核心技术，即基因重组技术和转基因技术。

基因重组技术(recombination technology)是指将不同种类的物质或生命通过对接和重新组合形成一个新的物质生命体，并一定要保持原有物质的特质和遗传基因解码，从而获得人类所要的大量的、可复制的原体物质。基因重组技术生产的产品必须有以下特性：①为了生产原体(目标体)必须将原体的基因携带体(例如，细胞)与另一种载体对接黏合并培植成活；②基因重组获得的产品必须与原体(目标体)的遗传基因解码 100%一致；③基因重组获得的产品必须是无性繁殖的产品，只携带原体的所有遗传基因，而不携带载体的任何遗传基因。转基因技术(transgene technology)是将人工分离和修饰过的基因导入到生物体基因组中，由于导入基因的表达，引起生物体的性状的可遗传修饰，从而使其在生物的性状、营养和消费品质等方面向人类需要的目标转变。

基因工程是一项相对复杂的技术，从知识产权保护的角度出发，基因工程的基本技术路线可以如图 1-1 所示。由图 1-1 可见，在基因工程中，需要以及可能受到知识产权保护的对象主要有三类：①被分离或提取的基因本身；②基因工程中所涉及的各项技术；③基因工程的各种最终产品，如 DNA 药物、转基因动植物等。

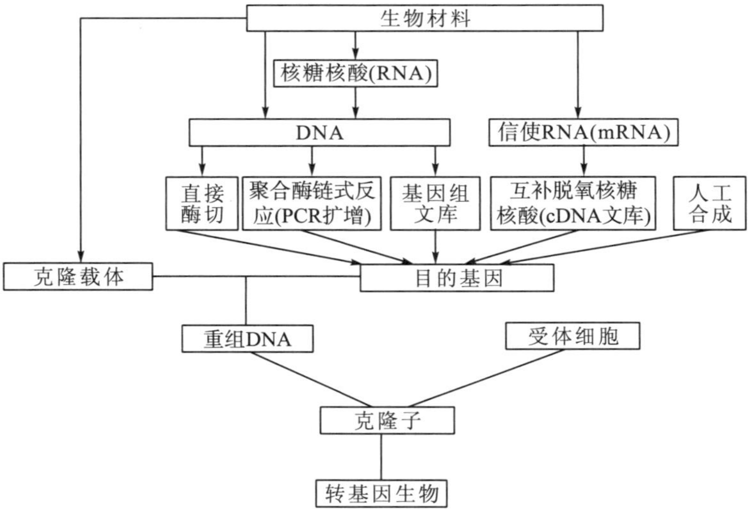

图 1-1　基因工程的基本技术路线

(2)细胞工程(cell engineering)。细胞工程是指应用现代细胞生物学、发育生物学、遗传学和分子生物学的理论与方法，按照人们的需要和设计，在细胞水平上的遗传操作，重组细胞的结构和内含物，以改变生物的结构和功能，即通过细胞融合、核质移植、染色体或基因移植以及组织和细胞培养等方法，快速繁殖和培养出人们所需要的新物种的生物工程技术。根据研究对象不同，细胞工程可分为动物细胞工程和植物细胞工程。动物细胞工程包括：细胞培养技术(包括组织培养、器官培养)；细胞融合技术；胚胎工程技术(核移植、胚胎分割等)；克隆技术(单细胞系克隆、器官克隆、个体克隆)。植物细胞工程包括：植物组织、器官培养技术；细胞培养技术；原生质体融合与培养技术；亚细胞水平的操作技术等。

根据设计要求，按照需要改造的遗传物质的不同操作层次，细胞工程可分为染色体工程、染色体组工程、细胞质工程和细胞融合工程等几个方面：①染色体工程，即按人们的需要来添加或削减一种生物的染色体，或用别的生物的染色体来替换该染色体。染色体工程可分为动物染色体工程和植物染色体工程两种。动物染色体工程主要采用对细胞进行微操作的方法(如微细胞转移方法等)来达到转移基因的目的。植物染色体工程目前主要是利用传统的杂交回交等方法来达到添加、消除或置换染色体的目的。②染色体组工程，即多倍体的诱发，整个改变染色体组数的技术。自从1937年美国学者布莱克斯利(A.F.Blakeslee)等发现秋水仙素可以使染色体加倍以后，异源多倍体就能通过人工诱发使染色体数加倍而得到(例如，得到四倍体小麦、八倍体小黑麦等)，这些多倍体常具有抗逆能力强、穗大、籽粒蛋白质含量高和生长势强等优良的生产性能。③细胞质工程，又称细胞拆合工程，主要研究内容是细胞质的置换，是通过物理或化学方法将细胞质与细胞核分开，再进行不同细胞间核质的重新组合，重建成新细胞。细胞质工程可用于细胞核与细胞质的关系的基础研究和育种工作。④细胞融合工程，是用自然或人工的方法使两个或几个不同细胞融合为一个细胞的过程。细胞融合工程可用于产生新的物种或品系及单克隆抗体等。其中，单克隆抗体技术可以利用克隆化的杂交瘤细胞分泌高度纯一的单克隆抗体，具有很高的实用价值，在诊断和治疗病症方面有着广泛的应用前途。当然，最让世人感到震惊的成就还是英国PPL生物技术公司和Roslin研究所的Dr. Wilmut等于1997年2月27日在权威杂志*Nature*上宣布的绵羊“多莉”(Dolly)诞生的消息。“多莉”是用乳腺细胞的细胞核克隆而来，她的克隆成功说明了体细胞核的遗传全能性，也翻开了人类以体细胞克隆哺乳动物的新篇章。

(3)酶工程(enzyme engineering)。酶工程就是将酶或者微生物细胞、动植物细胞、细胞器等放在一定的生物反应装置中，利用酶所具有的生物催化功能，或者对酶进行修饰改造，借助工程手段将相应的原料转化成人们所需产品的一门技术。它包括酶制剂的制备、酶的固定化、酶的修饰与改造及酶反应器的设计等方面内容。酶工程大致经历了三个发展阶段：①初级阶段，人们直接从动植物或微生物体内提取酶做成酶制剂，用于产品生产，这种方法直到现在仍被延用；②中级阶段，即20世纪70年代以后，以第二代酶——固定化酶及其相关技术的产生为代表，酶工程日益成为工业生产的主力军，在化工医药、轻工食品、环境保护等领域发挥着巨大的作用。不仅如此，该领域后来还产生了威力更大的第三代酶，即包括辅助因子再生系统在内的固定化多酶系统，其正在成为酶工程应用的主角。③高级阶段，即基因工程酶制剂。由于酶在生物体内含量的有限性，限制了直接利用天然酶更有效地解决很多化学反应的可能性，基因工程的方法解决了这一难题。只要在生物体内找到了某种有用的酶，即使含量再低，应用基因重组技术，通过基因扩增与增强表达，就可能建立高效表达特定酶制剂的基因工程菌或基因工程细胞。把基因工程菌或基因工程细胞固定起来，就可构建成新一代的生物催化剂——固定化工程菌或固定化工程细胞。科学家们预言，如果把相关的技术与连续生物反应器巧妙结合起来，将导致整个发酵工业和化学合成工业的根本性变革。

(4) 发酵工程(fermentation engineering)。发酵工程，也称为微生物工程，指的是基于微生物生长繁殖迅速、生长条件简单等特点，采用现代工程技术手段，利用微生物的某些特定功能，为人类生产有用的产品，或直接把微生物应用于工业生产过程的一种技术。发酵技术历史悠久，早在几千年前，人类就开始了酿酒、制酱和制奶酪的生产。而作为现代生物学意义上的发酵工业，则源于 20 世纪 40 年代抗生素工业的兴起和迅速发展。现代发酵技术在传统的发酵技术上结合了基因工程、细胞工程、分子修饰和改造等新技术，其主要内容包括生产菌种的选育，发酵条件的优化与控制，反应器的设计及产物的分离、提取与精制等。从广义上讲，发酵工程是由上游工程、中游工程和下游工程三部分组成的。其中，上游工程包括优良种株的选育，最适发酵条件(pH、温度、溶氧和营养组成)的确定，营养物的准备等。中游工程主要指在最适发酵条件下，发酵罐中大量培养细胞和生产代谢产物的工艺技术。下游工程指从发酵液中分离和纯化产品的技术：包括固液分离技术(离心分离、过滤分离、沉淀分离等工艺)，细胞破壁技术(超声、高压剪切、渗透压、表面活性剂和溶壁酶等)，蛋白质纯化技术(沉淀法、色谱分离法和超滤法等)，最后还有产品的包装处理技术(真空干燥和冰冻干燥等)。

(5) 蛋白质工程(protein engineering)。蛋白质工程是指在基因工程的基础上，结合蛋白质结晶学、计算机辅助设计和蛋白质化学等多学科的基础知识，以蛋白质分子的结构规律及其与生物功能的关系作为基础，通过对基因的人工定向改造等手段，对蛋白质进行修饰、改造和拼接以产生能满足人类需要的新型蛋白质的技术。蛋白质工程又称为第二代基因工程。基因工程在原则上只能生产自然界已经存在的蛋白质，而这些天然蛋白质是生物在长期进化过程中形成的，他们的结构和功能符合特定物种生存的需要，却不一定符合人类生产生活的需要。蛋白质工程的目的就是生产人类所需要的蛋白质。蛋白质的功能是由 DNA 决定的，要制造出符合人类需要、带有特定功能的新的蛋白质，就必须改造 DNA。所以蛋白质工程的基本原理应该是中心法则的逆推，蛋白质工程的基本原理如图 1-2 所示

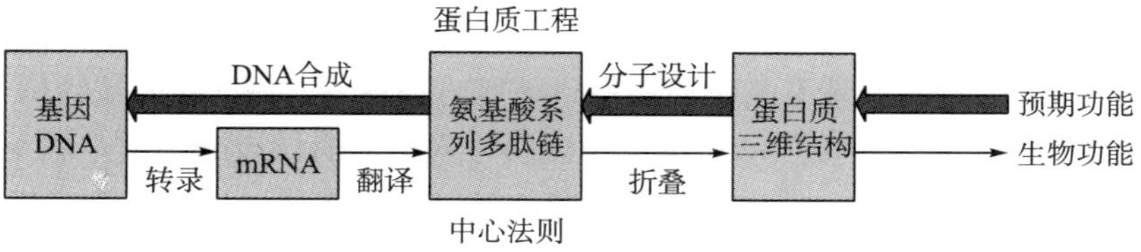

图 1-2　蛋白质工程的基本原理

蛋白质工程的主要内容有两方面：①根据需要设计具有特定氨基酸序列和空间结构的蛋白质；②确定蛋白质的化学组成及空间结构与生物功能之间的关系。在此基础上，实现

从氨基酸序列预测蛋白质的空间结构和生理功能，设计合成具有特定生物功能的全新蛋白质。而氨基酸排序由基因决定，因而还需要改造控制蛋白质合成的相应基因中脱氧核苷酸序列或人工合成所需要的自然界原本不存在的基因片段，用于蛋白质工程。

在蛋白质工程中，需要以及可能受到知识产权保护的对象主要有三类：①生物信息数据库，主要有 DNA 序列数据库、RNA 序列数据库、蛋白质序列数据库以及蛋白质结构数据库等。②蛋白质工程中所使用的生物信息硬件，以生物芯片为代表，主要指基因芯片和蛋白质芯片。通常的基因芯片和蛋白质芯片都属于检测型生物芯片，其工作原理是采用点样机或原位合成方法将高密度探针阵列以一定的顺序或排列方式固定在一定的载体(如玻璃片等)上面，借助生物分子相互作用的原理，进行大量生物组分的分析。具体而言，基因芯片技术是借助碱基互补原理，将大量(通常选择每平方厘米点阵密度高于 400)探针分子固定于支持物上后与标记的样品分子进行杂交，通过检测每个探针分子的杂交信号强度进而获取样品分子的数量和序列信息。蛋白质芯片是一种高通量的蛋白功能分析技术，可用于蛋白质表达谱分析，研究蛋白质与蛋白质的相互作用，甚至研究 DNA-蛋白质、RNA-蛋白质的相互作用，筛选药物作用的蛋白靶点等。③蛋白质的三维结构。随着蛋白质的结构研究，特别是三维结构的研究成为世界主要发达国家、各跨国制药集团竞相投入的热点，蛋白质三维结构的专利等问题也引起了业内人士的高度重视，蛋白质的三维结构也成为知识产权需要保护的又一重要客体。

现代生物技术中的基因工程、细胞工程、发酵工程、酶工程和蛋白质工程之间的关系，宋思扬和楼士林(2007)总结如图 1-3 所示。除了五大主要工程之外，现代生物技术与其他学科和技术相结合，还辐射出许多外围技术群。例如，与光刻技术及化学固相合成法相结合形成的 DNA/基因芯片技术；与信息技术相结合形成的生物信息技术；与在体纳米技术相结合形成的纳米生物技术等。综上所述，现代生物技术的五项主要工程及其外围技术群不是相互独立的，而是紧密联系且互相渗透的。其中，以基因工程为核心，以蛋白质工程为前沿，带动着其他技术不断向前发展。基因工程在现代生物技术及相关技术群中的核心地位具体参见图 1-4。

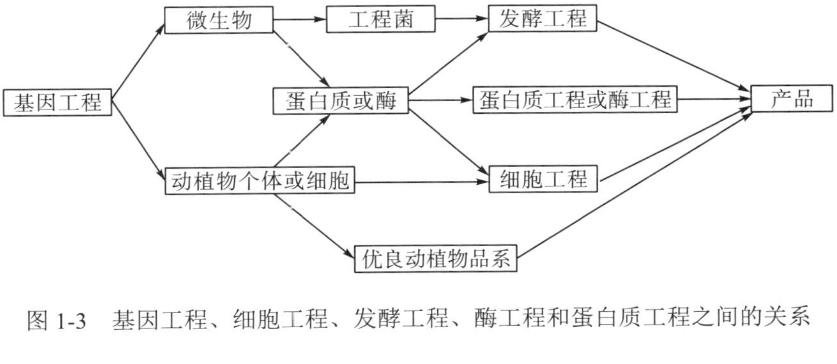

图 1-3 基因工程、细胞工程、发酵工程、酶工程和蛋白质工程之间的关系

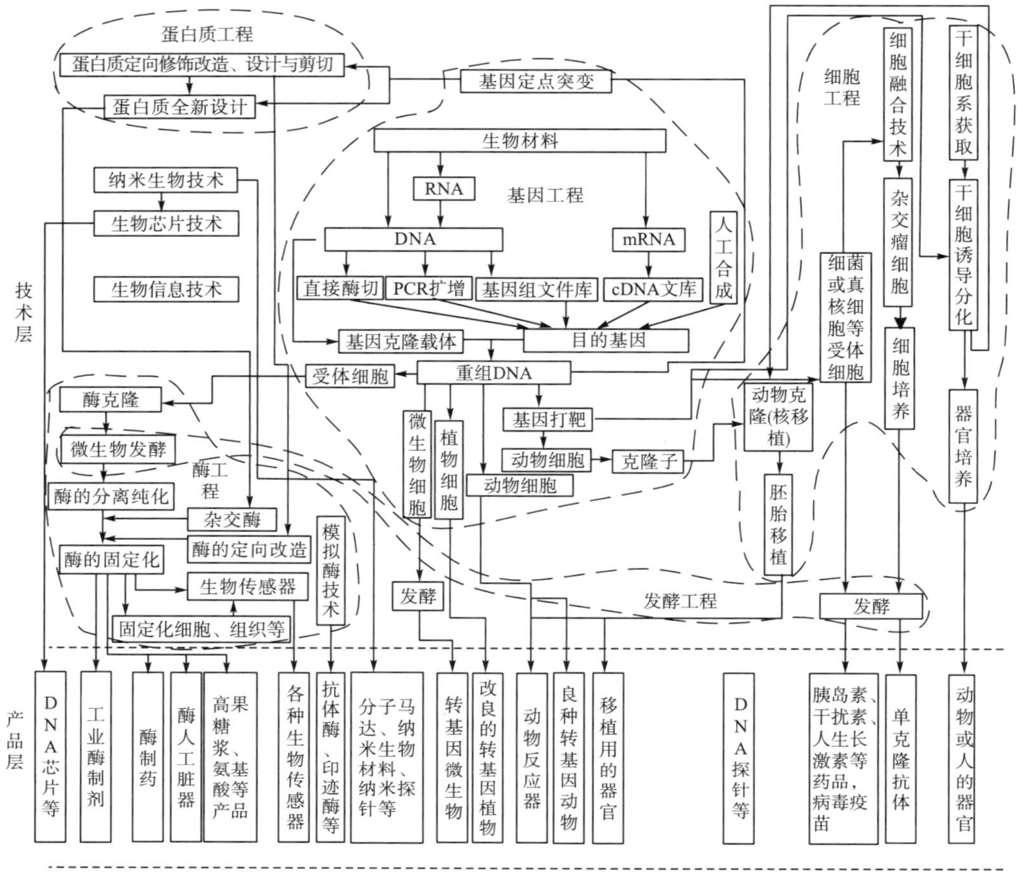

图 1-4　基因工程在现代生物技术及相关技术群中的核心地位

1.1.2　现代生物技术发展中知识产权的重要作用

知识产权推动新兴产业发展的成功案例在美、德、日等发达资本主义国家比比皆是。同传统产业相比，包括现代生物技术在内的战略性新兴产业的发展的显著特征是：高水平的技术创新以及十分复杂的技术链，基于创新网络产业链，较高知识产权保护环境的要求。这些特征也因此决定了知识产权组织及其相关制度所产生的影响力将贯穿于战略性新兴产业的不同发展阶段以及各个环节之中。充分地发挥知识产权制度的重要作用，将对现代生物技术等战略性新兴产业实现高水平的投入、有效的保护、优化的配置以及具有国际性的竞争主动权等优良绩效产生积极的作用。因此，本书对战略性新兴产业知识产权的理论及其政策研究具有极强的理论与现实意义。

近年以来，国内外对战略性新兴产业知识产权的相关研究持续增多。吴文华和曾德明(2006)通过对各种不同的移动通信产业标准的形成机制做出对比，指出了标准联盟对于战略性新兴产业的重要作用。余江和陈凯华(2011)基于我国现行战略性新兴产业存在问题，指出要提升对无形资产的创造、建立产学研联盟等知识产权政策的重视程度。朱瑞博(2011)着重研究了知识产权及标准竞争战略与战略性新兴产业的关系，提出我国基于专利池的知识产权和国际标准竞争战略。

2011 年以来，我国知识产权数量的发展速度十分地迅速，世界知识产权组织(World Intellectual Property Organization，WIPO)的《2011 年世界知识产权指标》表明，我国的实用新型专利、外观设计专利以及商标注册的年申请量都常年处于世界第一位；至 2017 年，我国发明专利申请量已经连续七年位居世界首位。从专利申请和授权的数量上而言，我国已成为世界知识产权大国。尽管从数量上看我国位居世界前列，但我国知识产权总体发展，尤其是知识产权申请和授权的质量仍然相对滞后，和发达国家比较仍有不小的差距。虽然发达国家因为受到了金融危机的严重影响，其专利申请量的增幅也较小。但是，因为其常年来所拥有的基数巨大，所以其在总数上仍占有绝对的优势。因此，发达国家在国际专利体系的主导地位还未发生根本性的改变，世界性的专利技术力量的此消彼长还会持续进行。而反观中国，我国知识产权的质量及其应用能力仍相对滞后于社会、经济以及科技现有发展水平。中国人均占有专利的数量，尤其是发明专利的数量在世界排行中仍然处于相对落后的位置。并且，从质量的角度而观之，我国在高技术与核心技术领域中的专利数量，较之发达国家或者跨国公司而言，仍然存在较大差距。

《世界贸易组织与贸易有关的知识产权保护协议》表明："知识产权保护及其实施的目的，应该有助于实现技术的创新、传播及其转让，有助于技术知识所有者以及生产者之间的利益，保护和实施方法有助于社会以及经济福利，并且有助于权利和义务的相互平衡"。世界知识产权组织认为知识产权制度具有如下作用：①鼓励研究和开发新的技术；②创造新技术运用于产业的良好的环境氛围；③推动技术进行传播扩散；④为制定技术发展的规划及其战略提供合理的依据；⑤为引进先进技术、吸引境外资本以及相互合作提供有力的制度保障。从上述作用和目的来看，每一条都与我国发展现代生物技术产业密切相关。

综上所述，知识产权对于生物技术产业而言具有极其关键的影响。知识产权，特别是发明专利的创造，是我国发展现代生物技术产业的最重要技术源头，将直接影响我国现代生物技术产业发展的速度、规模和持续性。

下面通过文献梳理并结合经济建设的实践，从技术创新层面、企业层面、产业层面以及国家层面四个层面来具体分析生物技术产业发展过程中知识产权的重要作用。

1)技术创新层面

生物技术产业产生及其发展，与企业开展技术创新的活动不可分割。随着科学技术快速发展的节奏以及经济全球化不可阻挡的趋势，企业必然想方设法加速其技术创新的进程。而企业进行技术创新的结果，或产生专有技术，或形成专利技术。前期研究表明，发展生物技术产业时所涉及的大多数基础性技术、核心技术，都以形成专利技术通过法律途径加以保护为好，既能最大限度保护创新所得、调动创新者开展技术创新的积极性，又能促进生物技术产业良性、持续发展，避免无序、恶性竞争。知识产权制度实际上是对人们产生的智力劳动成果从产权的视角来加以激励的制度，是调动企业技术创新积极性和保护技术创新成果的基本制度。知识产权制度的激励作用，推动了企业进行技术创新；而其法律方面的作用，则保障了企业进行创新活动的所得及其财富的顺利实现。

由于现代科学技术的研究规模越来越大，技术系统越来越复杂，开发费用十分高昂，若不采用知识产权的法律手段对其研发成果加以保护，创新者即便投入巨大的人力、财力获得了研发上的成功，也很难获得预期的创新收益。发展以生物技术为代表的战略性新兴产业是一个巨大的技术创新系统，期间需要紧跟世界的先进技术发展趋势，投入大量的研发资金，同时要承担研发不成功带来的风险。只有采取强有力的知识产权制度，才可能使技术创新者在法律的保护之下顺利获得创新收益，更好地激发和保护创新者的积极性，不断加大研发投入，不断推出新技术、新产品，进而推动我国战略性新兴产业的快速发展。知识产权保护与技术创新的关系，其本质就是要从法律和制度层面最大限度地保证创新者获得应该属于他们的创新所得，并以此来激发企业开展技术创新的积极性。

知识产权对技术创新的正向作用方面，国内学者的研究已较为成熟。郑明辉(2000)认为知识产权对企业技术创新具有激励作用、知识产权对技术创新成果具有保障作用，可以避免低水平重复研究，推动技术创新、促进新技术商品化和市场化。徐棣枫和陈瑶(2011)认为自主创新需要知识产权保护制度提供动力，自主创新的实现和持续不断，需要知识产权保护制度提供基础。吴颖和钟海粒(2012)认为知识产权战略驱动技术的创新为：推动新技术的产生；推动新技术的商业化；为新技术的研发安全提供保证。

关于知识产权策略对技术创新的影响的诸多研究中，相关学者们也逐渐突破了只对知识产权对于技术创新所产生的正向影响进行研究的局限，开始全面地分析两者之间的作用机理。Kanwar 和 Evenson 在对 32 个国家 1981～1995 年的数据进行了面板模型评估以后发现，提升知识产权的保护力度对于研发强度有着积极并且明显的影响，并且指出用于研发的投入可以对全要素的生产效率以及经济的发展产生积极的作用。可以从学者们的研究中获悉，知识产权制度是推动和保证技术创新的基本制度，充分地发挥知识产权制度对于技术创新成果的占有与应用的重要作用，是促进技术创新的主要激励制度与动力机制。Lerner(2001)的研究认为，只有在一个国家对知识产权的保护较为薄弱的条件下，那么提升其专利的保护强度，才有可能推动技术创新；反之，一个国家的知识产权保护本来就很全面了，如果再加强其专利的保护，那么会对技术创新起负向的作用。Chen 和 Puttitaunt(2005)指出，发展中国家不可避免地会对发达国家技术与产品进行模仿，并且在国内不断自主研发，因此其对知识产权的保护越薄弱则越有助于其进行模仿，反之则越能够推动其进行自主的研发。因此，发展中国家应随其不同的经济发展阶段，先进行低水平的知识产权保护，然后逐渐提升其对知识产权的保护。周寄中等(2006)指出知识产权和技术创新其实并不是相互孤立的。相反，知识产权和技术创新是相互渗透、相互影响的。技术创新为获取知识产权的前提条件，知识产权则为技术创新的产物；技术创新产生对于知识产权的需求，知识产权制度则随技术创新的发展得以完善。

小结：在现代生物技术的过程中知识产权对于企业技术创新的重要作用主要表现在以下几个方面：①其动力机制，可促进技术创新的产生；②其激励机制，保证创新者的收益和权利；③可避免低水平的重复研究；④可促进新技术的商业化。

2)企业层面

知识产权在企业管理中发挥的作用是不可忽视的，企业要想在激烈的竞争中处于有利位置，就必须对其所拥有的知识、能力等要素进行有效管理，就必须充分发挥知识产权的作用。否则，企业难免在竞争中处于不利位置，甚至被迫退出竞争，失去生存空间。

企业经营内部环境由企业的销售能力、企业的经营能力、企业的理财能力以及企业的整体素质共同组成，其综合作用形成的领先竞争对手的优势就是核心竞争力。这种核心竞争力会通过知识产权的形式和知识产权的价值体现出来。汤湘希(2005)提出以下观点：核心竞争力以知识产权作为基础，这是企业将多种知识产权进行整合所形成的。具有相当数量与质量的知识产权是培养企业核心竞争力的前提条件，也对企业价值的大小起着决定性的作用。知识产权战略承认了智力劳动成果的有偿性，这对于鼓励企业进行发明创造、推动企业进行技术创新具有十分重要的作用，使得企业可以在以高新技术为关键的知识经济时代的国际市场上占有一席之地。

对于知识产权在企业管理中的重要作用，国内很多学者做了较为详细的研究。周霞(2006)认为从防御性上看，知识产权策略可以有效阻止竞争对手的跟进和进攻，在一定程度上建立竞争壁垒；从进攻性上看，专有成果可以帮助企业获得经营许可，促进销售，从而确立竞争中的有利地位。张君立和郑美群(2008)则从波特的低成本和差异化竞争战略方面做了分析，认为从差异化战略而言，利用知识产权围堵以及知识产权集聚，可以维持企业差异化优势，通过调动研发人员的积极性，可使企业差异化优势继续扩大；从低成本战略而言，通过把知识产权利用转让、许可等方法出售于其他企业，可以分担企业部分研发投入，从而减少企业的生产成本，并且可以获取技术转让的收入，从而进一步地增加企业利润。庄喻韬和孙通(2013)则分析了企业运用知识产权策略的显性作用：①树立企业的良好形象，扩大宣传；②可将知识产权作为资产质押或入股；③享受政府给予的荣誉、配套资金和各种优惠政策支持；④提高中标的可能性；⑤为参与标准制定奠定基础。

小结：在现代生物技术产业的过程中知识产权对于企业的积极影响有：①帮助企业获得经营许可，促进主营业务的开展；②保持核心竞争力，以领先于竞争对手；③降低研发风险和成本；④奠定企业其他可获益项目的基础，比如政府津贴、中标等。

3)产业层面

在培养及发展创新型经济的进程中，知识产权不但是企业权益或者个人权益，还是进行产业升级以及产业结构优化的关键因素，知识产权和整个产业密切相关。陈宇峰和曲亮(2005)指出，知识产权保护不但可以使微观上的企业获取竞争优势，而且还可以促进宏观上的国家参与国际产业结构调整，进而获取比较优势；知识产权保护的背后所体现出来的正是国家进行产业结构的比拼，一个国家产业结构越现代化，其知识产权保护该国利益的效用也就相应体现得越充分。因此，产业结构实际上对知识产权保护效应发挥着决定作用。

在知识产权策略对产业的作用方面，研究者大多通过对特定产业的实证研究来开展并得出相应的结论。董雪兵和史晋川(2006)指出，在计算机软件、书籍、期刊或者音乐等行业中，应适用宽松的知识产权保护制度，例如版权制度；而在生物技术、医药以及电子等行业中，应适用严格的知识产权保护制度，例如专利制度。Dennis Fernandez 与 Mary Chow 认为，在生物芯片与生物信息领域中，实行强有力的知识产权保护是极其关键的，并且进行专利、版权、商标及商业秘密等多重保护也是十分关键的。李平(2006)指出，知识产权战略对高新技术产业起着十分重要的作用，因此加强对知识产权的研究对于高新技术产业而言是必要的战略环节。一个区域的知识产权战略，终极目标就是提高本区域产业竞争力，尤其是主导产业竞争力，同时注重培养区域新型产业的竞争力；并且利用区域产业知识产权战略，促进区域产业技术创新，使得区域产业竞争力由投资驱动、要素驱动顺利转为创新驱动。陈蕾(2011)则认为，知识产权对于软件产业技术创新的作用为：知识产权通过明晰产权，能够保障软件开发者的合法权益，防止侵权或滥用；有助于软件产业技术创新资源实现优化配置，减少研究和开发的成本；有助于软件产业进行相互的技术交流或合作，从而可以为其实现技术创新打下坚实的基础；有助于软件产业进行知识积累和传播，并为软件企业实现技术创新提供信息。而郭民生(2006)指出，知识产权对于不同产业的经济作用也是有着极大的区别的：在软件行业中，知识产权是最为关键的资产；在钢铁行业中，贵重且繁杂的设备设施自然形成壁垒，因此对知识产权则不敏感。由此可见，知识产权制度在不同产业中所发挥的作用是不相同的，即便是在同一产业中，知识产权制度在不同的领域、产业链的不同位置，其发挥的作用也是不相同的。因此，需根据产业的特征甚至产业中不同领域的特征有针对性地开展知识产权战略设计与实行。

知识产权对产业集群的作用也尤其关键，知识产权保护能够有效制止技术外溢中的“搭便车”行为。单个或某些企业的技术创新的引领作用所产生的技术外溢，可以使区域内企业实现技术提升，同时也不可避免地存在“搭便车”的可能，造成恶性竞争，影响行业进展。因此，产业集群形成的技术外溢是企业创新进程中的一把双刃剑。在产业集群模式下，一个企业不重视自身知识产权的保护和运用，会致使其竞争力降低，削弱技术创新的激励作用，减缓产业创新进程。因而实行知识产权战略，提高产业知识产权创造、运用、管理以及保护能力，是实现产业创新的内在要求。陈鸿宇(2008)认为知识产权对区域产业集群起着催化与黏合的重要作用。产业集群通过核心企业示范带动的过程，实际就是产业集群中核心企业知识产权在一定的空间地域内密集转化、扩散，形成全民创业的过程。而刘驰等(2009)则指出，对集群内的企业而言，知识产权管理能够促使知识产权制度在提高其核心竞争力上产生重要的作用，从而进一步扩大企业的市场占有率。

小结：在发展现代生物技术产业的过程中知识产权对于产业的重要作用主要表现在以下几个方面：①发展高新技术产业必需的战略环节；②产业结构调整的重要手段；③有助于区域竞争力的提高；④有利于产业集群的良性发展。

4)国家层面

知识产权在我国经济发展和产业竞争中具有重要作用，进行知识产权保护与实行知识产权制度，是我国加入世界贸易组织(World Trade Organization，WTO)与处理国际性的知识产权纠纷的必然要求；更是我国实现经济体制转轨，鼓励创新，提升企业、产业及地区竞争力，进而提升综合国力的切实需要。伴随经济全球化与知识经济时代发展的进一步深化，国家间竞争日趋激烈，构建国家创新系统、依靠自主创新提升综合实力，是诸多国家或地区的不二选择。在国家创新系统建设的诸多要素中，知识产权战略逐渐发展成为提高一国国际竞争力的关键要素，成为建设创新型国家的重要支柱。我国《国家中长期科学和技术发展规划纲要(2006—2020 年)》指出，要全面推进中国特色国家创新系统建设，到

2020 年将我国建设成为创新型国家，进入引领世界“创新经济体”的行列。

在知识产权政策对国家经济的作用方面，国内外学者做了充足的研究，且多以实证研究为主。陆幼雅等(2003)指出，知识产权制度在激励科技创新、保护投资者合法权益、获得市场竞争优势、保障创新成果传播和利用、促进国际经济、技术交流或合作上，有无法复制的积极作用；伴随经济全球化与知识经济的进一步深化，知识产权已经逐渐成为国家战略资源，成为参与国际竞争的重要因素。包海波等(2004)在完成了对一些国家与我国一些地区的人均国内生产总值(GDP)(或国民生产总值，GNP)、科学研究与试验发展(research and development，R&D)以及专利授权的统计分析后指出，专利、创新与经济发展水平具有十分紧密的联系，并且专利活动对于经济的增长具有显著的作用。顾宏俊和张继红(2007)利用空间误差模型与空间滞后模型，对我国 31 个省(市、区)专利创新与区域经济增长的关系进行空间计量经济实证研究，指出我国专利授权总数、发明专利、实用新型专利以及外观设计专利的分类授权数量和区域的经济增长为明显的正相关关系。

艾默(2012)认为，只有在知识产权获得保护、公平竞争规则获得遵守的时候，国家才会愿意投资知识产权创造。也就是说，无论本国企业亦或跨国公司，只有在确定能够获得公平竞争机会、确定能够期望获得投资收益的时候，才愿意在该国进行投资。

波士顿咨询公司(the Boston Consulting Group，BCG)通过调查指出，一国企业关于知识产权基本上都要历经五个阶段。①第一个阶段以出口低技术含量的产品为主，主要是依靠低成本的原材料与廉价的劳动力。②第二个阶段开始增强对研究与开发的投资力度，以促进出口高技术含量的产品。③第三个阶段遭受到西方发达资本主义国家的企业的知识产权壁垒，而不得不付出高昂的代价。④第四个阶段汲取经验和教训，提高对收购、自主研发以及知识产权管理的投资。⑤第五个阶段享受知识产权所带来的互利互惠，部分企业利用知识产权获得竞争优势。当前，韩国与日本实现了从第四阶段向第五阶段的跨越，我国也即将从第三阶段迈向第四阶段。因而，进行知识产权保护，是我国适应国内外发展和竞争的要求，更是实现我国经济发展的内在需求。

小结：在发展现代生物技术产业的过程中知识产权对于国家层面的重要作用，主要表现在以下几个方面：①建成创新型国家的必要手段，进而提升综合国力，促进经济发展；②促进国际经济、技术交流与合作，吸引国外技术、资金来我国共同发展战略性新兴产业；③参与国际竞争的关键要素，促进国与国之间的公平竞争。

1.1.3 知识产权促进现代生物技术发展的作用机理

知识产权对于现代生物技术产业的发展至关重要。根据产业发展规律，本节把现代生物技术产业的发展阶段分为孕育期(投入期)、成长期、成熟期和衰退期。在现代生物技术产业发展的不同阶段，知识产权的作用方式、机理和工作重点都将会有所不同。

(1)本书认为，在现代生物技术产业的孕育期(投入期)，知识产权促进现代生物技术产业发展的作用机理在于通过数量尽量多、范围相对广的知识产权创造和布局，探索和确立技术的主攻方向和优势领域，为现代生物技术产业的进一步成长选准技术方向和储备后续技术。处于孕育期(投入期)的现代生物技术产业，“主导设计(主流技术)”大多尚未确立，因此紧跟世界最新科学技术的发展动态，加大研发投入的强度，在相对较广的范围内进行知识产权布局，建立较大的“专利储备池”，会对该产业能否顺利发展产生积极影响。对于企业而言，在此阶段应高度重视现代生物技术产业的“战略性”和“新兴性”，密切关注本产业相关技术领域的发展趋势，搜集相关专利情报，做好专利分析工作，运用技术路线图、技术预见等分析工具，确定技术链各节点上的关键技术，并结合自身的实际情况和发展战略，有针对性地开展研发和技术创新，力争在今后的产业发展中占据有利位置。从产业层面来看，在此阶段同样需要运用技术路线图、技术预见等分析工具，分析和确定产业发展的主流技术、核心技术及瓶颈技术，并通过政策引导及资金支持等方式，进行前瞻性的知识产权布局。这种前瞻性的知识产权布局的重点主要包括在重点技术领域的布局、在优势技术领域内的布局、区域空间上的布局等。在一些特殊领域，还应重点考虑突破国外技术封锁方面的知识产权布局。由于产业发展尚处于初期阶段，这一时期的知识产权布局工作具有一定的前瞻性和模糊性，这就要求企业和产业主管部门都要对相对广泛的技术和产业环节进行知识产权申请，采用“先数量、后质量，数量与质量并举”的布局思路，以利于在现代生物技术产业的后续发展过程中占得先机和预留较大的技术选择空间(银路，2004)。

(2)在现代生物技术产业的成长期，技术出现爆炸性增长，产业发展方向进一步明确，主流技术范式基本确立。在此阶段，前期所进行的知识产权布局和建立的“专利储备池”开始发挥作用，知识产权布局和储备开始大规模转换为现实生产力，为企业带来创新收益，同时也为促进现代生物技术产业成长发挥着重要作用。如果没有前期的知识产权布局与储备，在产业进入快速成长期时，很可能再次重蹈我国部分地区以前犯过的“市场换技术”的错误，即市场丢失了，却无法换来技术的错误；而且会在高端技术上长期受制于人，将现代生物技术产业中利润最为丰厚的高端领域拱手相让。在此阶段，知识产权对现代生物技术产业发展的促进作用主要表现在为现代生物技术产业的成长保驾护航，并确立我国企业在其中的主体甚至主导地位。对于企业而言，企业可以在前期布局和储备的基础上选择与主流技术范式相吻合的技术进行生产和运作，并可受到相应的知识产权保护，从而可快速确立在产业发展中的地位，并通过知识产权的运作和保护进一步促进现代生物技术产业的发展。在此阶段，企业一方面要果断放弃在第一阶段申请的一些非主流技术的知识产权的继续研发和产业化，将有限的资源集中投入到主流技术之上；另一方面，在主流技术、重点技术的知识产权体系中，则要进一步优化知识产权布局，积极参加行业技术标准的制定，从标准上抢占产业发展的制高点，同时关注产业链的上下游关系，开辟新的知识产权布局方向和布局领域，为产业发展进入成熟期进行积极准备。在此阶段，企业还应高度重视工艺创新、提高产品性能、降低产品成本的知识产权的创造和布局，为产业进入成熟期做好知识产权的储备工作。对于产业而言，这一阶段的主要工作是通过优化和完善知识产权布局，更多地关注产业中的优势特色领域，做到“强者恒强”，更多地从产业链、技术链的角度构建与产业发展相匹配的知识产权体系，大力推进知识产权商品化、产业化工作，积极地将知识产权转化为产业技术标准。同时，积极做好知识产权保护工作，使产业沿着健康、有序的轨迹发展。通过这一阶段知识产权创造、布局的优化和调整，现代生物技术产业的知识产权体系已经基本建立，从而可为现代生物技术产业的健康发展起到保障和促进的作用。

(3) 在现代生物技术产业的成熟期，知识产权创造的重点将转入改善产品性能、提高产品质量、降低产品成本和生产工艺创新以及为产业转型升级做准备等方面。在这一阶段，知识产权对现代生物技术产业发展的促进作用将主要表现在延长产业成熟期和企业盈利的时间，保障产业发展和企业竞争的有序进行，最大限度地满足市场的需求。从企业的层面来说，在这一阶段除了做好上述知识产权创造工作外，知识产权运营在这一阶段将显得尤为重要。知识产权布局的作用不仅表现为可使企业在现代生物技术产业发展过程中处于有利位置，还表现在当产业进入成熟期后可通过知识产权运营使知识产权发挥最大经济效益。在孕育期和成长期所形成的知识产权布局，在此阶段可主要从两方面为企业带来经济收益：一方面，作为企业主要生产经营活动所需的知识产权，可为企业的发展壮大起到保驾护航的作用，使企业在产业进入成熟期后获得较为丰厚的利润，同时通过对知识产权系统的有效保护，延长企业的盈利时间，为企业今后的转型升级积累更多的资金；另一方面，企业可通过知识产权运营，使知识产权的价值得以最大限度地发挥，如企业可通过知识产权许可等形式获得更大的市场空间，使知识产权的价值得以充分发挥；企业也可将手中的知识产权通过作价出资入股、质押融资等途径获得发展所需资金，不断做大做强；还可通过知识产权转让等途径，直接赢得创新收益。从产业的层面来说，知识产权制度将为产业的健康有序发展提供制度上的保障，同时对形成产业集群也将发挥重要作用。在此阶段，要鼓励大企业通过兼并、购买等知识产权运营途径获得更多的知识产权，成为行业内的龙头企业；同时鼓励龙头企业通过知识产权许可、转让及技术知识扩散等途径聚集一批中小配套企业，从而促进产业集群的形成。

(4) 而对于现代生物技术产业的衰退期而言，新一代更新换代的技术已经开始出现并逐步成熟，新的战略性新兴产业(或细分行业)已开始进入孕育期或成长期，产业转型升级势在必行。本书认为，作为战略性新兴产业的典型代表，现代生物技术产业也是一个动态的概念，其包含的内容不是一成不变的。随着经济社会的发展和技术进步，目前确定的现代生物技术产业的技术领域或细分行业，可能会被更为先进的技术领域所代替，甚至还会增加一些新的细分行业。因此，就现代生物技术产业中的细分行业或领域而言，是会进入衰退期的，这也是经济发展的必然规律。当现代生物技术产业中的某个细分行业进入衰退期后，知识产权的作用主要是通过知识产权保护体现出来的，产业进入衰退期后，并不是完全没有市场需求，只是市场需求正在不断萎缩，仍然也需要有一些企业在该产业中求生存、找机会和满足这部分市场的需求。在此阶段，知识产权的主要作用是保护这些企业的合法权利不受侵犯，为他们赢得寻找新的增长点和进行前期准备的时间。由于目前我国的现代生物技术产业尚处于产业发展的前三个阶段，因此对衰退期可不做过多关注(冯薇和银路，2012)。

由此可见，在现代生物产业发展的不同阶段，知识产权发挥的作用是不完全相同的。从总体上看，在孕育期(投入期)和成长期，知识产权的创造和布局对促进战略性新兴产业发展至关重要；在成熟期，要高度重视知识产权的运营工作，以最大限度地发挥知识产权的经济价值并促进产业进一步做大做强和形成产业集群；当产业进入衰退期时，要做好知识产权的保护工作，为那些对发展战略性新兴产业做出贡献的企业赢得寻找新的经济增长点的宝贵时间。也需指出，在发展现代生物技术产业过程中，知识产权的创造、布局、运营和保护均在发挥作用，只是作用大小不同而已，并最终形成一个有机整体，共同发挥作用促进现代生物技术产业的发展，缺一不可。

随着知识产权在现代生物技术产业中重要地位的凸显，对于现代生物技术产业发展政策的制定者和相关企业的管理者来说，必须突破知识产权的事后保护功能，在知识产权战略中更加突出知识产权的事先布局功能。这种知识产权的事先布局，无论对国家、地区还是企业，都是发展战略性新兴产业必不可少的一项重要工作，也是知识产权工作在发展现代生物技术产业中发挥更大作用的重点工作之一。

如图 1-5 所示，是我国目前确定的包括现代生物技术在内的七大战略性新兴产业大致所处的发展阶段与知识产权的工作重点的关系。知识产权在整个战略性新兴产业的发展过程中应该以动态的、全方位的方式存在，具体包括知识产权布局、知识产权运营和知识产权保护三个环节。这三个环节渗透战略性新兴产业发展的全过程当中，尽管在产业发展的不同阶段，知识产权工作的侧重点会有所不同。例如，在战略性新兴产业孕育期，主要是知识产权的创造和布局，但是知识产权的创造和布局，也会直接影响和渗透到产业发展的成长期和成熟期。目前，我国的现代生物技术产业正处于成长期和成熟期，其发展历程也印证了这一点。

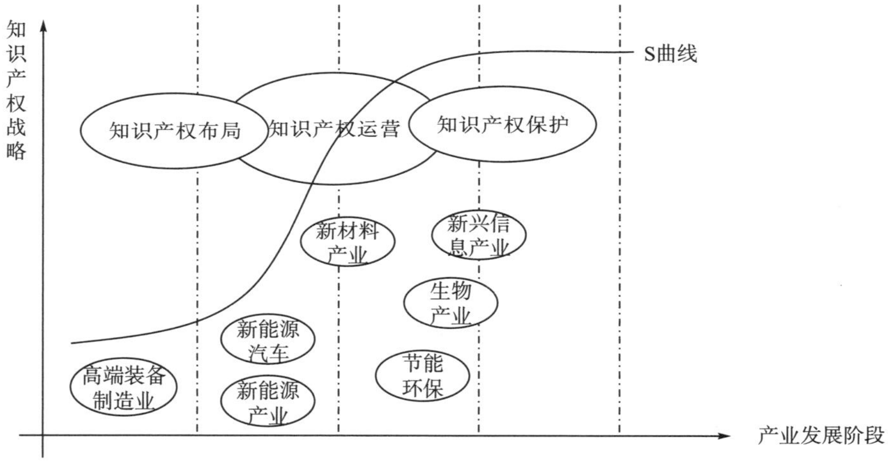

图 1-5　包括现代生物技术在内的七大战略性新兴产业大致所处的发展阶段与知识产权的工作重点的关系

1.2　现代生物技术知识产权相关问题研究现状

随着现代生物技术的不断发展，其所涉及的知识产权问题日益突出，引起法学界、管理学界等多方学者的重视和关注。通过对现有文献的整理和研究，国内外现有研究主要集中在以下几个方面。

(1) 生物技术的发展对现有知识产权法律保护体系带来的挑战及相关法律对策。何建军等(2002)认为生物技术知识产权研究中值得注意的几个问题是：关于人体基因是否属于科学发现；关于动物和植物品种的概念；关于伦理道德标准；关于生物体的保护；关于遗传资源的保护。Merges 和 Nelson(1992)指出因为专利法以机械与化工技术为基础，但是生物技术和二者之间有很大区别，所以生物技术很难为专利法概念所包含。Lewlyn(1997)进一步认为，虽然自然物事实存在，但它仅以杂乱混合的形态存在于自然界中，如果没有专利申请人的创造性工作，人类很难或不能获取所要求的某种程度的自然物或者某种特殊状态的生命物，有关该提纯物的具体应用对于公众而言也是遥不可及，所以这类经人工提纯的自然物对于社会而言不是先前存在的一般自然物，而是一种体现发明人创造劳动的物质发明，应受专利法保护。何礼果(2005)指出现代生物技术及其产业化带来的法律新问题主要有：第一，现代生物技术带来的一些负面现象，如抗棉铃虫转基因棉花有时并不抗虫、转基因番茄不能够运输、抗除草剂转基因棉花出现畸形等。第二，现代生物技术成果的保护对传统法律的挑战，包括：生物技术发明专利保护中如何保证人类的道德伦理；在现代生物技术时代是否可以授予动植物新品种专利等。孙祥壮和黄海英(2008)认为，专利法规定实用性要求的作用，一方面是对背离自然规律、不具备技术性的发明不授予专利权，更为重要的另一方面是在不可授予专利权的基础研究成果和可授予专利权的应用研究成果中间划出合理界限，实现发明者利益与社会公众利益之间的相互平衡。现代专利法注重发明者利益和社会公众利益的双重保护，平衡两者利益也是现代专利权立法的目标与宗旨。因此，在生物技术专利保护范围界定与专利制度目的方面，要注意以下几项内容：实现生物技术发明人利益与社会公众利益之间的相互平衡；公共秩序及道德与社会公众利益的考量；风险性、随机性、不可预测性的技术与发明者利益的考虑；以科学研究为前提条件的技术①与社会公众利益的考量；有强烈政策倾向的技术与多种利益之间的相互平衡。李长健和王璟(2007)指出现代生物技术知识产权保护的基本原则至少应当包括一物一权、法益衡平、市场化以及国家适度干预等四项原则。在以世界贸易组织立法框架为基础的国际化背景下进一步加强现代生物技术知识产权保护，充分平衡权利人的个体法益与国家的社会法益，对提高现代生物技术自主知识产权的国际竞争力具有重要的意义和作用。

(2)具体研究生物技术中某个领域的知识产权保护问题。由于基因工程在现代生物技术中所处的核心地位，目前学者们研究比较集中的领域有基因的专利保护、遗传资源的知识产权保护、农业生物技术的知识产权保护、生物制药的知识产权保护、转基因生物技术的知识产权问题以及生物信息技术的知识产权保护。王林(2002)认为，基因专利的出现，一方面对专利制度的传统理论提出了挑战，人们不得不对有关理论进行修正，如发明与发现的界定，“三性”的认定问题等。作者认为，基因作为新型客体而出现，在这种客体面前，对于发现和发明的区分没有现实意义；而且在司法实践中也未对此区分加以关注，放弃以前的规则，因为没必要再进行纠缠了。另一方面，为了能够使专利制度作为推动经济发展的工具特征更加明显，世界各国竞相建立起了本国基因专利制度，而且开展基因专利争夺战(刘运华，2016)。面对如此形势，我国必须采取相应的对策。崔国斌(1998)认为，为避免此种策略所产生的不良影响，我国应注重审查基因的专利性，即“三性”，避免缺少产业实用性的基础研究领域的科研成果被垄断，避免专利制度阻碍社会进步。刘俊荣

① R.P.Merges 和 R.R.Nelson 认为，由于技术发展的进程不同，专利保护范围在不同的产业产生的影响也各不相同。Nelson 将专利技术发明分为四类：个别独立的发明；累积性发明；化学技术发明和以基础科学研究为前提的技术发明。

(2005)指出，基因专利与普通专利不同，需要兼顾资源提供者的利益。当前，部分基因专利保护中出现的诸多问题背离了公正、尊重、有利的人类社会普遍伦理原则。基因专利需接受伦理考量，而道德规范则是消除基因专利冲突的理性选择。李金玉(2005)认为基因专利保护造成了基因研发者和基因提供者之间的利益失衡，唯有允许基因提供者分享专利成果获得的利益，才能实现法律上的公平。目前，学者对于基因提供者利益分享的法律基础理论众说纷纭，提出了人格权保护理论、专利权归属理论、所有权理论和信息产权理论，将其作为基因提供者分享专利利益的法律基础，同时也研究了利益分享模式与内容。相关学者认为分享专利利益需采取法律调控的手段。还有学者对基因专利进行了哲学思考。毛志新(2005)认为基因或者基因产品要获得专利权，除了要满足“三性”的要求以外，还要受专利法中伦理条款的限制。在对基因专利问题进行哲学反思之后，相关学者提出应用伦理道德条款规范基因专利的审查，促进公共利益的发展和利益分配的公正。关于“基因专利池”的问题，学者们也有一定探讨。Heller 和 Rebecca(1998)指出，由于较高的交易成本，权利主体的多样化及研究者的认识偏见等原因，使得在生物医学领域中更有可能产生“反公共地悲剧”①，鉴于生物医学领域涉及公众健康等社会公共利益，政府在制定相关政策的时候更应谨慎为之。而专利池无疑是解决“反公共地悲剧”的有效办法之一。Merge(2005)定义专利池为“多个专利所有者汇集专利的协议安排，在一个典型专利池中成员共享汇集的所有专利，也会向专利池成员以外的企业提供标准的许可条款”。朱雪忠等(2007)认为，专利池是由两个及两个以上的专利权人所达成的合作协议，相互许可或向第三方许可其专利的联营组织。吴椒军(2008)提出，构建我国生物产业专利池，应该做到：第一，加强生物产业发展的立法；第二，实施技术专利化、专利标准化战略；第三，发挥行业协会的作用。

杨远斌(2005)着重分析了如何利用知识产权保护遗传资源以及利用知识产权保护遗传资源存在的一些适用上的困难。汪任澜和梅凤乔(2008)认为发展中国家在长期的人类历史进程中保育了丰富的遗传资源，这些遗传资源却被视为人类共同遗产被免费使用，其对遗传资源所享有的国家主权没有得到应有的体现；并分析了遗传资源多样性与生物技术知识产权保护的冲突，并就应采取的策略提出建议。冯薇和银路(2008)探讨了生物剽窃的概念、特征以及中国遭受生物剽窃的现状，从知识产权的角度出发，从理论和实践两个方面探讨了中国对生物剽窃的应对措施。姚维保(2005)以对我国生物技术和新医药企业知识产权保护状况的调查研究作为基础，研究了生物技术与新医药专利保护现状与问题，并对生物技术与新医药产业可持续创新战略提出了一些建议。姜莉(2007)认为加强施行生物技术制药产业知识产权保护，不仅可以增强生物技术及其制药产业的创新能力和竞争力，而且有利于在知识产权保护条件下合理地选择有利于发展的创新模式。

马宏建(2006)认为应当建立农业生物技术专利发展战略；健全农业生物技术专利激励机制；加强农业生物技术专利制度的政策配套和环境建设；培养和造就一支农业生物技术

---

① 反公共地悲剧（tragedy of the anticommons）是指如果多个人都对某种产权具有排他性产权，并利用这个权利对资源使用者进行数量抽成，则会导致资源的使用不足和福利损失。“反公共地悲剧”的概念最早由美国密执根大学的黑勒（Michael Heller）于 1998 年在《哈佛法学评论》中提出。

知识产权人才队伍；培育一批专业化农业生物技术专利中介服务机构。李长健和王璟(2006)探讨了转基因生物技术的知识产权困境与出路，认为要真正解决转基因生物技术面临的绿色壁垒问题，就必须通过知识产权法保护手段促进转基因生物技术迅速发展。

朱雪忠等(2006)对生物信息技术中涉及的知识产权保护客体，即基因和蛋白质序列和结构、生物信息数据库、生物信息技术软件和硬件的知识产权保护国内外现状及目前存在的若干问题进行了初步的探讨。

(3)从管理角度研究生物技术的知识产权保护。这类研究主要分为以下三个层面。第一，国家层面。王志本(1998)提出了我国生物技术知识产权发展战略的取向和目标，即要形成我国生物技术自主创新激励与引导机制的知识产权战略。依据我国自然条件以及文化背景，尤其重视推动我国生物遗传资源优势向科技与产业发展优势转化的知识产权战略，大力开发促进我国传统生物资源运用现代知识价值的知识产权战略。与此同时，合理运用国外科技成果，也是知识产权战略的重要内容。加强培育我国生物技术新兴产业、造就新经济增长点的知识产权战略。第二，产业层面。刘银良(2000)指出应加强生物技术产业的知识产权保护意识，健全相应的管理体系，做好生物技术产业的知识产权管理与保护工作，促进我国生物技术产业的健康发展。第三，企业层面。冯薇和银路(2006)讨论了生物技术企业管理中通过知识产权保护为企业赢得利润，比较专利权保护和技术秘密保护两种方式的优劣，为生物技术企业的知识产权保护选择提供参考。何建军等(2002)认为企业应针对自己研究与开发产品的不同形式和阶段，寻求适当的保护模式，综合运用知识产权法，实施阶段保护战略，针对技术开发的不同阶段，采取正确的保护措施。杨大为(2005)提出生物技术企业应该强化企业知识产权保护意识，完善企业知识产权管理结构，转变政府职能对生物技术知识产权实行宏观管理。

1.3 本书提要

上述研究对于本书提出的基础问题做进一步的深入研究提供了较好的基础。本书作者长期关注知识产权布局和运营，尤其是现代生物技术的知识产权布局和运营问题。在借鉴上述研究的基础之上，结合作者近五年完成的国家级、省部级等知识产权研究项目，作者对研究报告进行系统归纳整理，完成此书。

本书从法律和管理两个角度相结合出发，通过理论研究、问卷调查、案例研究等方法，拟分析现代生物技术企业知识产权布局和运营的现状及问题，验证作者在前期研究中已经提出的现代生物技术企业在技术创新不同阶段所应采取的不同知识产权策略的理论模型，得出“接力创新”过程中现代生物技术企业主要的知识产权模式。

本书基于现代生物技术企业在不同的创新阶段的知识产权策略理论的研究，以四川省现代生物技术企业为代表，分析现代生物技术企业布局与运营的现状、态势及存在的主要问题，从管理与法律两个角度出发，研究企业在“接力创新”的不同阶段所应采用的不同的知识产权策略，并用案例研究对研究结论加以印证，具有一定的理论意义和实践价值。

(1)借鉴技术创新的理论，在现有的对技术创新阶段不同划分的基础上，本书创造性地构建了从知识产权管理的视角划分技术创新在不同阶段的知识产权策略的理论模型。借鉴知识产权理论，进一步厘清知识产权在现代生物技术等战略性新兴产业中的重要作用及其作用机理，将相关理论研究引向深入，为相关企业制定创新不同阶段的知识产权策略乃至政府在发展现代生物技术产业时制定相关知识产权政策提供理论依据。

(2)本书将四川省的生物技术企业作为典型代表进行深入剖析，重点研究发展现代生物技术产业的优势技术与优势区域的知识产权布局和运营，深入剖析四川省生物技术企业知识产权布局和运营中存在的主要问题，对四川省现代生物技术知识产权布局和运营提出了具有战略性和前瞻性的建议。此外，本书的研究思路和方法也可推广应用于我国其他省份其他战略性新兴产业的知识产权布局和运营，有助于我国更有针对性地开展战略性新兴产业的知识产权工作。

(3)本书从法律和管理两个角度相结合出发，研究现代生物技术的专家型公司和核心公司在创新“接力”过程中的知识产权策略；进一步通过问卷调查、案例研究等实证研究的方法，对本书上述理论模型进行了验证。本书的这些研究结论将对现实中的专家型公司和核心公司两类公司接力合作的方式和时机选择以及国家相关产业创新平台体系的建设提供有益参考，具有一定的实践价值。对于相关企业而言，这些努力给出了诸多具有较高可行性的建议，对于现代生物技术企业提升知识产权在本企业的战略地位具有重要作用，并将知识产权研究引向深入。

本书的内容主要分为理论研究和实证研究两大部分。在理论研究部分，本书分别论述了知识产权布局(第二章)和知识产权运营(第三章)的一般特征和规律；在实证研究部分，本书以四川省生物技术为研究对象，分别运用专利数据统计分析、问卷调查、案例分析等方法，论述了现代生物技术知识产权中观布局(第四章)，现代生物技术企业的知识产权微观布局(第五章)，现代生物技术企业的知识产权运营(第六章)以及典型案例(第七章)。最后，在上述研究的基础之上，本书从中观和微观两个层面，对四川省现代生物技术知识产权布局和运营提出了具有战略性和前瞻性的建议，这些建议在一定程度上对其他省份其他战略性新兴产业的知识产权布局和运营也具有一定的借鉴意义。

第二章　知识产权布局研究

2.1　知识产权布局概述

近年来，知识产权布局工作日益受到业界的广泛重视。正如前文所指出，知识产权布局既是一个企业层面的概念，也是一个产业层面的概念。

就企业层面而言，知识产权布局指的是企业面对变化激烈、挑战严峻的创新和市场环境，主动地利用知识产权制度提供的法律保护手段有效地进行知识产权创造和申请，综合利用版权、商标、专利情报等信息，分析研究市场需求和竞争对手状况，推进知识产权创造和管理，为企业在其长期生存和不断发展中取得知识产权竞争优势而进行总体性谋划。简言之，知识产权布局指的是企业在有效分析各种信息的情况下，灵活运用各种知识产权手段，在技术创新的初期即进行有目的的派兵布阵，为企业今后全面实施其知识产权战略打下基础。

从产业层面而言，知识产权布局指的是政府相关部门在深入分析某一产业的知识产权优劣势的基础上，从产业发展的宏观角度，对该产业的知识产权类型、知识产权与产业发展状况的匹配度、该产业知识产权的未来发展趋势和主攻方向以及知识产权的地域分布所进行的总体性规划。从产业层面而言，知识产权布局主要包括产业知识产权总体布局、领域布局和区域布局三个方面。而知识产权区域布局是产业布局的一种具体形式。近年来，随着政府对于知识产权重视力度的加大，区域布局的概念逐渐深入。2017 年 4 月，知识产权区域布局工作已经写入国务院印发的《“十三五”国家知识产权保护和运用规划》和《“十三五”国家战略性新兴产业发展规划》中，其核心目标是通过全面梳理分析本地的知识产权资源、创新资源、产业资源等发展要素，制定资源配置导向目录，在全国甚至全球范围内为地方经济创新发展所需的资源寻找匹配路径，提供配置方案。

知识产权区域布局是知识产权推动供给侧结构性改革、实施创新驱动发展战略的重要发力点，是促进地方经济转型升级的决策工具，是知识产权工作体系和管理方式在基层的全面重塑，也是知识产权强国建设和知识产权综合管理改革的必然要求和重要支撑。国家知识产权局副局长贺化在“2017 年全国知识产权区域布局工作现场会”上指出，“知识产权区域布局通过建立知识产权为核心的资源配置体系，注重加强知识产权资源与创新、产业发展资源间的互动、匹配与耦合，贯通知识产权创造、运用、保护、管理、服务各环节，形成各层级政府科学管理知识产权，精准支撑决策需求，有效发挥知识资源价值的工作模式，具有基础性、创新性、长期性，是实现知识产权治理体系和治理能力现代化的有效支撑，也是知识产权事业科学发展的助推器。”现代生物技术产业作为战略性新兴产业的典型代表，其本身具有高度资源依赖性，因此知识产权区域布局工作对于现代生物技术产业尤为重要。

因此，本书从产业经济学的概念入手，将知识产权布局分为中观布局与微观布局两个部分。中观布局即知识产权的产业布局，其中基于产业布局的区位理论与地域生产综合体理论而形成的区域布局也在知识产权的中观布局范畴之中。微观布局即是指知识产权的企业布局。简单来说，就是企业根据市场的知识产权情况、自身的知识产权情况、竞争对手的知识产权情况以及法律法规等相关因素经过综合考虑后进行的合理规划。知识产权布局总述如图 2-1 所示。

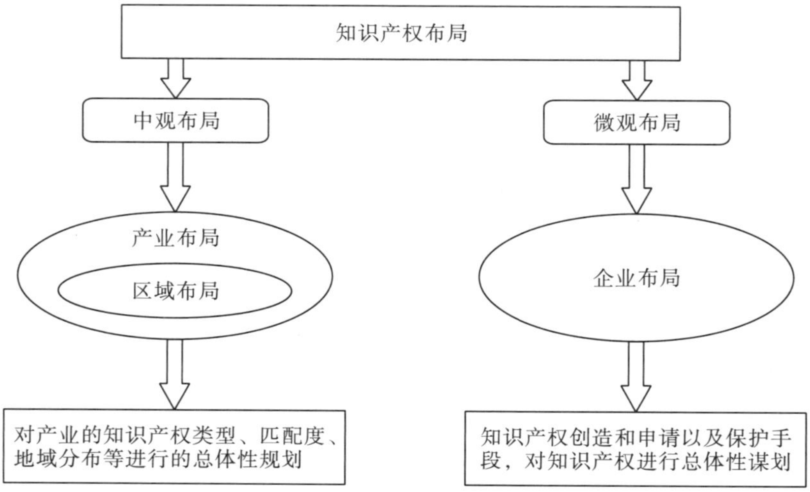

图 2-1　知识产权布局总述

2.2　知识产权布局的研究现状

知识产权布局既是一个企业层面的概念，也是产业层面的概念。就企业层面而言(本书后面称之为微观布局)，知识产权布局指的是企业面对变化激烈、挑战严峻的创新和市场环境，主动地利用知识产权制度提供的法律保护手段来有效地进行知识产权创造和申请，综合利用版权、商标、专利情报等信息，研究分析市场需求和竞争对手状况，推进知识产权创造和管理，为企业在其长期生存和不断发展中取得知识产权竞争优势而进行总体性谋划。目前，关于知识产权布局的相关研究主要集中在以下几个方面。

(1)特定地域范围内特定产业的知识产权布局。王艳(2014a)对浙江省战略性新兴产业和海水淡化产业的知识产权布局进行了研究，指出在加快推进浙江海洋经济战略实施过程中，应沿着“技术路线分析-知识产权布局设计-知识产权战略规划-知识产权政策供给”的产业发展逻辑主线，认清形势，抓住机遇、尽早布局，抢占产业链高地，拓展海洋经济发展空间，转变海洋经济发展方式，提高浙江海洋经济综合实力、国际竞争力和可持续发展能力。并且，王艳(2014b)利用专利地图的理论和方法，绘制专利年度趋势图、区域分布图、权利人分布图、技术结构分布图，分析了浙江海水淡化产业发展的优势和不足，发展的空间和前景，并在此基础之上从时间、空间、类型角度对浙江海水淡化产业知识产权进行了布局设计。陈燕娟(2013)研究了我国种业知识产权海外布局的重要性及其战略路径。付江(2014)分析了钢铁行业知识产权与国际化经营的关系，结合我国钢铁企业的实际情况，提出了推进知识产权国际化布局管理的建议。

(2)某类或某个企业的知识产权布局。沈莹(2015)研究了电信企业知识产权布局，指出eSIM卡技术可能给传统运营业带来影响，目前相关专利大都掌握在外企手中，并且外企已经开始布局，有少量已进入我国。我国企业虽然也拥有一定数量的专利，但仍处于弱势，需在技术创新、专利储备等方面做出积极应对。李皓(2013)指出，企业在研发过程的不同阶段需要应用不同的知识产权策略。在研发初期，应考虑规避竞争对手的知识产权保护；在研发后期取得研发成果时，应策划如何有效地保护自己的知识产权。李皓(2013)重点论述了如何在研发过程中运用技术系统进化法则进行知识产权规避与布局。吕斌(2013)认为中国企业在参与国际竞争、开拓海外市场过程中，陷入了跨国企业的“知识产权包围圈”。他认为如何通过创新形成自主知识产权，并更好地运营和保护这些资产，将成为影响中国企业甚至是国家未来经济生存空间的决定性因素。

(3)知识产权总体布局。王姝怡(2013)通过研究发现，产品更新周期短的北方跨国企业受南方知识产权环境的影响小，有利于其借助垂直专业化分工发掘南方成本优势；产品更新周期长的企业鉴于其技术模仿风险性高，更倾向于在北方垂直一体化生产。因此，南方国家应视产品生命周期异质性特征实施差别化的知识产权保护策略，以利于技术引进和产业升级。刘子豪(2011)对日、美在华专利的布局及其特点进行了分析研究，通过真实的数据规律准确把握日、美的知识产权战略，提出了我国发展知识产权事业的借鉴对策。此外，李慧(2014)认为知识产权服务机构应加强与企业的沟通、交流，通过研究业内或者竞争对手的专利布局，正确定位企业自身，出具针对企业的个性化布局方案。

知识产权布局与传统的知识产权创造的概念既有差别又有联系。传统的知识产权创造是指在技术创新过程中，形成并取得创新成果的知识产权。一般认为，知识产权创造主要包括以下几方面内容：第一，做好知识产权培训，提高研发人员的知识产权意识和技能，为企业实际的知识产权申请和授权做准备；第二，通过专利检索和查询等，把握行业最新动态，避免在研发阶段重复投入或者掉入竞争者在技术创新过程中设置的知识产权陷阱，寻求技术创新路径和突破口；第三，企业研发部门与知识产权部门的人员应该保证充分的信息沟通，为企业制定整体知识产权战略打下良好基础；第四，在研发阶段还应做好知识产权的预测和评估工作，包括评估相应技术成果的知识产权风险和知识产权效能。由此可见，传统的知识产权创造仅仅是一个企业层面的概念。而在企业层面上，知识产权布局显然是涵盖了知识产权创造的一个更广的概念。知识产权创造只是知识产权布局的一个方面，后者关注的问题更加具有前瞻性和全局性，并且要为今后的知识产权运营和管理打下基础。

2.3　知识产权中观布局

2.3.1　知识产权产业布局

1)产业布局概述

产业布局是产业结构在地域空间上的投影，是产业在一定地域空间上的分布与组合。

也就是说，产业布局是企业组织、生产要素和生产能力在地域空间上的分布情况。产业布局是静态与动态的协同，在静态上看产业布局是指形成产业的各部门、各要素和各环节在空间上的分布态势和地域上的组合模型；而在动态上产业布局则表现为各种资源、各生产要素、甚至各产业和各企业，为选择最佳区位而形成的在空间地域上的流动、转移或重新组合的配置与再配置过程。产业布局是一个涉及多层次、多行业、受多种因素影响的具有全局性和长远性的国民经济建设战略部署，是人类运用产业空间分布规律和区域经济发展需要从事社会生产和经济活动的地域体现。合理的产业布局，有利于促进分工和加强经济协作，有利于发挥各地区资源的比较优势和绝对优势，合理充分地利用各地资源，提高各地区资源综合利用效率和经济效益，促进各地区经济社会的协调发展；有利于取得良好的社会、环境和生态效益；有利于产业结构的调整和优化升级，促进整个国民经济的协调、持续、快速发展。

产业布局理论研究方面，Paul Krugman 和 Masahisa Fujita 提出了产业布局的“中心-外围”模型；吴殿廷等认为产业布局的核心是从满足需求出发确定各生产地产量及建设规模，确定合理运输方案使运输成本最小。

2) 产业布局的影响因素

关于产业布局的影响因素，学术界讨论较多。John P.Blair 等提出对于高技术产业而言，税收、教育、商业环境、高素质人才、硬件设施等非传统因素对产业布局影响更大；Mary Amiti 探讨了比较优势、规模经济和贸易成本对产业布局的影响；李胜兰等提出产业布局受自然禀赋、市场容量、运输成本、对外开放、地方保护和投资扩张的影响；何艳分析了美国“双岸”经济带的港口与腹地联动的产业布局模式，并提出通过政府进行各城市间的产业协调管理是必不可少的。一般来说，产业布局的影响因素主要可从以下几个方面考虑。

(1) 自然因素。根据工业区位论和区域比较优势理论，影响产业布局的自然因素主要包括自然条件、自然资源禀赋等先天因素。自然资源禀赋就是指某个地区适宜发展某类产业的自然资源丰度及组合优势。自然条件和自然资源是生产的前提条件，也是产业布局的重要依据。在工业化初期，产业布局必将优先考虑自然条件和自然资源禀赋有优势的地方。自然条件和自然资源禀赋等自然因素对产业布局的影响，正随着科技技术的进步越来越弱化。

(2) 社会经济因素。根据现代区位理论、区域比较优势理论和产业增长理论，影响产业布局的社会经济因素主要包括经济位势、人力资源禀赋、基础设施条件、市场因子及生态因素、政治军事因素等。其中，经济位势是一种综合性质的社会经济因素，主要指由于集聚、辐射、增长能量强大的核心经济区或大城市或同等增长能量的经济区或城市的存在，某一特定地区或城市与这些地区或城市之间，必然形成一定的能量落差，或呈现此消彼长的博弈关系，或呈现协调互动的互补关系，对区域产业布局影响很大。

(3) 体制因素。资源禀赋只是区域产业集聚发展的基本条件。但是，各种资源怎样结合在一起转化为现实的经济增长，以及资源配置效率的高低，却取决于区域的资源配置能力。资源配置能力主要由经济体制、政府的经济管理能力、企业的组织水平和产业结构等构成。随着我国经济体制乃至政治体制的改革趋向深入，体制创新已经成为一项地区间产业竞争的关键增长要素。

(4)科技因素。科技是影响人们利用和改造自然的能力，是产业布局形成与变动的推动力。在人类社会发展的历史长河中，科技革命导致产业革命，从而决定着产业布局。在一定时期内，地区技术资源禀赋的差异影响地区的产业布局：①科技水平决定自然资源利用的深度和广度；②科技进步和科技革命影响地区产业结构，从而推动产业布局调整；③科技进步和科技革命改变生产工具、交通工具和交通方式，使得产业的人力资源指向和运输指向发生变动，从而推动产业布局发生变动。

(5)路径依赖。历史继承性是产业布局的基本特征，历史上形成的产业基础始终是新的产业布局的出发点，从而会产生路径依赖。路径依赖类似于物理学中的“惯性”。在产业布局中，这种“惯性”最初来源于工业区位论中所论述的集聚因子。正是这种路径依赖性的存在，使得一个地区一旦符合规律地选择了某个产业，无论以后它所具有的区位因素是否更具有比较优势，发展该种产业是否更有效率，都很难从这种最初的选择中摆脱出来。产业布局战略性调整的目的，就是要打破已经无效率的路径依赖，并营造新的集聚因子，进行制度创新，创造新的更有效率的路径依赖，从而形成新的产业发展空间格局。

(6)原材料、市场和运输。产业布局起源于制造业，对于使用大量原材料的制造产业来说，特别是那些在生产制造过程中将大大减低原材料的重量、体积及使用易变质的原材料的制造产业，将此类产业建于原材料产地附近会大大降低运输成本。在生产制造过程中，最终产品的重量、体积将大大增加，或产品易变质的情况下，将该类产业建在消费市场附近就比较有利。如今，随着原材料处理、运输方式的改进，以及制造业的构成由重工业转向高附加值工业，原材料的运输方式及成本不再是产业布局中非常重要的影响因素；相反，接近消费市场日益重要。

(7)劳动力。劳动力因素对产业布局的影响包括两个方面：劳动力成本和劳动力质量。不同地区间的劳动力成本往往差异很大，这与当地的经济发展水平、生活费用要求、社会保障健全与否、工业化水平等都有关系。雇佣劳动力的难易程度也是产业布局中需要考虑的因素。一般来说，在城市原有大量的劳动力储备，雇用成本相对较低；反之，企业可能会有劳动力不足的问题。

地区拥有大量劳动力是吸引某些厂商(劳动密集型)选址于该地区的重要因素，然而要素质量上的差异，如劳动者的技能、工作态度和道德水平都很可能会抵消这优势。研究发现，由于发展中国家地区间(特别是主要城市与其他地区间)要素质量上存在差异，使厂商在选址时，往往首先从中心城市逐渐移到邻近地区。

(8)外部规模经济性。城市化规模经济性指由于建立在大城市(而非中小型城市)中而产生的对经营的好处(如更接近市场和消费者、运输成本低、较大的劳动力储备、获得多种商业服务)。本地化规模性是指与其他同类或相关行业的厂商集中于同一区域经济而带来的好处：①利用已成的某种产品的市场；②拥有高度产业化的劳动力队伍；③利用区内高度专业化的销售、研发及劳动力培训服务；④形成地区的专业化分工，存在大量的主要专业性厂商进行配套服务。

(9)政府职能与政府干预。政府对产业布局的影响有三种不同方式：①直接划定产业布局政策，是一种由国家政府为刺激特定区域的经济发展(以某种激励或补贴形式)，自上而下制定实施的政策；②产业布局政策，包括贸易政策与关税政策、国际政策；③导出的布局政策，由于各地方政策对于吸引投资、开发本地经济的意愿、方法和政策存在不同，这种差异实际上造成了是空间布局政策的不同效果。

3)产业布局相关理论

产业布局理论主要有区位理论、增长极理论、地域生产综合体理论、产业集群理论。

(1)区位理论是关于人类活动的空间分布及其空间中的相互关系的学说。具体地讲，区位理论是研究人类经济行为的空间区位选择及空间区内经济活动优化组合的理论。区位理论可分为新古典区位理论与现代区位理论。根据经济学家的研究成果，所谓“现代区位理论”核心包括以下方面。①规模经济。现代区位理论重点描述产业集聚现象，指出“规模经济”是其最大的竞争力来源。由于数量可观的企业集聚在一起形成了产业链条，造成了很大的规模经济，这种规模经济能最大限度地降低成本、提高效率，并形成相关产业的核心竞争优势。②外部性。所谓外部性可以这样解释，先来的企业会给后到的企业创造了基础设施、劳动力市场、中间产品、原材料的供应渠道、专业知识的扩散等正面的外部效益。③向心力或离心力(集中力或分散力)。进入的企业越多，规模经济就越大、效率就越高。④区位竞争。区位竞争是现代区位理论的核心内容之一。地区主体(即有意吸引投资的土地所有人，包括政府机构)如何改善投资环境，与潜在对手开展积极的区位竞争，大争本地区成为集聚性投资行为的首选地点，以造福当地人民。

(2)增长极理论由法国经济学家佩鲁在1950年首次提出。该理论被认为是西方区域经济学中经济区域观念的基石，是不平衡发展论的依据之一。增长极理论认为，一个国家要实现平衡发展只是一种理想，在现实中是不可能的，经济增长通常是从一个或数个“增长中心”逐渐向其他部门或地区传导的。因此，应选择特定的地理空间作为增长极，以带动经济发展。

(3)地域生产综合体理论是关于在一定地域，以一定的专业化部门为核心，能够充分发挥专业化部门在整个地域的生产联系的生产地域经济体系的形成机制与过程的理论，专业化部门是指具有全国意义和影响，始终与区域以外其他区域的产业发生紧密联系的产业部门。地域生产综合体理论包括三个分支理论体系：①生产结构理论、②综合体内相互联系理论、③动态理论。该理论是原苏联经济系统工作者在区域开发特别是在新医开发中对如何合理发展区域经济提炼总结出来的一种科学规律，这种理论的一些合理内核如生产结构理论、专业化与综合发展理论及动态理论都是从计划体制的土壤上诞生的，但一经抽象而上升到理论高度，却具有相对广泛的适应性。

(4)产业集群理论是相对较为普遍使用的研究理论，是在20世纪80年代由美国哈佛商学院的竞争战略和国际竞争领域研究权威学者迈克尔·波特创立的。其涵义是：在一个特定区域的一个特别领域，集聚着一组相互关联的公司、供应商、关联产业和专门化的制度和协会，通过这种区域集聚形成有效的市场竞争，构建出专业化生产要素优化集聚洼地，使企业共享区域公共设施、市场环境和外部经济，降低信息交流和物流成本，形成区域集聚效应、规模效应、外部效应和区域竞争力。

4) 产业布局的分析方法

产业布局的分析方法主要有定量分析法、定性分析法、拟定量分析方法和专利地图法。

(1) 定量分析法，又称为统计分析法。它主要是对专利文献所具备的外部特征进行统计分析，即对专利的产品名称、申请人、申请日期、申请国家、分类类别等特征进行计量，考察专利申请数量随时间的变化情况、专利主要技术领域的分布情况及专利的引用与被引用等情况。利用这种分析方法可以很好地分析和预测技术的发展趋势，判断竞争对手的技术研发动态。

(2) 定性分析法，也称为技术分析法，是对专利的技术内容如专利涉及的技术主题、专利发明人、专利分类号等进行归纳、综合、分析的一种方法。定性分析法一般用来获取企业的技术研发动向、研发重点、专利的特定权利状况等方面的信息。

(3) 拟定量分析方法。通过上述分析，可以看出定量分析方法和定性分析方法具有不同的特性，通常情况下需要将两者结合，这种方法即拟定量分析方法。

(4) 专利地图法。专利地图也叫技术路线图，是一种对专利情报分析结果可视化的表达。它通过对目标技术领域相关专利信息进行检索、处理和分析，使海量的专利情报得以清晰有效的理解，在学术界有着较为广泛的应用。

专利地图法起源于第二次世界大战后的日本，在欧美国家也得到了一定发展。20 世纪 80 年代，韩国等地区进行了较为充分的研究和应用。而进入 20 世纪 90 年代中后期，世界各国关于专利地图法的研究和应用迅速增多，专利地图法的作用被不断凸显。但在国内，专利地图法尚属于新兴应用领域，如何利用专利地图法进行专利情报分析尚处于起步阶段。专利地图法通常由专利管理图、专利技术图、专利引证图和专利权利图等四类图表方式呈现。专利管理图主要内容为专利数量趋势分析、竞争国家分析、竞争专利权人分析、发明人分析、IPC 分析、UPC 分析等。专利技术图主要内容为技术/功效分类基本表、专利分析摘要表、技术分布鸟瞰图、功效分布鸟瞰图、技术领域历年发展图、指定公司历年技术发展图、技术/功效矩阵图等。专利引证图主要是指重要专利引用族谱图。专利权利图主要内容为关键专利摘要、关键专利权利要求要件及其关系分析、权利范围矩阵分析、专利范围构成要件图等。其中，尤以专利管理图和专利技术图的应用最为普遍。

王艳 (2014) 就利用专利地图法的理论和方法，绘制专利年度趋势图、区域分布图、权利人分布图、技术结构分布图，对国内外海水淡化产业技术路线进行详尽梳理和比较分析，找出浙江海水淡化产业发展的优势和不足，发展的空间和前景。在此基础之上，她从时间、空间、类型角度对浙江海水淡化产业知识产权布局进行设计，并提出助推海水淡化产业发展的政策体系。刘子豪 (2011) 通过对知识产权出版社出版的“中国专利数据库”进行检索，获取日本、美国自 1985 年以来所有在中国知识产权局申请并公布的专利文本数据，利用专利计量分析方法，从专利数量、专利类型、IPC 技术主题分布、专利法律状态及专利权人等角度，对日、美在华专利的布局及其特点进行了分析研究，通过真实的数据规律准确把握日、美的知识产权战略，以期提出我国发展知识产权事业的借鉴对策。他指出，不仅是在学术界，在政府做产业规划时，往往也需要使用专利地图法进行分析，找出本地区在知识产权布局上存在的短板，进行合理布局。

而王雪原等(2014)根据战略性新兴产业高创新性特征，从基础研究→技术创新→技术工程化→技术产业化的产业发展全过程出发，融合文献分析、专利分析、工程研究中心与重点企业分析方法，从主体、地区与技术领域三个维度提出战略性新兴产业布局的综合方法——动态模块网络组合方法。

2.3.2 知识产权区域布局

1. 区域布局概述

区域布局是产业布局的一种具体形式，从理论上讲，区域布局来源于产业布局的区位理论与地域生产综合体理论。

早在1909年，德国经济学家韦伯出版了《工业区位：论区位的纯理论》一书，从而创立了工业区位论；后他又发表《工业区位理论区位的一般理论及资本主义的理论》，对工业区位问题和资本主义国家人口集聚进行了综合分析。他的工业区位论认为工业布局主要受到运费、劳动费和凝聚力三方面因素的影响，其中运费是对工业布局起决定作用的因素。在他看来，工业区位选址时，应尽量降低生产成本，尤其要把运输费用降到最低程度。韦伯的工业区位论是经济区位理论的重要基石之一，对西方区位理论研究起了奠基作用。德国地理学家克里斯塔勒于1933年提出了中心地理论，这成为区位理论的重要组成部分。克里斯塔勒的中心地理论发挥了地理学的地域性和综合性等特点和优点，从市场区位的角度论证了产业布局。德国经济学家廖什博采各家之长，形成了独具特点的思想理论体系，发表著作《区位经济学》一书。他把利润原则并同工业产品销售范围联系在一起进行考察，提出需求圆锥体与市场区、市场的网络组织等构想，建立以垄断资本的竞争代替韦伯的自由竞争，以市场区域中心地决定的区位理论体系，这也是传统的古典区位论，可以说是产业区域布局理论的雏形。

随着经济的发展和理论的更新，在成本-市场学派、行为学派、社会学派、历史学派、计量学派等学者的主导下，形成了现代区位理论。现代区位理论不论是在研究内容、研究对象，还是在研究视角、研究方法上都不同于传统的古典区位论，他们科学地回答和解决了国家范围、区域范围内的出现的重大问题。

而地域生产综合体理论是苏联的一些学者提出的。科洛索夫斯基对地域生产综合体进行了全面论述，将其界定为“在一个工业点或一个完整的地区内，根据地区的自然条件、运输条件和经济地理位置，恰当地、有计划地安置各企业，从而获得特定的经济效果，这样的一种各企业间的经济结合就称为生产综合体”。同时，涅克拉索夫也对生产综合体作了诠释。他认为生产综合体是在国家一定地区的自然资源和劳动资源的基础上发展的专业化部门的空间结合，它具有统一的生产性和非生产性基础设施、共同的建筑基地和动力基地，是某个或几个专业化部门的企业跟生产性和社会性基础设施之间的一种卓有成效的结合。从概念可以看出，地域生产综合体的特征主要有企业之间彼此联系、相互协作。地域生产综合体与区域的条件相适应，地域生产综合体具有层次结构。实际上地域生产综合体就是一种典型的产业集聚，集聚的核心是专门化企业，围绕着专门化企业引入关联类企业(与专门化企业有前后向联系的企业)、依附类企业(利用专门化企业的废料进行生产的企业）以及所有企业生产所需的基础设施。地域生产综合体的根本思想是区域生产专业化分工和综合发展相结合，专业化部门的确立主要根据各地区的自然资源特点，因此地域生产综合体也对区位有着特定的要求。综合体完全是由国家投资建成的，自上而下形成集聚的特征更为明显。由此看来，地域生产综合体与目前国家规划建设的高新技术开发区比较相像。

对于产业的区域布局，国内学者研究的成果颇多，且多从实证角度出发，给出区域内产业布局的建议。毛伟和居占杰（2013）分析了广东省战略性新兴海洋产业布局现状，在此基础上分析了制约产业布局的因素，探讨了产业空间合理布局的途径，最后给出了优化战略性新兴海洋产业布局的建议。徐国胜（2013）将药品生产情况与市场实际需求分析紧密联系，深入了解并科学评价安徽省合肥市生物医药的发展现况，从区位和要素聚集模式、产业创新模式、管理和服务模式三个方面，为科学研究产业的发展对策，抢占行业发展先机提供决策依据。李洁（2015）认为产业布局的合理性直接关系生物医药产业的快速和可持续发展。选择生物医药产业发展程度较高且呈集聚化发展的江苏省作为研究对象，分析其生物医药产业布局的状况与现有模式，在此基础上提出按“点-线-面-网”立体推进的思路，形成“双核-两翼”的江苏生物医药产业布局新模式，最后提出实现新模式的具体措施。根据产业空间发展不同阶段特点，产业布局模式可分为增长极布局模式、点轴布局模式、网络布局模式、地域产业综合体模式以及梯度开发模式等。

2. 区域布局的影响因素

区域布局是产业布局的一种形式，因此其影响因素基本相似，但不同区域的产业分布尤其受政府的定位与制度安排、产业发展的主要特点。

1）政府的定位与制度安排

政府的定位，即政府在社会生活中居于什么样的位置，是至高无上的权力机关还是关切百姓的服务机构，是经济建设型政府还是公共服务型政府。如果政府的定位是推动经济发展，那么国有企业的目标便是促进经济建设，更侧重于投资于可以推动经济发展、产业关联度高的一些基础或支柱产业。如果政府的定位是公共服务型政府，那么政府的工作则偏重于维护市场秩序，弥补市场缺陷，解决市场失灵。而国有企业的分布则要以弥补市场不足、提供公共服务、解决就业等因素为依据，并将其他产业交给市场决定。政府的定位不同决定了国有企业发展的方向。每个国家都有不同的制度安排，都处于不同的发展阶段，面对不同的问题，每个产业也都有不同的特点。因此，没有特定的一个模式会适合所有的经济体，没有一种制度安排适合所有的产业发展。因此，不同的制度安排、布局产业的能力、资源配置的效率、使用国有资产方式的不同，从而影响国有企业的布局。国家体制虽然不是决定产业发展的最重要因素，但是其与产业发展呈正相关关系。

2）产业发展的主要特点

（1）生产要素的不同组合。根据要素密集度的差别，产业可以划分为劳动密集型产业、资本密集型产业和技术密集型产业。①顾名思义，劳动密集型产业是指对技术和设备的依赖性低，生产需要大量劳动力的产业，投资相对较少，资本周转速度高。一般来说，目前劳动密集型产业主要指农业、林业及纺织、服装、家具等制造业。②资本密集型产业是单个产品中包含的资本成本较大，每个劳动者使用大量资本的产业。固定资本投资巨大，原材料消耗大，单位资本容纳的劳动力较少，同时这些产业对经济发展十分重要。因此，客观上比较符合国家投资的形式。目前，资本密集型产业主要分布在基础工业和重工业，包括钢铁业、一般电子与通信设备制造业、重型机械工业、电力工业等。③技术密集型产业是指在生产过程中高度依赖科学技术的产业，往往资源消耗低，科技人员在职工中所占比重较大，劳动生产率高，产品技术性能复杂，更新换代迅速。因此，技术密集型行业一般属于高风险高回报的产业。在国外，很多技术密集型产业都是投资资本在进行发展。同时，技术密集型产业对于其他产业都有很大的正面效用，促进技术密集型产业发展十分必要。因此，根据我国的客观条件，也比较适合国有企业进入该产业。

(2) 资产专用性。资产专用性是指投入到某一产业的资本被锁定，没有办法对该产业以外的其他产品进行生产，且往往专用资本投资巨大，专用性强，空间上的转移和使用上的转换都非常困难。一般资本专用性强的产业会形成很高的进入退出壁垒，进入者会考虑到固定资本投入金额的过于庞大，一旦投入后，退出则会损失巨大，因此这类产业十分容易形成垄断，从而使得其产品可以获得垄断利润。因此资本专用性强的产业内部的企业风险高、资本投入大，对于消费该产业产品和服务的个体也存在被“剥削”的风险。因此，资产专用性高的产业更适合于国有企业进入。

(3) 产业的关联性。产业关联性是指某个产业的发展对其上游和下游产业的影响。产业关联性主要衡量的指标是中间需求率和中间投入率。中间需求率反映某产业部门的产品作为原料被其他产业需求的量，中间投入率反映该产业购买其他产业产品作为原料的量。如表 2-1 所示，不同的产业的中间需求率和中间投入率有较大的差异，依据差异可把产业划分为四种类型。

表 2-1　产业划分

中间投入	中间需求大	中间需求小
中间投入大	中间产品型产业（基础原材料、能源）	最终需求型产业（一般加工业）
中间投入小	中间产品型基础产业（农业、采矿业等）	需求型基础产业（商业、服务业、运输业）

由于中间产品型产业对中间产品的需求很大，而且能够提供大量其他产业发展所需的原料，因此其对上下游产业的影响力度很大，对其他产业有很大的带动作用。而中间产品型基础产业直接制约着其他产业的需求，可以说该产业的增长制约着一国国民经济的整体发展速度。因此，相对而言，国有企业投入在这两种产业对经济的拉动作用最大，且符合战略发展的意义。

(4) 产业的外部性。具有外部性的产业存在典型的市场失灵的情况，无法通过市场机制而形成价格，提供服务，而这类产品和服务又同时被许多人需要，同时也为其他产业提供发展的基础，在经济生活中必不可少，因此国家经营具有合理性。

3. 区域布局的方法

产业的区域布局一般存在三种方法，主要包含增长极布局方法、点轴布局方法以及块状布局方法。①增长极布局方法。法国经济学家佩鲁首先提出增长极理论。该理论认为在区域发展过程中，那些增加速度快、优势明显的地区是区域的核心地区，应当优先发展。这个发挥辐射作用、带动周边地区与产业发展的地区或产业就是区域“增长极”。②点轴布局方法。产业在发展之初总呈现出点状分布规律，这些优势突出、发展迅速的地区就是区域产业发展的增长极，也是点轴布局方法中的点。随着产业发展优势点之间进行人才、技术与信息等资源交互频度与质量的提升，点之间形成有效的联结关系并组合成线。③块状布局方法。块状布局方法就是在区域范围内构建优先发展的节点，然后在各个节点周围形成发展域面，进而实现不同域面的有效合作与要素的有效流动。

2.4　知识产权微观布局

2.4.1　企业专利布局与企业的知识产权布局概述

企业专利布局是指专利申请的地域布局和专利技术研发过程中的热点技术领域布局，专利布局是公司专利战略的重要组成部分。本书所讲的专利布局，主要聚焦专利技术研发过程中的热点技术领域布局。

专利布局是立体的，经过布局的专利组合，围绕特定技术形成彼此联系、相互匹配，在技术、时间、地域上保持从申请到授权的不同状态，从而最大化地发挥每件专利的效力，突破传统意义上单一专利在时间、地域以及技术上的局限，产生“1 +1＞2”的效应作用，最终可使专利权人最大程度地享受专利独占权。

企业的知识产权布局一般是指专利布局，在学术界并没有统一的定义。周大成(2017)认为企业专利布局是企业根据自身商业战略和市场竞争环境，申请合理数量和结构的专利组合的过程。吴齐芳(2008)分析汽车企业知识产权布局，认为企业知识产权布局就是知识产权的保护方式的部署与配置。李慧(2014)认为企业专利布局应当基于自身产业特点，做到专利布局总体方向正确，布局切合企业实际的、与企业自身相匹配的技术分支，针对竞争对手的布局寻找技术突破，做到全方位、立体、多维度布局，从而提升企业的竞争力和运营能力。

一般来说，就工具论而言，有学者将专利布局比作“八卦阵”，进可攻，退可守；从目的论出发，专利布局则是为了提升企业整体竞争力，铸就品牌力量；以谋略论来看，专利布局则是整合企业专利资源，实现专利优势最大化。

企业的知识产权如果没有战略性布局就如一盘散沙，经过布局规划后的专利才是企业一面坚实的防火墙。企业拥有严密性和层次感，又具备投入产生最大效益的专利防护网，不仅可以保护企业自身的核心技术不被侵犯，还可以有力地攻击竞争对手。

近年来，专利布局相关的文献虽然很多，国内外研究的侧重点却各有不同。国外部分学者将专利布局与专利战略结合起来讨论，着重分析企业布局专利的战略性动机。Blind等(2009)通过实证研究发现，相比规模较小的公司，大公司特别强调新的专利战略动机，如提高其议价能力、利用专利作为研发人员的激励和绩效考核措施等；他们在进一步的研究中发现，专利的战略性动机与公司专利布局的特征相关联。另有部分学者侧重研究专利布局的实施工具——专利组合（patent portfilio）。专利组合的概念最早由 Ernst（2002）提出，他在研究中讨论了基于企业和技术两种层面来制定企业 R&D 战略的专利组合方法。随后，Pilkington（2003）、Fabry 等（2006）、Littmann-Hilmer 等（2009）大量学者侧重于设计新的专利组合分析工具，并结合实际案例检验工具的有效性。国内已有研究则主要运用统计计量的方法，结合专利数据具体分析某一区域（张玉明和李凯，2007）、技术领域（杨盈霄等，2017）和特定公司（巫晓倩，2006）的专利布局现状，以此确定区域的主导产业和热点产业、热点技术领域的技术发展方向以及特定公司的布局缺陷与改进方法。

吴齐芳（2008）还将知识产权部署与配置的内容分为知识产权保护的类别、空间与时间三个维度。其中，类别与知识产权的内容形式有关，不同形式的知识产权有不同的保护方式。因此，进行知识产权布局时首先要考虑选择何种知识产权形式（它包括发明专利、实用新型专利、外观设计专利、注册商标、技术秘密保护、技术公开）来限制他人申请等，要将各种类别的知识产权配套布局方可达到有效保护知识产权的目的。空间与知识产权地域性原则有关，知识产权中财产性质的权利受法律保护的空间不是全球性的，而是地域性的。知识产权中财产性质的权利受法律保护的时间不是永恒的，而是有一定的期限的，进行知识产权布局时还要考虑选择申请或注册知识产权的时机，或考虑选择放弃已有知识产权的时机，在产品生命周期的何时申请、注册知识产权与该不该提前终止，该不该持续维护，该不该续展均与知识产权时间布局相关。

关于专利布局模式界定的文献不多，但形成了主流观点。目前学术界对不同专利布局模式的界定主要是来源于瑞典学者 Ove Granstran（1999）在《the Economics and Management of Intellectual Property》一书中进行的分类：特定的阻绝与回避设计、策略型专利、地毯式专利布局、专利围墙、包绕式专利布局、组合式专利布局六种。其他学者的分类方法都是在其基础上演化而来的，比如我国学者谢顺星等（2012）提出的路障式、糖衣式等几种布局模式，这些模式只是提法不同，其实质是一样的。仔细甄别后可以发现，六种经典模式中除了特定的阻绝与回避设计、包绕式专利布局两种模式有适用于中小企业之处外，其他几种模式均主要适用于大型企业，需要依靠强大的资金和技术研发能力的支撑。然而，随着知识经济时代的到来，中小企业的市场地位逐渐凸显，其面临的内外部环境也相应地发生了翻天覆地的变化，仅参照特定的阻绝与回避设计、包绕式专利布局这两种模式显然不足以制胜，急待提出更适用的专利布局模式。

因此，企业知识产权布局要根据市场的知识产权情况、自身的知识产权情况、竞争对手的知识产权情况以及法律法规等相关因素经过综合考虑后进行合理规划。可以看出，关于专利布局模式的研究，学术界主要是从两个方面出发，基于市场竞争的专利布局和基于市场应用发展的布局。

2.4.2　企业知识产权布局模式

Ove Granstran（1999）指出专利布局策略（ patene stratege）有很多形式，主要包括以下六种专利布局模式。

(1)特定的阻绝与回避设计。①特定的阻绝是指仅用一个或少数几个专利来保护特定用途的发明，申请与维护成本较低。其缺点是竞争者容易利用回避设计来避开专利的效力。②回避设计是指专利工程师采用不同于已知的专利保护的技术方案，设计新的规格、性能、手段等，从而避开他人某项目具体专利权的保护范围。回避设计的方式有很多种，且所需经费和时间也较少。成功的回避设计必须同时满足两个条件：法律上的条件，要求专利侵权判定中不会被判为侵权；商业上的条件，在商业竞争中不至于因成本过高而失去竞争力。

(2)策略型专利。专利权拥有者想要保持竞争优势，就应该避免让竞争对手有回避设计的机会，否则该专利就容易完全失去价值。策略型专利是一个具有较大阻绝功效的专利，像是某特定产品领域所必需的技术或是路障性专利等，具有阻碍性高、无法回避设计的特点。

(3)地毯式专利布局。如果没有绝佳的策略型专利，也可以形成类似于“布雷区”的地毯式专利布局。例如，有系统的在每一步骤中用专利来形成“地雷区”，以阻断竞争者进入，而对于强行侵入技术领域的竞争对手，也可通过专利诉讼的方式将其逐出该领域。

地毯式专利布局模式一般可用于不确定性高的新兴技术、各种研发方向都能产出结果或是专利的重要性尚未明朗化的时期。该种布局有一定条件和要求：足够的资金以及研发能量的配合，如果没有系统性的专利布局则容易演变为专利泛滥，无法发挥预期效果。

为节省成本，企业或研究单位单纯地从技术的角度考虑会剔除次要的专利以降低申请和维护专利的成本以及维持专利整体的品质。但是这些研发人员眼中的小专利或垃圾专利，有时却可能成为竞争对手的“麻烦专利”，阻碍其研发与专利权的取得。同时由于整体专利数量达到一定规模，在专利授权谈判时能拥有较大的谈判筹码。

(4)专利围墙。专利围墙是利用系列式的专利形成对竞争对手研发的阻碍。例如，一项与化学相关的发明，将其化学方程式、分子设计、几何形状、温度等范围的变化都申请专利保护，形成一道围墙，以防止竞争对手有任何缝隙刻意回避。当许多不同的技术解决方案都可达到类似功能的结果时就可以考虑专利围墙的布局模式。

(5)包绕式专利布局。以多个小专利包绕着竞争对手的重要专利，这些小专利本身价值或许不高，但其组合却可以阻碍竞争对手重要专利的有效商业应用。例如，以各种不同的应用来包绕基础型专利，很可能就使得基础型专利的价值荡然无存，当竞争对手有基础型专利时，就可以透过包绕式专利作为交互授权谈判的筹码。另一方面，如果企业本身有重要的基础型专利时，应先自行透过研发形成自己的包绕式专利布局，避免让竞争对手采取该模式。

(6)组合式专利布局。以各种结构和方式形成如网络般的组合式专利布局，从而强化技术保护的强度或成为谈判有利的筹码。包绕式专利布局模式就是一个可供参考的模式，以一个基础型专利包绕几个次要的应用型专利，甚至以多个包绕式专利布局形成紧密的专利网络，阻绝竞争者的研发方向。

企业或研究单位在思考要采取哪种专利布局模式时，可以从专利布局的深度及广度来考虑。就深度而言，某一技术领域基本专利到相关的配套/衍生专利共同形成坚实的保护网，则可建立技术垄断的地位，这通常需要长时间的耕耘才能达成。就广度而言，于基本技术的可能应用范围中广泛地获得外围技术的专利保护，则可使得保护范围更加完整，有利于主导整个技术领域和市场的走向，但若预期的应用范围很广，想要囊括所有相关技术的投资成本可能很庞大。

现代学者在此基础上进行深入研究，有的学者以专利布局形成的外在特征划分，将常见的专利布局分为五种模式：路障式布局、城墙式布局、地毯式布局、围栏式布局和糖衣式布局；也有学者从专利布局效果出发，将专利布局分为包围式专利布局、垄断式专利布局、布雷式专利布局、特定阻绝式专利布局。

李向辉等（2015）分析了美国孟山都公司在华专利申请情况，总结其在育种和农业化学领域的技术发展趋势，判断其未来技术的聚焦点和布局重点，并对其专利布局战略进行了深入细致的解读，深入研究和把握孟山都公司的市场策略、研发路径、专利战略。其认为美国的孟山都公司专利布局战略主要为核心技术全面保护布局战略、支撑未来研发的专利布局战略、产业链纵向专利布局战略、技术链协同布局战略四种战略模式。在对核心技术进行保护的同时，美国的孟山都公司专利布局充分挖掘、发挥出专利在战略层面和法律层面的价值，有力地支撑了企业的市场发展策略。

专利申请并不单纯是为了保护技术，而是为了快速地将技术成果转化为市场优势，因此合理的专利布局是击败竞争对手、获取市场价值的起点。专利布局的战略模式如表 2-2 所示。

表 2-2　专利布局的战略模式

专利布局战略模式	含义
核心技术全面保护布局战略	通过对其核心技术实施无漏洞保护布局，达到阻断模仿者和追随者的目的
支撑未来研发的专利布局战略	专利布局充分为未来的研发思维和路线服务，通过超前布局抢占技术高地，以达到领先于同质竞争者的目的；注重专利布局和研发战略的配合，在项目的研发过程中，专利申请往往早于产业化阶段，甚至在项目启动阶段就开始谋划布局，通过专利的形式公开阶段性成果，及时抢占技术高地，阻断潜在的竞争产品和技术，为研发项目保驾护航
产业链纵向专利布局战略	通过在产业链上下游同时进行专利布局，实现了控制客户资源、干扰竞争对手的双重目的，在市场竞争中占得先机
技术链协同布局战略	通过不同领域内技术和产品间的互补效应来增强市场竞争实力、提升风险掌控的能力；通过在核心技术领域的平行布局，推动技术的捆绑，以此来巩固技术联盟，并力争在合作关系中获得更多的定价权和话语权

吴海玲等（2015）认为企业的专利布局涉及综合考虑行业状况、企业的发展战略、市场和法律等因素进行专利挖掘和专利申请，并形成专利组合，从而为企业发展提供切实有效的专利支撑。吴海玲等（2015）总结了四种专利布局策略：挖掘核心技术，掌握基础专利；开展二次开发，布局外围专利；关注应用领域，形成差别竞争；重视专利价值，储备优质专利。

黄璐等（2017）认为专利布局主要考量技术主题、技术方案、时间、地域、申请时机、公开时机、优先权、分案申请等因素，关键在于控制好节奏。对于专利文件中权利要求的布局、技术方案的延伸、专利维权的可行性、专利稳定性等，均需要契合研发进程及市场情况予以动态评估。对于不易被反向工程或企业认定为技术秘密的内容，或者在撰写专利时予以隐藏，或是干脆不申请专利。通过对某药物进行具体的专利解读与分析，提前在研发阶段即有节奏、有针对性地对该药物进行外围的专利布局，从而为该产品上市后赢得一定的市场份额提供技术保障。通过核心专利加外围专利布局，真正做到以数量布局、以质量取胜。在充分发挥专利保护作用的前提下，开发出符合市场、患者和企业发展需要的产品。

姜银鑫(2014)从国际化公司间的专利竞争着眼，通过案例分析法或可视化的专利布局方法，展示企业国际化中基于专利布局展开的专利攻防战略，研究发现了积极防御战略、迂回竞争战略、局部领域绝对优势战略、模仿-规避-再创新战略、合纵抗强战略五种布局方法，帮助企业降低专利诉讼风险。

裘江南和张野(2016)根据企业自身情况、创新能力以及行业发展情况，确定企业所处的发展阶段。基于企业发展阶段的专利布局策略如表 2-3 所示，利用回避设计、围堵式、地毯式、围墙式四种专利布局策略，从核心专利出发梳理出所有的关联技术点和其对应的外围专利，从而对核心专利建立牢固的保护网，对核心技术进行全方位保护。

表 2-3 基于企业发展阶段的专利布局策略

发展阶段	竞争力	研发方向	专利布局方法	专利战略
初创及成长期	弱	成熟期技术	回避设计	防御
成熟期	一般	引进期技术(新兴)	回避设计、围堵式布局	攻守兼备
稳定期	强	未来的技术	回避设计、地毯式布局、围墙式布局	开放竞争

综合学术界对企业知识产权布局模式的研究，可以看出，企业专利布局是企业根据自身商业战略和市场竞争环境，申请合理数量和结构的专利组合的过程，大多数学者均是基于市场竞争的出发点，进行专利布局，提出了一系列的方法。

2.5 本章小结

本章是关于知识产权布局的理论研究。尽管近年来学界对知识产权布局的研究十分热衷，但关于知识产权布局的概念还远未形成统一。参考和借鉴现有相关研究，本章中从产业和企业两个层面给出了知识产权布局的定义。即，从产业层面而言，知识产权布局指的是政府相关部门在深入分析某一产业的知识产权优劣势的基础上，从产业发展的宏观角度，对该产业的知识产权类型、知识产权与产业发展状况的匹配度、该产业知识产权的未来发展趋势和主攻方向以及知识产权的地域分布所进行的总体性规划。从企业层面而言，知识产权布局指的是企业在有效分析各种信息的情况下，灵活运用各种知识产权手段，在技术创新的初期即进行有目的的派兵布阵，为企业今后全面实施其知识产权战略打下基础。在此基础之上，本章从产业经济学的概念入手，将知识产权布局分为中观布局与微观布局两个部分。中观布局即知识产权的产业布局，微观布局即是指知识产权的企业布局。基于这两个层面，本章进一步论述了知识产权中观和微观布局的影响因素、分析方法以及布局模式等。

第三章　知识产权运营研究

3.1　知识产权运营概述

知识产权运营是知识产权管理的核心环节，是知识产权人收回投资成本，实现知识产权价值的关键所在。权利人从事创新的根本目的从来就不在于创新本身，而是为了赢得创新所得。知识产权运营则成为知识产权人实现这一根本目的、获得和继续保持竞争优势的重要手段。本章在对知识产权运营的概念、特征、现状等方面进行分析论述的基础之上，集中讨论目前知识产权运营的几种主要模式。

3.1.1　知识产权运营的概念

党的十八大提出要提高自主创新能力，建设创新型国家，实施创新驱动发展战略，这是完善社会主义市场经济、加快转变经济发展方式的重要战略部署。国务院 2017 年发布的《“十三五”国家知识产权保护和运用规划》指出，“我国将在‘十三五’时期深化知识产权领域改革，破除制约知识产权发展的障碍，全面提高知识产权治理能力，为促进大众创业、万众创新提供有力保障，为促进经济提质增效升级提供有力支撑”。因此，国家知识产权局将“加强知识产权交易运营体系建设，包括完善知识产权运营公共服务平台、创新知识产权金融服务、加强知识产权协同运用”作为四大专项工程之一。可见，知识产权运营日益成为实现创新驱动发展，为“双创”保驾护航的重要环节和关键因素。

由于知识产权运营直接关系到创新主体能否赢得创新所得，即知识产权权利人和相关市场主体能否优化资源配置，采取一定的商业模式实现知识产权价值。以专利为代表的知识产权运营问题日益成为国内外知识产权理论界与实践界关心的共同焦点。冯晓青(2013)认为，知识产权运营是指企业利用知识产权创造价值，实现知识产权保值增值的过程，是企业在分析面临的技术环境，市场环境和社会环境的基础上，充分利用企业内部的人力资源、财务资源和外部市场资源，谋求知识产权资产增值与价值实现的方式。国家知识产权局在部署知识产权运营试点企业工作时，给出的知识产权运营的定义是：“知识产权运营是指以实现知识产权经济价值为直接目的的、促成知识产权流通和利用的商业活动行为。具体模式包括知识产权的许可、转让、融资、产业化、作价入股、专利池集成运作、专利标准化等，涵盖知识产权价值评估和交易经纪，以及基于特定专利运用目标的专利分析服务”。肖延高等(2016)认为，知识产权运营是指知识产权权利人通过实施、转让、许可、交叉许可、投资、融资等方式，将知识产权外化为产品、服务、现金流、股权或有价证券等，以获取知识产权的商业价值和谋求竞争优势的过程。

本书认为，在结合上述定义的基础之上，知识产权运营是将专利、商标、著作权、商业秘密等知识产权客体作为战略资源，运用实施、许可、投资、融资等手段，挖掘和提升其技术、法律、经济、市场价值，促进客体的流转，推动市场主体的竞争与协作的商业过程。

知识产权运营以知识产权布局为前提，以知识产权保护为保障，以知识产权组织为支撑，通过对知识产权客体的实施、许可、转移、投融资，以实现其商业价值。通过有效的知识产权运营，不仅可以激发市场主体创造、运用、保护、管理知识产权的活力，还能引导市场主体对知识产权进行科学布局，推动产业技术的集成和突破、储备和流转，提升产业核心竞争力。

3.1.2　知识产权运营的特征

1)知识产权运营的主体

很多学者在论述知识产权运营时都是以企业为出发点，但企业却不是知识产权运营的唯一主体。本书认为，知识产权运营的直接目的就是通过运营实现知识产权资产的经济价值，这个过程必然涉及多方、多种主体的参与。本书把所有参与知识产权运营的主体统称为市场主体，而在现有的运营模式下，这些主体可做以下分类。

(1)知识产权创造者。这类主体既是知识产权创造者，也是知识产权运营者。知识产权创造者具体包括企业、大专院校、科研机构等。其共同特点在于：首先，它们是知识产权客体的研发者或创造人，同时也是知识产权的实施者；其次，由于他们是研发者或创始人，所以更为了解自身拥有的知识产权的独创性、技术内涵或者品牌价值，具有较强的识别能力(包括研发的难度、专利的技术价值、技术外在的市场价值等)，而这正是知识产权运营的关键要素之一；再次，作为运营者，他们了解供应链、技术供需，理论上比较容易找到交易对象(在大专院校的情况下往往并非如此)。同时也比较了解竞争者和合作者，可以制定更为适当的知识产权运营策略。

(2)知识产权服务者。这类主体不是知识产权创造者，但是知识产权运营者或服务者。知识产权服务者具体包括运营专业组织、运营服务平台(如各种专业性和综合性交易市场、网站)、运营服务机构(如技术经纪机构、无形资产评估机构、知识产权质押抵押服务机构等)等。其共同特点在于：①他们不是技术的研发设计者，不是知识产权的创造者，但由于专业化分工的发展，他们专业开展知识产权运营或知识产权运营服务；②由于他们不是研发者，所以对其从业者的专业背景和素质有着较高的要求；③知识产权运营显然是一种高智力的知识密集型服务，专业的服务能力和适当的商业模式是立足市场的关键，也是其价值的体现。在知识产权的价值越来越得到高度关注的情形下，国内外出现了各种类型的专业化运营机构，体现了专业化分工的高效率。

2)知识产权运营的客体

知识产权运营的客体包括著作权、专利、商标、商业秘密等所有现行法律体系下承认的知识产权客体。其中，由于专利可为权利人带来巨大的价值，近年来专利运营尤为受到各界关注。2013 年 10 月 18 日，国家知识产权局发布《关于组织申报国家专利运营试点企业的通知》；2014 年 3 月 10 日，国家知识产权局还发布《关于实施专利导航试点工程的通知》，开始强调专利运营工作，并着手建设 1+2+20+N 的专利运营机构，从而搭建一个大规模的专利运营体系。培育发展专利运营服务体系，重点支持从发明创意产生、专利申请到专利技术转移转化全过程服务业态的发展；培育发展专利投融资服务体系，建立适应中小企业需求的投融资机制，促进专利投融资、证券、保险、信托等业务开展；培育发展专利交易流转服务体系，促进专利技术的集聚和扩散。

大连理工大学知识产权学院院长陶鑫良指出，知识产权运营已经成为我国当今的热词之一，而专利运营则是这一热词中的热词。在他看来，专利运营的本质，归根结底是一个商业概念，即对专利权法律资源及其技术资源的综合运用，通过技术贸易、商业谈判乃至于法律诉讼等路径，在相应科技领域内及其商业市场上谋取竞争优势及商业利益的系列活动。在我国，目前关于专利运营的概念表述，似乎同时关注在这样几层含义上：①专利的自我技术实施，即在自身范围内实现创新成果产业化；②专利的技术转移交易，包括专利权的整体转让或者不同形式的许可；③专利权的投资（包括入股）及其上市运作；④专利权的融资（包括质押融资）及其资本经营运作；⑤专利权及专利技术的非专利实施主体（non-practicing entities，NPE）等职业化和专业化运作；⑥以专利或者知识产权类专门基金（包括专利运营基金）等方式控制、操纵相关专利交易、专利诉讼的运作；⑦以综合运用诉讼手段及其配套措施的专利诉讼运作等。

截至 2016 年底，中国国家知识产权局共受理发明专利申请 133.9 万件，同比增长 21.5%，连续 6 年居世界首位。数据显示，该局在 2016 年共授权发明专利 40.4 万件，其中，国内发明专利授权 30.2 万件，同比增长 14.5%。2016 年，发明专利申请受理量排名首位的中国企业为华为技术有限公司，发明专利授权量排名首位的是国家电网公司。我国成为继美国和日本之后，世界上第三个国内发明专利拥有量超过百万件的国家。良性的专利运营必须建立在高质量专利的基础上，我国目前的专利数量已经在世界范围领先，接下来要做的就是“提质增效”，以高质量的专利运营水平促使这些专利发挥作用，实现经济价值，保持竞争优势。

除了专利运营以外，商标运营也是知识产权学界和业界共同关注的一个问题。随着经济的发展，企业的品牌效应在市场竞争中越来越重要，商标作为无形资产的价值也日益彰显。福布斯（Forbes）公布的 2016 年度全球最有价值品牌排行榜（the World’s Most Valuable Brands），苹果连续 6 年蝉联冠军宝座。苹果、谷歌和微软分别以 1541 亿美元、825 亿美元和 752 亿美元的品牌价值位居前三名。100 大品牌来自 19 大行业，科技行业占据了 17 席。有学者甚至指出：“商标运营是企业运营的最高境界”。在企业管理实践中，人们往往将商标运营和品牌运营（brand operation）放在一起讨论。而本书认为这是两个既有区别又有联系的概念。品牌运营是指企业利用品牌这一最重要的无形资本，在营造强势品牌的基础上，更好地发挥强势品牌的扩张功能，促进产品的生产经营，使品牌资产有形化，实现企业长期成长和企业价值增值。这里的品牌指的是公司的名称、产品或服务的商标，包装、装潢和其他可以有别于竞争对手的标识、广告等构成公司独特市场形象的无形资产。可见，品牌更是一个管理学上的概念，而不是一个法律概念。而商标这个概念则有严格的法律界定。在我国，商标是指“任何能够将自然人、法人或者其他组织的商品与他人的商品区别开的标志”，包括文字、图形、字母、数字、三维标志、颜色组合和声音等，以及上述要素的组合，均可以作为商标申请注册。注册商标权人通过注册商标的行为，获取商标专用权。可见，商标运营是品牌运营的核心内容，一个企业如果没有商标运营，品牌运营就无从谈起。

在商标运营中，最常见的运营方式是转让和许可。在商标转让中，近年来一些行业巨头借用“马甲公司”进行商标受让的运营方式尤其值得注意。这方面最有名的例子莫过于美国苹果公司与台湾唯冠公司之间的“iPad”商标转让事件了。2005 年，台湾唯冠是“iPad”商标的所有权人。美国苹果公司为推出“iPad”产品，设立“IP 申请发展有限公司”，以该公司为“马甲”，于 2009 年 12 月 23 日，以 35000 英镑从台湾唯冠公司手中购得“iPad”商标。2010 年 4 月 3 日，美国苹果公司标有“iPad”商标的平板电脑产品在美国上市。2010 年 4 月 7 日，苹果公司与 IP 公司签订转让协议，以象征性的 10 英镑价格受让包括涉案商标在内的所有商标。台湾唯冠公司得知真相后后悔莫及，所幸中国大陆地区的“iPad”商标所有权属于深圳唯冠公司，于是有了后来中国大陆地区的“iPad”商标之争。而当苹果脱掉“马甲”之后，仅中国一个国家的商标权，苹果就付出了 6000 万美元的代价。这个案例不仅体现了商标的巨大价值，更体现了商标运营对企业的重要性。而在商标的许可中，王老吉和加多宝的商标之争则是近年来带给我们最多思考的案例。在商标许可权的纠纷中，双方的权利义务是比较清晰的，加多宝的败诉也在意料之中。当然，该案也带来关于商标被许可人在运营商标的过程中其智慧投入如何保护的思考及争论。在与此相关的后续争议当中，最高人民法院于 2017 年 8 月 16 日对上诉人广东加多宝饮料食品有限公司（简称“加多宝公司”）与被上诉人广州王老吉大健康产业有限公司（简称“大健康公司”）、广州医药集团有限公司（简称“广药集团”）擅自使用知名商品特有包装装潢纠纷上诉两案进行了公开宣判：“广药集团与加多宝公司对涉案‘红罐王老吉凉茶’包装装潢权益的形成均做出重要贡献，双方可在不损害他人合法利益的前提下，共同享有‘红罐王老吉凉茶’包装装潢的权益。”最高人民法院在判决书中指出：“知识产权制度在于保障和激励创新。劳动者以诚实劳动、诚信经营的方式创造和积累社会财富的行为，应当为法律所保护。”知识产权司法保护应当以维护有序规范、公平竞争、充满活力的市场环境为己任，并为社会公众提供明确的法律预期。知识产权纠纷常产生于复杂的历史与现实背景之下，权益的分割和利益的平衡往往交织在一起。对这类纠纷的处理，需要我们充分考量和尊重纠纷形成的历史成因、使用现状、消费者的认知等多种因素，以维护诚实信用并尊重客观现实为基本原则，严格遵循法律的指引，公平合理地解决纠纷。最高人民法院认为，在确认双方在不损害他人合法利益的前提下，可以共同享有涉案知名商品特有包装装潢权益。广药集团与加多宝公司，均曾为“王老吉”品牌商誉的积累作出积极的贡献。在有效提升企业知名度的同时，也获得了巨大的市场利益。但在“王老吉”商标许可使用关系终止后，双方所涉知识产权纠纷不断、涉诉金额巨大，引发了社会公众的一些关切与担忧，还有可能损及企业的社会评价。对此，双方应本着相互谅解、合理避让的精神，善意履行判决，秉持企业应有的社会责任，珍视经营成果，尊重消费者信赖，以诚实、守信、规范的市场行为，为民族品牌做大做强，为消费者提供更加优质的产品而努力。

值得注意的是，随着互联网的发展，给专利和商标运营都带来了新的契机。2017 年 4 月 26 日，国内首家面向高校知识产权的运营交易平台——中国高校知识产权运营交易平台在南京上线发布，平台希望借助类似“阿里巴巴”的互联网模式破解多年未解的高校专利转化难题。2017 年 10 月 12 日，全球首家商标生态运营管理平台——“智高点”亮相于第十二届深圳国际物流与交通运输博览会。该平台为用户提供基于 SaaS 服务的、多场景贯穿商标前后期大数据的具体解决方案。当然，除了专利和商标运营之外，著作权运营和商业秘密运营也并非不重要。市场主体的知识产权运营是一个多维度、全方位、综合运作的过程。在客体层面，涉及著作权、专利、商标等各类具体的知识产权权利；在手段上，涉及转让、许可、投资入股等多种方式。只有综合运用各种手段，充分实现各类知识产权客体的价值，才是有效的知识产权运营。

3.2　知识产权运营的研究现状

同样的，知识产权运营的概念也存在于企业和产业两个层面。目前学者们对于知识产权运营的研究比知识产权布局研究更为深入和广泛。在企业知识产权运营方面，冯晓青(2014)指出，企业知识产权运营是企业知识产权经营管理的基本形式，提升对企业知识产权的运营管理也是顺利实现企业知识产权管理目标的关键性保证。李黎明和刘海波(2014)分析了企业知识产权运营的关键要素，总结了知识产权运营的 7 大组成要素，并指出了领军人才、国际化专业团队和运营模式的本土化创新是我国知识产权运营成功的 3 个关键因素。倪新洁等(2014)研究了我国成长性科技企业的知识产权运营模式的特点，并对其可行性作了相应的探讨。在产业或区域知识产权运营方面，刘洁(2015)对知识产权互联网融资平台运营中的风险及分散对策进行了分析，并提出了三点对策建议：①以政府为主导，拓展知识产权互联网融资多元化风险分担方式；②综合利用互联网技术优势，监管知识产权融资平台的稳健运行；③健全知识产权交易服务体系，促进知识产权互联网融资平台与知识产权交易平台相融合。靳宗振和刘海波(2015)提出了知财运营的概念，通过阐述知财运营的内涵与创新的内在关联性，设置知财运营指数；利用动态因子分析法，对北京市、上海市、天津市和深圳市 2008～2012 年的知财运营指数进行分析，得出了相关实证结论。田家林和顾晓燕(2014)使用超效率数据包络分析(data envelopment analysis，DEA)模型比较了我国各区域三类不同创新主体的知识产权运营效率的差异；考察了经济发展水平、知识产权保护力度、市场结构、财政支持及创新主体的协同程度等因素，对不同创新主体的知识产权运营效率的影响；并且，从创新环境、创新区域、知识产权权益界定、创新主体协同、知识产权服务、财政资金运营绩效考评等方面提出了相应的政策建议。此外，还有一些学者研究了其他知识产权运营问题。例如，张彦坤等(2017)研究了高校知识产权运营的内涵、价值和阻碍因素，从驱动架构、模式、支撑要素、科研管理体系等方面提出应对策略。

本书认为，企业知识产权运营管理的范围包括了企业知识产权许可与企业知识产权转让，以知识产权作为标的物进行质押融资、投资入股、证券化、信托等运营形式。企业知识产权运营既包含企业使已有知识产权价值最大化，又包含企业引入其他企业(单位或个人)的知识产权为本企业的生产经营服务。本书主要讨论前一种含义。企业知识产权运营是企业知识产权管理的关键步骤，是增进并保障知识产权为企业创造最大经济效益的主要手段。企业知识产权运营的核心主要包括两个方面的内容：①如何让知识产权为企业创造最大的经济效益，如知识产权转让、许可等都可为企业创造出经济价值；②将知识产权作为一种资产，解决企业发展中的遇到的某些问题，如通过许可、作价投资入股可实现产量的扩大，通过作价质押、投资入股等可为企业发展解决资金问题等。知识产权保护与管理是知识产权运营的基础和保障，知识产权运营则是知识产权保护和管理的最终目的。而产业层面的知识产权运营则是指政府相关部门在产业发展的不同阶段，运用各种手段，对于该产业的现有知识产权进行产品化、市场化、资本化以及控制知识产权流失、促进知识产权交易等内容进行统筹管理和安排。但在知识产权的运营中，企业是参与的主体，政府的主要作用是引导、促进(如出台相关政策)，强化企业进行知识产权运营的意识，为企业进行知识产权运营提供通畅的渠道等。

由此可见，从企业层面来看，知识产权布局是知识产权运营的前提和基础，知识产权运营则是知识产权布局的目的之一。从区域和产业层面看，知识产权布局的主要目的则是为了更好地发展某类产业，做到产业发展方向明确，优势特点突出，地域间发展平衡，产业链不断完善。知识产权运营则是在合理的知识产权布局的基础上，运用各种知识产权运作手段，最大化地发挥知识产权作用，运用知识产权运营支持产业实现进一步发展。

尽管知识产权布局和运营的概念都同时存在于企业和产业两个层面，但本书研究的侧重点有所不同。在理论研究部分，本书主要研究现代生物技术企业的知识产权布局和运营；在实证研究部分，本书聚焦在生物技术产业的专利布局和运营研究。因此，就专利布局而言，本书侧重研究其产业层面。产业层面专利布局考虑的是何时在何地就何种领域申请多少专利，即区域布局和领域布局。而就专利运营而言，由于企业是创新和知识产权运营的主体，因此我们侧重在企业层面，即现代生物技术企业如何对专利进行有效的运用。当然，上述侧重点并不表示本书在实证方面对企业层面的知识产权布局和理论方面对产业层面的知识产权运营就不加关注。实际上，在对相关专利数据和调查问卷进行分析的过程中，以及在对策建议中，我们都会涉及这些相关内容(徐棣枫和陈瑶，2011)。

3.3 知识产权运营的主要方式

正如本书第一章指出，与知识产权布局一样，知识产权运营仍然存在于产业和企业两个层面。本书重点讨论企业层面的知识产权运营。目前，企业知识产权运营的主要方式有：知识产权自用、知识产权许可、知识产权转让、知识产权投资和融资等。

3.3.1 知识产权自用

1. 专利实施

专利实施是指专利权人或专利权人许可他人以生产经营为目的，制造、使用和销售专利产品或使用专利方法。专利实施包含两种情形：①专利权人将专利技术(包括新产品、新方法、新形状、新构造、新设计等)应用于产品或服务，以达到降低成本或增加价值的目的；②专利权人凭借法律赋予的在一定期间和时间范围内的独占权，对竞争对手的技术研发和市场拓展形成相应的威胁和壁垒，包括增加竞争对手的研发成本、延缓或阻滞竞争对手产品或服务的市场进入时间等。企业在实施专利的过程中，应运用好以下三种权利，以达到专利实施的目的。

1) 专利实施的禁止权

企业在实施自有专利时，可以使用禁止权防止他人共享其专利。不同的专利类型的禁止权有所区别：①产品专利(包括发明和实用新型专利)，禁止权主要包括禁止他人制造、使用、许诺销售、销售、进口该产品的权利；②方法专利的禁止权内容包括禁止使用该方法，使用、许诺销售、销售、进口依该方法直接获得的产品；③外观设计专利的禁止范围主要包括禁止制造、许诺销售、销售、进口该外观设计专利产品，但不包括使用含有外观设计专利产品的行为。

在专利人运用禁止权的过程中，请求禁令救济具有重要价值，能为专利权人提供保持先动者竞争优势和市场份额的机会。我国专利制度关于禁令的规定，有以下三个方面值得注意。

(1) 临时禁令。我国《专利法》(2008 年 12 月 27 日修订)第六十六条，即“专利权人或者利害关系人有证据证明他人正在实施或者即将实施侵犯专利权的行为，如不及时制止将会使其合法权益受到难以弥补的伤害的，可以在起诉前向人民法院申请采取责令停止有关行为的措施”。“申请人提出申请时，应当提供担保；不提供担保的，驳回申请”。“人民法院应当自接受申请之时起四十八小时内作出裁定；有特殊情况需要延长的，可以延长四十八小时。裁定责令停止有关行为的，应当立即执行。当事人对裁定不服的，可以申请复议一次；复议期间不停止裁定的执行”。“申请人自人民法院采取责令停止有关行为的措施之日起十五日内不起诉的人民法院应当解除该措施”。

(2) 永久禁令。我国《民法通则》第一百三十四条的规定，即将“停止侵害”列为侵权人承担民事责任的首要方式，同排除妨碍、消除危险、返还财产、恢复原状等共同构成侵权人承担民事责任的基本形式。此外，我国最高人民法院《关于审理侵犯专利权纠纷案件应用法律若干问题的解释(二)》(法释[2016]1 号)第二十六条规定，“被告构成对专利权的侵犯，权利人请求判令其停止侵权行为的，人民法院应予支持，但基于国家利益、公共利益的考量，人民法院可以不判令被告停止被诉行为，而判令其支付相应的合理费用。”该司法解释第二十四条第二款还就“推荐性国家、行业或者地方标准明示所涉必要专利”的永久禁令适用条件予以规定，即推荐性国家、行业或者地方标准明示所涉必要专利的信息，专利权人、被诉侵权人协商该权利的实施许可条件时，专利权人故意违反其在标准制定中承诺的公平、合理、无歧视的许可业务，导致无法达成专利实施许可合同，且被诉侵权人在协商中无明显过错的，对于侵权人请求停止标准实施行为的主张，人民法院一般不予支持。

(3) 请求专利管理机关“责令侵权人停止侵权行为”。我国《专利法》(2008 年 12 月 27 日修订)承袭了先前关于专利管理机关的这一权力规定，并将其修改为“管理专利工作的部门处理时，认定侵权行为成立的，可以责令侵权人立即停止侵权行为”。

2) 专利实施的抗辩权

如果企业遭遇专利侵权诉讼，就可以借助抗辩权制度，来维护自身的合法权益。专利实施的抗辩权主要有以下六种情形。

(1)专利权效力抗辩。专利权效力抗辩的抗辩理由包括专利权超过保护期、被专利权人放弃、被生效法律文书宣告无效等。此外，以专利权不符合专利授权条件、应当被宣告无效进行抗辩的，无效宣告请求应当向专利复审委员会提出。

(2)滥用专利权抗辩。如专利权人将申请日前已有的国家标准、行业标准等技术标准申请专利并取得专利权的，或者将明知为某一地区广为制造或使用的产品申请专利并取得专利权的。

(3)不侵权抗辩。如：①被诉侵权技术方案的技术特征与权利要求记载的全部技术特征相比，缺少权利要求中记载的一项或一项以上技术特征的，不构成侵犯专利权；②被诉侵权技术方案的技术特征与权利要求中对应技术特征相比，有一项或者一项以上的技术特征既不相同也不等同的，不构成侵犯专利权(所称技术特征不相同、不等同是指：该技术特征使被诉侵权技术方案构成了一项新的技术方案；该技术特征在功能、效果上明显优于权利要求中对应的技术特征，并且所属技术领域的普通技术人员认为这种变化具有实质性的改进)；③被诉侵权技术方案省略权利要求中个别技术特征或者以简单或低级的技术特征替换权利要求中相应技术特征，舍弃或显著降低权利要求中与该技术特征对应的性能和效果从而形成变劣技术方案的，不构成侵犯专利权。

(4)不视为侵权的抗辩。①在专利侵权纠纷中，被控侵权人有证据证明其实施的技术或者设计属于现有技术或者现有设计的，不构成侵犯专利权。现有技术是指申请日以前在国内外为公众所知的技术。现有设计是指申请日以前在国内外为公众所知的设计。根据最高人民法院《关于审理侵犯专利权纠纷案件应用法律若干问题的解释》第十四条规定，“被诉落入专利权保护范围的全部技术特征，与一项现有技术方案中的相应技术特征相同或者无实质性差异的，人民法院应当认定被诉侵权人实施的技术属于现有技术”。②专利产品或者依照专利方法直接获得的产品，由专利权人或者经其许可的单位、个人售出后，使用、许诺销售、销售、进口该产品的，不视为侵犯专利权。专利产品或者依照专利方法直接获得的产品在首次合法销售之后，与专利权人不再有任何关系，专利权人已经通过销售，获得其应得的利益，不应当再干预物品的进一步流通。这个原则也被称为首次销售、专利权用尽或专利权穷竭。③在专利申请日前已经制造相同产品、使用相同方法或者已经作好制造、使用的必要准备，并且仅在原有范围内继续制造、使用的，不视为侵犯专利权。专利法对专利权进行了限制，允许先行实施者在原有范围内继续使用其技术。根据最高人民法院《关于审理侵犯专利权纠纷案件应用法律若干问题的解释》第十五条的规定，“专利法第六十九条第(二)项规定的原有范围，包括专利申请日前已有的生产规模以及利用已有的生产设备或者根据已有的生产准备可以达到的生产规模”。④临时通过中国领陆、领水、领空的外国运输工具，依照其所属国同中国签订的协议或者共同参加的国际条约，或者依照互惠原则，为运输工具自身需要而在其装置和设备中使用有关专利的，不视为侵犯专利权。⑤专为科学研究和实验而使用有关专利的，不视为侵犯专利权。⑥为提供行政审批所需要的信息，制造、使用、进口专利药品或者专利医疗器械的，以及专门为其制造、进口专利药品或者专利医疗器械的，不视为侵犯专利权。⑦专利侵权判断是以涉嫌侵权产品或方法的技术特征与专利权利要求书记载的技术特征进行比对，只要被诉侵权技术方案的技术特征包含了专利权保护范围的技术特征则构成侵权。因此，被控侵权人可以其产品或方法的技术特征与权利要求书记载的技术特征不同，或没有全面覆盖权利要求书记载的技术特征为由，进行抗辩。

(5) 现有技术。现有技术抗辩是指被诉落入专利权保护范围的全部技术特征，与一项现有技术方案中的相应技术特征相同或者等同，或者所属技术领域的普通技术人员认为被诉侵权技术方案是一项现有技术与所属领域公知常识的简单组合。

(6) 合理来源抗辩。这是指为达到生产经营目的，使用、许诺销售或者销售不知道是未经专利权人许可而制造并售出的专利产品或者依照专利方法直接获得的产品的，虽然属于侵犯专利权行为，但使用者或者销售者能证明其产品合法来源的，不承担赔偿责任，而应当承担停止侵害的法律责任。

3) 专利实施的共有权

专利权共有是指一项获得专利权的发明创造由两个以上的单位、个人或者单位与个人共同所有。这就需要企业运用好共有权，处理好与合作者之间的关系，从以下三方面进行说明。

(1) 专利申请时不宜遗漏共同申请人。一些企业若在与其他企业、大科研机构或个人合作开发过程中，抱着侥幸心理，有意或无意地在未依法征得合作者同意的情形下，自行将相应的技术成果单独申请专利，不仅会损害其他合作者的合法权益，而且为专利权利的稳定性和专利实施的利益可获得性埋下风险种子。

(2) 详尽约定专利申请权和专利权的归属事项。我国《专利法》第八条规定，“两个以上单位或者个人合作完成的发明创造、一个单位或者个人接受其他单位或者个人委托所完成的发明创造，除另有协议的以外，申请专利的权利属于完成或者共同完成的单位或者个人；申请被批准后，申请的单位或者个人为专利权人。”这就意味着：①无论是合作开发还是委托开发，合作者均可通过协议约定专利申请权的归属，包括约定权利主体和权利主体享有的权利份额等；②如果没有协议约定，合作开发的技术成果的专利申请权归属于共同完成的单位或个人，委托开发的技术成果的专利申请权归属于完成的单位或个人，即研究开发方而非委托开发方。也就是说，在协同创新情形下，产学研各创新主体有必要根据自身的利益诉求，就专利申请权和专利权的归属约定在先，以保障协同创新的持续开展。

(3) 详尽约定专利权的行使和专利管理事项。我国《专利法》第十五条还规定，“专利申请权或者专利权的共有人对权利的行使有约定的，从其约定。没有约定的，共有人可以单独实施或者以普通许可方式许可他人实施该专利；许可他人实施该专利的，收取的使用费应当在共有人之间分配。除前款规定的情形外，行使共有的专利申请权或者专利权应当取得全体共有人的同意。”。这就意味着，在共有专利情形下：①专利权共有人对专利权的行使遵循“约定优先”原则，专利权共有人可以通过协议约定专利权自行实施、许可他人实施、权利人不得自行实施或许可他人实施的条件和期限，以及专利权实施后的利益归属、利益分享比例等；②专利权人没有就共有专利权的实施予以约定的，共有人任何一方均有权单独实施或以普通许可方式许可他人实施该共有专利，而且在许可他人实施专利的情况下，收取的许可费用应当在共有人之间进行分配；③除以上情形外，行使共有的专利申请权或专利权应当取得全体共有人的同意，即遵循“全体一致决”规则。也就是说，在遵循现有“全体一致决”规则的前提下，共有人还有必要在协议中约定专利维持的决策流程、规则和费用分担，以及部分共有专利权人放弃维持的相应权利处理等，以免因共有关系维系流程和规则约定不明导致专利失效等不利后果。

2. **商标的实施**

按照我国《商标法》第四十八条的规定，“本法所称商标的使用，是指将商标用于商品、商品包装或者容器以及商品交易文书上，或者将商标用于广告宣传、展览以及其他商业活动中，用于识别商品来源的行为。”企业在使用商标过程中，需要注意以下四点。

(1) 正确使用注册商标。企业正确使用注册商标，首先表现为依法规范地使用其注册商标，不能擅自改变注册商标的注册事项，包括自行改变注册商标、注册人名义、地址或者其他注册事项。否则，地方工商行政管理部门有权责令限期改正；期满不改正的，商标局有权撤销其注册商标。在企业实践中，存在将注册商标的文字、图形、字母、数字、三维标志、颜色组合、声音或其组合分拆使用，或者自行改变上述要素的顺序和结构，或者在注册商标中增加其他要素等情形。这种做法不仅构成注册商标的不当使用，而且也会给用户或消费者造成不必要的混淆，导致减损企业品牌建设的成效。

企业的注册商标使用应尽量避免“搭便车”行为，即混淆在先注册商标或淡化在先注册商标，以致注册商标被宣告无效。我国《商标法》指出同一种或类似商品上的近似商标应予以无效宣告。

企业的注册商标使用还要避免“恶意抢注”行为，即以获利等为目的、用不正当手段抢先注册他人在该领域或相关领域中已经使用并有一定影响的商标、域名或商号等权利的行为。我国《商标法》第三十二条规定，“申请商标注册不得损害他人现有的在先权利，也不得以不正当手段抢先注册他人已经使用并有一定影响的商标。”

(2) 正确使用未注册商标。虽然未注册商标不能依照商标法规定获得注册商标专用权保护，但未注册商标使用仍然应当遵守商标法的相关规定。除不得冒充注册商标使用外，特别要遵守我国《商标法》第十条的规定，即“下列标志不得作为商标使用：(一) 同中华人民共和国的国家名称、国旗、国徽、国歌、军旗、军徽、军歌、勋章等相同或者近似的，以及同中央国家机关的名称、标志、所在地特定地点的名称或者标志性建筑物的名称、图形相同的；(二) 同外国的国家名称、国旗、国徽、军旗等相同或者近似的，但经该国政府同意的除外；(三) 同政府间国际组织的名称、旗帜、徽记等相同或者近似的，但经该组织同意或者不易误导公众的除外；(四) 与表明实施控制、予以保证的官方标志、检验印记相同或者近似的，但经授权的除外；(五) 同“红十字”“红新月”的名称、标志相同或者近似的；(六) 带有民族歧视性的；(七) 带有欺骗性，容易使公众对商品的质量等特点或者产地产生误认的；(八) 有害于社会主义道德风尚或者有其他不良影响的。县级以上行政区划的地名或者公众知晓的外国地名，不得作为商标。但是，地名具有其他含义或者作为集体商标、证明商标组成部分的除外；已经注册的使用地名的商标继续有效。”

除此之外，我国《商标法》第十一条和十二条规定，“下列标志不得作为商标注册：(一) 仅有本商品的通用名称、图形、型号的；(二) 仅直接表示商品的质量、主要原料、功能、用途、重量、数量及其他特点的；(三) 其他缺乏显著特征的。前款所列标志经过使用取得显著特征，并便于识别的，可以作为商标注册。”“以三维标志申请注册商标的，仅由商品自身的性质产生的形状、为获得技术效果而需有的商品形状或者使商品具有实质性价值的形状，不得注册。”

(3)正确使用驰名商标。根据我国《驰名商标认定和保护规定》的规定，驰名商标是指在中国为相关公众广为知晓并享有较高声誉的商标。相对于一般注册商标而言，由于驰名商标保护范围的更广，包括就相同或者类似商品申请注册的商标是复制、摹仿或者翻译他人未在中国注册的驰名商标，容易导致混淆的，不予注册并禁止使用；就不相同或者不相类似商品申请注册的商标是复制、摹仿或者翻译他人已经在中国注册的驰名商标，误导公众，致使该驰名商标注册人的利益可能受到损害的，不予注册并禁止使用。然而，对驰名商标的强力保护，却使我国驰名商标管理和使用成为部分企业在商业活动中谋取商品和服务不正当溢价的手段。为此，2013 年 8 月 30 日《商标法》第三次修订时，不仅对商标评审委员会和最高人民法院指定的人民法院认定驰名商标的程序给予更严格的规定，而且规定生产、经营者不得将“驰名商标”字样用于商品、商品包装或者容器上，或者用于广告宣传、展览以及其他商业活动中。

(4)尊重他人现有的在先权利。注册商标应尊重他人现有的在先权利，在我国《商标法》的第九条中规定，即“申请注册的商标，应当有显著特征，便于识别，并不得与他人在先取得的合法权利相冲突”。第三十二条的规定，即“申请商标注册不得损害他人现有的在先权利”。从中国商标注册、行政执法和司法实践来看，申请注册商标可能损害的在先权利是指包括商标权在内的各种可以阻却后位商标权获得注册的权利类型，具体包括但不限于在先的著作权、外观设计专利权、商号权、肖像权、姓名权和在先使用商标所形成的权利等。

3. 著作权的实施

著作权的使用，是指著作权人或其他权利人行使著作人身权和财产权，实现作品价值的过程。从著作权的内容来看，著作权人或其他权利人以作品为载体行使著作权的主要方式是：发表作品，修改或者改编作品，出版发行作品，出售作品的原件或者复制件，汇编作品，翻译作品，通过互联网等方式传播作品，展览作品，摄制作品，放映作品，复制作品，表演作品等。从企业运营著作权的角度来看，著作权的使用主要涉及财产权部分。企业在使用著作权过程中，有以下四个方面需要注意。

1)法人作品、职务作品和委托作品的使用规则

按照作品的权利主体类型来划分，作品可以分为法人作品、职务作品和委托作品。

(1)法人作品的法律依据见于我国《著作权法》第十一条第三款的规定，“由法人或者其他组织主持，代表法人或者其他组织意志创作，并由法人或者其他组织承担责任的作品，法人或者其他组织视为作者。”显然，“法人作品”这一概念本身并不能够涵盖上述规定，但约定俗成，本书仍沿用这一称谓。

(2)职务作品的法律依据见于我国《著作权法》第十六条的规定，“公民为完成法人或者其他组织工作任务所创作的作品是职务作品，除本条第二款的规定以外，著作权

由作者享有，但法人或者其他组织有权在其业务范围内优先使用。作品完成两年内，未经单位同意，作者不得许可第三人以与单位使用的相同方式使用该作品。有下列情形之一的职务作品，作者享有署名权，著作权的其他权利由法人或者其他组织享有，法人或者其他组织可以给予作者奖励：(一)主要是利用法人或者其他组织的物质技术条件创作，并由法人或者其他组织承担责任的工程设计图、产品设计图、地图、计算机软件等职务作品；(二)法律、行政法规规定或者合同约定著作权由法人或者其他组织享有的职务作品。”

(3)委托作品的法律依据见于我国《著作权法》第十七条的规定，“受委托创作的作品，著作权的归属由委托人和受托人通过合同约定。合同未作明确约定或者没有订立合同的，著作权属于受托人。”此外，我国《计算机软件保护条例》(2013 年 1 月 30 日第二次修订)就委托开发计算机软件的著作权归属做了类似规定。

结合上述法律规定和概念辨析，企业在运营法人作品、职务作品和委托作品时，需要掌握和区别运用相应的著作权使用规则。①涉及法人作品或职务作品。企业有必要通过作品创作声明或技术开发任务书等形式，事先明确作品创作或技术开发项目的性质和作品权利归属。也就是说，企业与其具有劳动法律关系的雇员之间，在作品创作或技术开发项目实施前，应该通过约定，明确作品是法人作品还是职务作品，进而明确企业和创作人员的权利、义务和责任，包括但不限于作品的类型、权利归属、作品使用权限和期限等。如果是一般职务作品(即著作权属于自然人作者的职务作品)，还有必要明确法人或其他组织依法优先使用职务作品后的奖励，以及“作品完成两年”后，作者许可第三人“以与单位使用的相同方式使用该作品”的条件等。如果是特殊职务作品(即作者享有署名权，著作权的其他权利由法人或者其他组织享有的职务作品)，除法律、行政法规规定外，还可以约定哪些情形属于其他“著作权由法人或者其他组织享有的职务作品”。同时，企业内部也有必要制定相应的规章制度，规定特殊职务作品的奖励办法。只有如此，才可以使企业在法人作品和职务作品的后续使用过程中，做到使用有据，既能充分保障企业的合法权益，又能激发创作人员的积极性和创造力。②涉及企业委托企业外的第三人创作或开发相应的作品。企业应当明确约定作品的权利归属、对价、使用、违约责任等。如果约定著作权属于委托方和受托方共有的，需要特别约定受托方转让或许可使用相应著作权的条件和收益分配等；如果约定著作权属于受托方的，则可以约定委托方使用该作品、受托方使用或处分该作品著作权的条件和期限等。

2)共有著作权的使用

关于合作作品的共有著作权使用问题，我国《著作权法》第十三条规定，“两人以上合作创作的作品，著作权由合作作者共同享有。没有参加创作的人，不能成为合作作者。”“合作作品可以分割使用的，作者对各自创作的部分可以单独享有著作权，但行使著作权时不得侵犯合作作品整体的著作权。”就此，我国《著作权法实施条例》(2013 年 1 月 30 日第二次修订)第九条进一步细化规定为，“合作作品不可以分割使用的，其著作权由各合作作者共同享有，通过协商一致行使；不能协商一致，又无正当理由的，任何一方不得阻止他方行使除转让以外的其他权利，但是所得收益应当合理分配给所有合作作者。”此外，我国《计算机软件保护条例》(2013年1月30日第二次修订)第十条专门针对计算机软件共有著作权作出如下规定，“由两个以上的自然人、法人或者其他组织合作开发的软件，其著作权的归属由合作开发者签订书面合同约定。无书面合同或者合同未作明确约定，合作开发的软件可以分割使用的，开发者对各自开发的部分可以单独享有著作权；但是，行使著作权时，不得扩展到合作开发的软件整体的著作权。合作开发的软件不能分割使用的，其著作权由各合作开发者共同享有，通过协商一致行使；不能协商一致，又无正当理由的，任何一方不得阻止他方行使除转让权以外的其他权利，但是所得收益应当合理分配给所有合作开发者。”

从以上法律、行政法规关于合作作品和合作开发的计算机软件的共有著作权的使用规定可以看出，我国著作权共有人在行使共有的著作权时，首先要区分合作作品和合作开发的计算机软件的性质，分为以下类型。

(1)可分割使用的作品。如果是可分割使用的作品，有必要明确可分割使用作品的边界或范围。可分割使用的作品的著作权是由相应作者分别行使，但行使著作权时不得侵犯合作作品整体的著作权。

(2)不可分割使用的作品。对于不可分割使用的作品的共有著作权的行使，参与合作创作的作者有必要在事前对该作品著作权的行使条件、方式、期限、许可使用或转让及其收益的分配等予以明确约定。而在事前没有约定或约定不明且事后又无法协商一致的情形下，如果无正当理由，任何一方均可行使除转让权外的其他权利。如果出现许可他人使用而获得报酬的情况，且合作人没有协议或者协议不成的，则需按同等份额分配。

3)“合理使用”抗辩

我国著作权的“合理使用”的法律依据，见于我国《著作权法》第二十二条的规定，“在下列情况下使用作品，可以不经著作权人许可，不向其支付报酬，但应当指明作者姓名、作品名称，并且不得侵犯著作权人依照本法享有的其他权利：(一)为个人学习、研究或者欣赏，使用他人已经发表的作品；(二)为介绍、评论某一作品或者说明某一问题，在作品中适当引用他人已经发表的作品；(三)为报道时事新闻，在报纸、期刊、广播电台、电视台等媒体中不可避免地再现或者引用已经发表的作品；(四)报纸、期刊、广播电台、电视台等媒体刊登或者播放其他报纸、期刊、广播电台、电视台等媒体已经发表的关于政治、经济、宗教问题的时事性文章，但作者声明不许刊登、播放的除外；(五)报纸、期刊、广播电台、电视台等媒体刊登或者播放在公众集会上发表的讲话，但作者声明不许刊登、播放的除外；(六)为学校课堂教学或者科学研究，翻译或者少量复制已经发表的作品，供教学或者科研人员使用，但不得出版发行；(七)国家机关为执行公务在合理范围内使用已经发表的作品；(八)图书馆、档案馆、纪念馆、博物馆、美术馆等为陈列或者保存版本的需要，复制本馆收藏的作品；(九)免费表演已经发表的作品，该表演未向公众收取费用，也未向表演者支付报酬；(十)对设置或者陈列在室外公共场所的艺术作品进行临摹、绘画、摄影、录像；(十一)将中国公民、法人或者其他组织已经发表的以汉语言文字创作的作品翻译成少数民族语言文字作品在国内出版发行；(十二)将已经发表的作品改成盲文出版。前款规定适用于对出版者、表演者、录音录像制作者、广播电台、电视台的权利的限制。”

对于企业行使“合理使用”抗辩权来说需要特别注意把握以下几个尺度，避免发生著作权侵权。

(1) 在作品中适当引用他人已经发表的作品。这里的“适当引用”：①要符合引用的目的，即仅限于介绍、评论某一作品或者说明某一问题；②引用的部分不能构成该作品的主要部分或实质部分；③不得损害被引用作品著作权人的利益。否则可能构成著作权侵权。

(2) 重视作者不许刊登、播放声明。这是指媒体不得无视作者不许刊登、播放声明，刊登或者播放其他报纸、期刊、广播电台、电视台等媒体已经发表的关于政治、经济、宗教问题的时事性文章，或者他人在公众集会上发表的讲话。此外，也不得以公益目的为由，随意播放他人的影视作品。否则，可能构成著作权侵权。

(3) 正确理解为学校课堂教学或科学研究而翻译或少量复制已经发表作品的规定。我国《著作权法》第二十二条规定合理使用包括“为学校课堂教学或者科学研究，翻译或者少量复制已经发表的作品，供教学或者科研人员使用，但不得出版发行”。但是，该合理使用情形需要满足以下条件：①该项的“课堂教学”一词是有严格限制的，以盈利为目的的辅导班、培训班等的教学不属于“课堂教学”；②“翻译或少量复制”，一般说来，不应超出课堂教学或科学研究的需要；③翻译或者少量复制的目的是供教学或科研人员为学校课堂教学或科学研究使用，不能用于出版发行；④翻译或者复制他人已经发表的作品，应当指明作者姓名、作品名称，不得侵犯著作权人依照著作权法享有的其他权利。

4) 避免信息网络传播的著作权侵权

随着互联网技术的飞速发展，信息网络传播的著作权侵权成为大量网络服务提供商必须面对的现实问题。我国《最高人民法院关于审理侵害信息网络传播权民事纠纷案件适用法律若干问题的规定》(法释[2012]20 号)指出，信息网络包括以计算机、电视机、固定电话机、移动电话机等电子设备为终端的计算机互联网、广播电视网、固定通信网、移动通信网等信息网络，以及向公众开放的局域网络。

我国《信息网络传播权保护条例》(2013 年 1 月 16 日修改发布)就网络用户和提供信息存储空间或者提供搜索链接服务的网络服务提供商侵犯著作权人信息网络传播权的情形进行了规定。该规定主要有以下三方面。

(1) 不得妨碍权利人采取的技术措施。我国《信息网络传播权保护条例》(2013 年 1 月 16 日修改发布)第四条规定，“为了保护信息网络传播权，权利人可以采取技术措施。任何组织或者个人不得故意避开或者破坏技术措施，不得故意制造、进口或者向公众提供主要用于避开或者破坏技术措施的装置或者部件，不得故意为他人避开或者破坏技术措施提供技术服务。但是，法律、行政法规规定可以避开的除外”。不过，也存在一些特殊情况，见于我国《信息网络传播权保护条例》(2013 年 1 月 16 日修改发布)第十二条规定，“属于下列情形的，可以避开技术措施，但不得向他人提供避开技术措施的技术、装置或者部件，不得侵犯权利人依法享有的其他权利：(一)为学校课堂教学或者科学研究，通过信息网络向少数教学、科研人员提供已经发表的作品、表演、录音录像制品，而该作品、表演、录音录像制品只能通过信息网络获取；(二)不以营利为目的，通过信息网络以盲人能够感知的独特方式向盲人提供已经发表的文字作品，而该作品只能通过信息网络获取；(三)国家机关依照行政、司法程序执行公务；(四)在信息网络上对计算机及其系统或者网络的安全性能进行测试。”

(2)共同侵权。这是指网络服务提供商与他人以分工合作等方式共同提供作品、表演、录音录像制品，构成共同侵权，网络服务提供商应当承担连带责任。当然，如果网络服务提供者能够证明其仅提供自动接入、自动传输、信息存储空间、搜索、链接、文件分享技术等网络服务的，则不被认为构成共同侵权。

(3)帮助侵权。这是指网络服务提供商未能按照权利人要求，删除涉嫌侵权的作品、表演、录音录像制品，或者断开与该作品、表演、录音录像制品的链接。我国《信息网络传播权保护条例》(2013 年 1 月 16 日修改发布)第十五条规定，“网络服务提供者接到权利人的通知书后，应当立即删除涉嫌侵权的作品、表演、录音录像制品，或者断开与涉嫌侵权的作品、表演、录音录像制品的链接，并同时将通知书转送提供作品、表演、录音录像制品的服务对象；服务对象网络地址不明、无法转送的，应当将通知书的内容同时在信息网络上公告”。我国《最高人民法院关于审理侵害信息网络传播权民事纠纷案件适用法律若干问题的规定》(法释[2012]20 号)第七条规定，“网络服务提供者明知或者应知网络用户利用网络服务侵害信息网络传播权，未采取删除、屏蔽、断开链接等必要措施，或者提供技术支持等帮助行为的，人民法院应当认定其构成帮助侵权行为。”

3.3.2　知识产权许可

知识产权许可是指许可人授予被许可人在约定的期间和地域，按照约定方式使用其知识产权的行为。许可人是指有权授予被许可人按照约定使用所涉知识产权的权利人；被许可人是指与许可人协商并获得许可使用所涉知识产权的主体。知识产权许可是权利人将知识产权部分权能授权他人，允许被许可人按知识产权的性能和用途加以利用。

根据知识产权许可实施的权利边界来划分，知识产权许可分为普通许可、排他许可、独占许可、交叉许可等类型(曾德国，2015)。关于许可的定义见于我国《最高人民法院关于审理技术合同纠纷案件适用法律若干问题的解释》(法释[2004]20 号)第二十五条的规定，“专利实施许可包括以下方式：(一)独占实施许可，是指让与人在约定许可实施专利的范围内，将该专利仅许可一个受让人实施，让与人依约定不得实施该专利；(二)排他实施许可，是指让与人在约定许可实施专利的范围内，将该专利仅许可一个受让人实施，但让与人依约定可以自行实施该专利；(三)普通实施许可，是指让与人在约定许可实施专利的范围内许可他人实施该专利，并且可以自行实施该专利。当事人对专利实施许可方式没有约定或者约定不明确的，认定为普通实施许可。专利实施许可合同约定受让人可以再许可他人实施专利的，认定该再许可为普通实施许可，但当事人另有约定的除外。技术秘密的许可使用方式，参照本条第一、二款的规定确定。”

1)普通许可

普通许可是指许可人(这里的许可人包括自然人和法人)允许被许可人在许可合同约定的期间和地域范围内使用合同约定的知识产权权利，同时保留在该期限和地域范围内自己使用该知识产权，以及再与第三方就该项知识产权签订许可合同的一种法律行为。

知识产权的普通许可中，同一地域内被许可人同时可能有若干家，许可人自己也可以使用该项知识产权。一般来说，如许可合同中没有特别指明是独占许可、排他许可或其他特殊的许可形式，就推定此许可合同属于普通许可。

在普通许可情形下，许可人保留了较多的权利，被许可人享有的知识产权使用权排他性弱，相应的许可费一般也比排他许可和独占许可低；同时，当发生知识产权侵权行为时，被许可人以利害关系人身份享有诉权受到限制，比如需要得到知识产权人（即许可人）的明确授权。

2）排他许可

排他许可是指在一定期间和地域范围内，被许可人对被许可使用的知识产权享有排他性使用权，许可人不得把该知识产权权利再许可第三方使用，但许可人自己有权在该地域内使用该项知识产权权利的一种法律行为。也就是说，排他许可和独占许可都禁止许可人再与第三人签订许可协议，二者的区别在于许可人是否保留自行实施知识产权的权利。

在知识产权排他许可情形下，在一定的期间和地域范围内存在两个合法使用知识产权的主体，即许可人和被许可人，任何对该知识产权的侵犯均会对许可人和被许可人造成直接损害。因此，当发生知识产权侵权行为时，在特定期间和地域范围内的被许可人以利害关系人身份享有的诉权受到限制较少，比如可以与知识产权人（即许可人）共同起诉，或在知识产权人不起诉情况下自行起诉。

3）独占许可

独占许可是指许可人授予被许可人在许可合同约定期间和地域范围内，对所许可的知识产权拥有独占使用权，包括许可人和其他第三方均无权使用该项知识产权的一种法律行为。

相对于普通许可和排他许可而言，独占许可情形下被许可人在合同约定期间和地域范围内拥有更多权利，对许可的知识产权拥有事实上的垄断权，因此许可费用更高。国际许可贸易工作者协会（Licensing Executives Society International，LES）统计数据表明，独占许可合同的许可费一般要比普通许可合同的许可费高出 66%~100%。

由于独占许可情形下只有被许可人是合法使用者，假冒侵权产品挤占市场份额的最大受害者是被许可人，因此各国原则上都规定被许可人以利害关系人身份独立享有诉权，即有权以自己的名义起诉知识产权侵权行为并获得赔偿。

3.3.3　知识产权转让

知识产权转让是指知识产权转让人（一般是知识产权权利主体）与知识产权受让人依法订立合同，将知识产权权利人主体资格转移给受让人享有的法律行为。在无特别说明的情况下，本节所说的知识产权转让仅指合同转让，不包括因继承、继受、司法裁判等发生的知识产权转让。

1）知识产权转让的主体和客体

知识产权转让的主体包括中方主体（享有知识产权的权利人为中国人，即知识产权转让人为中国人；与转让人达成一致的意思表示、愿意受让知识产权的人为中国人，即知识产权受让人为中国人）、外方主体(知识产权转让人、知识产权受让人为外国人)。根据我国知识产权法律法规，知识产权转让的主体可以是自然人，也可以是法人及其他组织；知识产权客体包括著作权、专利权、专利申请权、商标权和技术秘密。以下内容，从各个客体出发介绍对应的主体内容和转让需要履行的手续。

(1)著作权转让。著作权转让人的规定，见于我国《著作权法》第九条，“著作权人包括：(一)作者；(二)其他依照本法享有著作权的公民、法人或者其他组织。”。

著作权人可以转让的著作权种类，见于我国《著作权法》第十条，“著作权包括下列人身权和财产权：(一)发表权，即决定作品是否公之于众的权利；(二)署名权，即表明作者身份，在作品上署名的权利；(三)修改权，即修改或者授权他人修改作品的权利；(四)保护作品完整权，即保护作品不受歪曲、篡改的权利；(五)复制权，即以印刷、复印、拓印、录音、录像、翻录、翻拍等方式将作品制作一份或者多份的权利；(六)发行权，即以出售或者赠与方式向公众提供作品的原件或者复制件的权利；(七)出租权，即有偿许可他人临时使用电影作品和以类似摄制电影的方法创作的作品、计算机软件的权利，计算机软件不是出租的主要标的的除外；(八)展览权，即公开陈列美术作品、摄影作品的原件或者复制件的权利；(九)表演权，即公开表演作品，以及用各种手段公开播送作品的表演的权利；(十)放映权，即通过放映机、幻灯机等技术设备公开再现美术、摄影、电影和以类似摄制电影的方法创作的作品等的权利；(十一)广播权，即以无线方式公开广播或者传播作品，以有线传播或者转播的方式向公众传播广播的作品，以及通过扩音器或者其他传送符号、声音、图像的类似工具向公众传播广播的作品的权利；(十二)信息网络传播权，即以有线或者无线方式向公众提供作品，使公众可以在其个人选定的时间和地点获得作品的权利；(十三)摄制权，即以摄制电影或者以类似摄制电影的方法将作品固定在载体上的权利；(十四)改编权，即改变作品，创作出具有独创性的新作品的权利；(十五)翻译权，即将作品从一种语言文字转换成另一种语言文字的权利；(十六)汇编权，即将作品或者作品的片段通过选择或者编排，汇集成新作品的权利；(十七)应当由著作权人享有的其他权利。著作权人可以许可他人行使前款第(五)项至第(十七)项规定的权利，并依照约定或者本法有关规定获得报酬。著作权人可以全部或者部分转让本条第一款第(五)项至第(十七)项规定的权利，并依照约定或者本法有关规定获得报酬。”我国《著作权法》(修订草案送审稿)(2014年6月6日)将“广播权”修改为“播放权”，同时取消“放映权、摄制权、汇编权”。

著作权转让需要履行的手续主要为著作权转让合同的签订。著作权转让合同的形式和内容，见于我国《著作权法》第二十五条，“转让本法第十条第一款第(五)项至第(十七)项规定的权利，应当订立书面合同。权利转让合同包括下列主要内容：(一)作品的名称；(二)转让的权利种类、地域范围；(三)转让价金；(四)交付转让价金的日期和方式；(五)违约责任；(六)双方认为需要约定的其他内容。”

(2)专利权转让。根据我国《专利法》的规定，专利包括发明、实用新型和外观设计三种类型。专利权人是专利权的所有人及持有人的统称。即专利申请被批准时，被授予专利权的专利申请人。专利权人既可以是单位也可以是个人。

根据我国《专利法》第十条规定，“专利申请权和专利权都可以转让”。专利申请权或专利权的转让需履行的手续：①我国个人或单位(包括全民所有制和集体所有制单位)向外国转让专利申请权或专利权的，必须经国家专利管理机关批准；②专利申请权或者专利权的转让人要与受让人共同签署一份书面的、符合专利法及有关法律的“转让合同”；③必须到专利管理部门申请办理认定、登记手续；④应向国家专利管理机关提交“转让合同”和“著录项目变更申报书”，同时缴纳著录事项变更费200元。国家专利管理机关在专利公报上予以公告后，此项专利申请权或专利权的转让才正式生效。

由于，实用新型和外观设计专利的授权并不经过实质审查，所以此类专利权的“稳定性”相对较差，受让人需谨慎，应充分了解所转让的专利权的类型、证实待转让专利是否是有效专利、确认专利权的剩余有限年限，权衡转让的潜在风险，必要时可要求专利权人提供国家知识产权局出具的检索报告。同时，在签订专利权转让合同之前，受让人应该仔细了解该专利权人是否就该专利与他人签订过专利实施许可合同和专利权人是否自行实施过待转让专利，以便在专利转让合同中明确约定专利在转让前的实施情况以及可能产生的法律责任及解决方法。根据我国《最高人民法院关于审理技术合同纠纷案件适用法律若干问题的解释》(法释[2004]20号)第二十四条的规定，“订立专利权转让合同或者专利申请权转让合同前，让与人自己已经实施发明创造，在合同生效后，受让人要求让与人停止实施的，人民法院应当予以支持，但当事人另有约定的除外。让与人与受让人订立的专利权、专利申请权转让合同，不影响在合同成立前让与人与他人订立的相关专利实施许可合同或者技术秘密转让合同的效力”。由此可见，我国专利许可和专利转让的对抗和继受问题急待完善。

(3)专利申请权转让。专利申请权是指在就发明创造向国家知识产权局提出专利申请之后，专利权申请人享有的是否继续进行专利申请程序、是否转让专利申请的权利。

专利权申请人有别于专利申请人。专利申请人即有权申请专利的人，如果有权申请专利的人依法提出专利申请后，则成为专利权申请人。专利权申请人依法对其“专利申请”享有权利。可见，专利申请人是成为专利申请权人的基础，而专利申请人依法提出专利申请，则是专利申请人转换为专利权申请人的前提。

专利申请权进行转让，首先应签订转让合同，然后到专利局办理登记手续，并由专利局公告，合同自登记之日起生效。专利申请权转让合同，是指转让方将其发明创造申请专利的权利转让给受让方，而受让方支付约定的价款所订立的合同。专利申请权转让合同的主要条款是：合同名称、发明创造名称、发明创造种类、发明人或者设计人、技术情报和资料清单、专利申请被驳回的责任、价款及其支付方式、违约金损失赔偿额的计算方法、争议的解决办法等。

(4)商标权转让。我国《商标法》第八条规定，“任何能够将自然人、法人或者其他组织的商品与他人的商品区别开的标志，包括文字、图形、字母、数字、三维标志、颜色组合和声音等，以及上述要素的组合，均可以作为商标申请注册”。商标是一种无形财产，与有形财产一样，在法律允许的范围内可根据商标权人的意志自由转让。

注册商标的转让是指注册商标所有人在法律允许的范围内，将其注册商标转移给他人所有，转让注册商标是注册商标的主体发生变更，转让后的商标所有人不再是原注册人。

转让注册商标与变更注册人名义不同，后者注册商标的主体并不发生改变，只是注册人的名称、住址等发生了变化。

我国《商标法》第四十二条规定了商标转让的相关手续和注意事项，“转让注册商标的，转让人和受让人应当签订转让协议，并共同向商标局提出申请。受让人应当保证使用该注册商标的商品质量。转让注册商标的，商标注册人对其在同一种商品上注册的近似的商标，或者在类似商品上注册的相同或者近似的商标，应当一并转让。对容易导致混淆或者有其他不良影响的转让，商标局不予核准，书面通知申请人并说明理由。转让注册商标经核准后，予以公告。受让人自公告之日起享有商标专用权”。以上含四个方面的内容：①商品质量保证。也就是说，商标是商品或服务的标识，具有品质保证和来源指向的意义。注册商标受让人在受让注册商标时，应当承担保证使用该注册商标的商品质量的法定义务；②近似商标一并转让。近似注册商标分开转让可能造成市场混乱，进而损害消费者的利益。我国《商标法实施条例》第三十一条第二款规定，“转让注册商标，商标注册人对其在同一种或者类似商品上注册的相同或者近似的商标未一并转让的，由商标局通知其限期改正；期满未改正的，视为放弃转让该注册商标的申请，商标局应当书面通知申请人”；③禁止混淆。本着“禁止混淆”的商标法立法目的和制度设计，为避免与他人在先注册商标权相冲突，民事主体在申请注册和使用某商标时，应进行合理避让，尽量消除商业标志混淆的可能性；④转让注册商标需由转让人与受让人签订注册商标转让协议，并共同向商标局提出申请，由商标局核准登记。转让人和受让人应当依法向商标局交送《转让注册商标申请书》，受让人也必须符合商标法有关商标权利人主体资格的规定，即从事生产、制造、加工、拣选和经销商品或是提供服务的自然人、法人或者其他组织。注册商标转让须经商标局核准后，才能发给受让人相应证明，并予以公告。同时，按照“受让人自公告之日起享有商标专用权”的规定，表明我国《商标法》采取了注册商标转让登记生效制度，即注册商标转让自登记公告之日起发生财产权属转移的法律效力。

(5)技术秘密转让。技术秘密是指能为权利人带来利益、权利人已采取严格的保密措施、不为公众所知悉的技术信息，包括设计、程序、配方、工艺、方法、诀窍及其他形式的技术信息，属于商业秘密。

我国《合同法》第三百四十二条规定，“技术转让合同包括专利权转让、专利申请权转让、技术秘密转让、专利实施许可合同”。其中，技术秘密转让合同与其他合同相比有一定的特殊性，见于《合同法》第三百四十七条和第三百四十八条规定，“技术秘密转让合同的让与人应当按照约定提供技术资料，进行技术指导，保证技术的实用性、可靠性，承担保密义务”“技术秘密转让合同的受让人应当按照约定使用技术，支付使用费，承担保密义务”。

2)知识产权转让的方式

目前，中国知识产权交易方式有三种：①企业和知识产权转让方一对一的谈判和协议交易，也就是直接谈判，②前文中提及的行业巨头借用“马甲公司”进行商标受让，③应运而生的知识产权转让平台。

(1)直接谈判转让方式一般是在交易主体比较单一、明确，而交易标的比较复杂(如专利转让)的情况下实施的。这种交易方式因其交易过程的不公开、信息的不对称，导致买卖双方信息交流不够充分、技术转化率不高、时间较长、成本过大、实施困难等情况。

(2)“马甲公司”主要应用于收购商标，尤其是在中国市场，由于一些人专门从事商标囤积甚至商标抢注，如果直接前往收购，很容易被“天价”砸得头破血流。例如，2012 年美国高通向上海高通以 200 万美元收购“高通 GOTOP”商标被拒，而 2009 年美国苹果公司利用“马甲公司”仅以 35000 英镑(约合 5 万多美元)就从台湾唯冠手中买到了 iPad 的商标。事实上，不少公司(包括国外公司)收购商标时，都是依靠代理人去协商谈判，不会直接出面，这是一种安全稳妥的交易策略，是防止被敲诈的重要手段。对于那些已经使用了需要收购的商标的公司，更要以代理人的“马甲”来保护自己，否则谈判破裂后，可能会被对方起诉商标侵权。收购其他知识产权，同样可以出动“马甲”，但总体上看似乎没有商标收购这么普遍(袁真富，2015)。

(3)知识产权转让平台是指有民事行为能力的自然人、法人或其他经济组织，以知识产权作为交易客体，提供包括商标、专利、版权等方面的交易的众多服务，致力于建立一个面向全社会，服务信息完备，服务管理机制科学规范的综合性的知识产权交易环境。在 2008 年国务院国家知识产权战略纲要的背景下，许多知识产权转让平台应运而生。例如，2008 年成立的中细软网络科技有限公司(简称中细软)，便是一个知识产权增值服务商，它的定位是为中国创新提供系统的知识产权解决方案与增值服务，致力于通过网络科技等手段创建知识产权生态系统平台与创新工具，为政府知识产权行政管理、为企业研发与知识产权管理、为个人知识产权创造与运用提供高质量的解决方案(平台、工具、专业服务)；还有汇桔网是一个创新创业资源共享服务平台，它的业务覆盖商标、专利、版权等知识产权的创造(申请、注册、登记等)与保护，以及知识产权的买卖、许可与合作，是集知识产权从拥有到交易的一站式服务平台。2015 年 8 月新修订的《中华人民共和国促进科技成果转化法》第十三条规定，“国家培育和发展技术市场，鼓励创办科技中介服务机构，为技术的交易提供交易场所、信息平台以及信息检索、加工与分析、评估、经纪等服务”，这在顶层设计上为知识产权转让平台的发展提供了法律依据(王智源，2016)。

3)知识产权转让的程序

(1)著作权转让的登记备案及效力。我国《著作权法实施条例》第二十五条规定，“与著作权人订立专有许可使用合同、转让合同的，可以向著作权行政管理部门备案”。该条例规定了合同自愿备案制度，不备案不影响著作权的效力，但由于著作权自动产生，著作权人在主张权利的时候往往需要付出巨大的代价证明自己的主体身份，在进行权利交易时也面临同样的问题。如果著作权人能够到国家机关进行合同备案，并取得证明，可以大大降低诉讼成本，同时保证交易安全。也就是说，一来按照法律法规规定，著作权专有许可使用合同和转让合同应当采用书面形式，具备备案登记的条件；二来通过对著作权专有许可使用合同和转让合同的备案登记，可以加强对著作权权利行使的监督，也可以使被许可人或受让人获得其享有著作权专有使用权或著作权的初始证明。我国《著作权法》(修订草案送审稿)(2014 年 6 月 6 日)第五十九条规定，“与著作权人订立专有许可合同或者转让合同的，使用者可以向国务院著作权行政管理部门设立的专门登记机构登记。未经登记的权利，不得对抗善意第三人”。数字时代作品如网络作品的指数型增长趋势和著作权交易的日益频繁，使得著作权专有许可和转让登记对抗制度的设计需要仔细考量。

(2) 专利权转让的登记备案及效力。我国《专利法实施细则》第十四条规定，“除依照专利法第十条规定转让专利权外，专利权因其他事由发生转移的，当事人应当凭有关证明文件或者法律文书向国务院专利行政部门办理专利权转移手续。专利权人与他人订立的专利实施许可合同，应当自合同生效之日起 3 个月内向国务院专利行政部门备案。以专利权出质的，由出质人和质权人共同向国务院专利行政部门办理出质登记”。当事人之间签订了专利实施许可合同之后，该合同按照当事人的约定生效，但是在实际的经济活动中，经备案的专利实施许可合同可以产生以下作用①：①专利实施信息公开：即通过许可备案的公示作用，向社会公众传递这样一个信息，该专利已经许可专利权人之外的其他人实施运用，便于公众及相关单位分析、研究和跟踪专利价值，同时有利于该专利技术的推广运用。②诉前禁令证据效力：专利独占实施许可或排他实施许可的被许可人在发现有人侵犯专利权时，可以依据最高法 2004 年《关于对诉前停止侵犯专利权行为适用法律问题的若干规定》第 4 条第(2)项，以专利实施许可合同备案证明为证据，要求人民法院对侵权人采取诉前禁令。③侵权赔偿参照标准：当人民法院对专利侵权民事纠纷认定清晰后，对被侵权人的损失或者侵权人的获利难以确定的，如果有在先的专利实施许可使用事实，法院可以以该专利许可使用费作为参照，确定赔偿数额。一般情况下，以许可费的 1~3 倍来确定赔偿数额。④被许可人向外付汇凭证：根据外汇管理局《关于加强对引进无形资产售付汇管理有关问题的通知》，要求被许可人在办理向外国许可人支付许可费时，提供专利实施许可合同备案证明。⑤参评高新技术企业：根据《高新技术企业认定管理办法》，拥有 5 年以上的专利独占实施许可权，视为拥有自主知识产权，当事人可以专利实施许可合同备案证明来作为该自主知识产权的凭证，将其作为参评高新技术企业的条件之一。⑥对抗善意第三人：参照最高法《关于审理商标民事纠纷案件适用法律若干问题的解释》第 19 条规定，商标使用许可合同未在商标局备案的，不得对抗善意第三人。专利实施许可合同备案所产生的效力，亦可参照该司法解释理解为，经备案的专利实施许可合同可以对抗善意第三人。

(3) 商标权转让的登记备案及效力。《商标法》及其《实施条例》对商标许可使用未实行强制备案，未备案的许可使用协议也当然有效，根据《最高人民法院关于审理商标民事案件适用法律若干问题的解释》第十九条规定“商标使用许可合同未经备案的，不影响该许可合同的效力，但当事人另有约定的除外。商标许可合同未在商标局备案的，不得对抗善意第三人”。这种自愿备案制度给当事人通过查询获取商标权利的准确信息造成了困难(刘永波，2003)。所以，经备案的商标转让合同可以产生以下作用：①商标转让信息公开：即通过许可备案的公示作用，向社会公众传递这样一个信息，该商标已经转让其他人实施运用，有利于保护受让人的利益；②经备案的商标转让合同可以对抗善意第三人。

① 专利许可备案和质押登记常见问题.http://www.sipo.gov.cn/ztzl/ywzt/zlzydjyxkba/bszn/201401/t20140125_901035.html

3.3.4　知识产权投资和融资

1)技术入股

技术入股是指技术持有人(或者技术出资人)以技术成果作为无形资产作价出资公司的行为。技术成果入股后，技术出资方取得股东地位，相应的技术成果财产权转归公司享有。技术入股是目前社会上常用的投资形式之一。技术入股的法律依据见于我国《公司法》第二十七条规定，“股东可以用货币出资，也可以用实物、知识产权、土地使用权等可以用货币估价并可以依法转让的非货币财产作价出资；但是，法律、行政法规规定不得作为出资的财产除外。对作为出资的非货币财产应当评估作价，核实财产，不得高估或者低估作价。法律、行政法规对评估作价有规定的，从其规定”。出于公司法规定的操作性需要，我国《公司登记管理条例》(2014 年 2 月 19 日)第十四条进一步规定，“股东不得以劳务、信用、自然人姓名、商誉、特许经营权或者设定担保的财产等作价出资。”

技术成果作为非货币形式的出资，最重要的在于价值的确定。我国《关于以高新技术成果出资入股若干问题的规定》第二条规定，“以高新技术成果出资入股，作价金额超过有限责任公司或科技开发型企业(以下统称企业)注册资本百分之二十的，由技术出资方或企业出资各方共同委托的代表，向科技管理部门提出高新技术成果审查认定申请，并按照《规定》和本办法要求，如实提交相关文件和资料”。技术要成为企业的真实资本和合理股份，就要科学、合理、真实、公平地确定技术的价值。在实践中，技术成果出资入股的作价方式主要有三种：评估作价、协商作价以及两种作价方式的结合。评估作价是指专业的评估机构对出资人的技术成果的价值进行确定的作价方式，即将技术价值进行量化的过程。协商作价是出资人不经评估，自行商定入股技术的作价金额的一种方法，这种作价方式是出资各方在诚信的基础上，通过协商来确定出资技术的价值。其中，采用评估作价方式确定的技术价值具有较强的法律效力，其价值被确定在技术成果价值评估作价文件中，出资各方不能随意进行改动，从而能够有效防止各种纠纷的发生。同时，这种作价方式弥补了由于当事人对技术成果价值认识不足，可能导致的过高或过低确定价额，从而损害其他出资人利益并损害公司资本制度。目前我国在技术评估作价方面还不规范，不少问题有待进一步解决。第一，我国尚未设立专门的技术评估机构，而且相关的评估人员也缺乏一定的技术水平；第二，评估机构对技术评估尚未有一个确定的合理标准，而且在具体的操作过程中，其程序也缺乏严密性；第三，技术评估尚未完全从出资之权利和对公司的作用上考量，当前技术评估人员进行技术价值评估时往往只纯粹地从技术本身着手，而不考虑技术对公司的作用大小，从而出现技术价值的评估与实际不相符合现象。

除此之外，若公司因经营不当而导致破产清算，但债权人都不愿意以公司的技术成果抵债，后续债务应如何处理？我国《破产法》第一百一十二条规定，“变价出售破产财产应当通过拍卖进行。但是，债权人会议另有决议的除外。破产企业可以全部或者部分变价出售。企业变价出售时，可以将其中的无形资产和其他财产单独变价出售。按照国家规定不能拍卖或者限制转让的财产，应当按照国家规定的方式处理”。根据法条，将技术成果变现即为解决方法。但是，众所周知无形资产评估十分困难，技术成果变现要真的实现是不易之事。

2）知识产权质押融资

知识产权质押融资是一种新型融资方式，一般是指企业以其拥有的商标、专利及著作权等知识产权作为质押物，经资产评估和担保公司担保，由银行提供贷款融资。在发达国家，成熟的融资环境中，知识产权质押融资是比较普遍的。例如，在美国，知识产权质押融资在科技型中小企业动产担保融资的比例约为 60%，在日本的比例约为 50%。但在我国，由于受到市场、法律、政策、观念等多方面因素的制约，知识产权质押融资的比例很低（张婷和肖晶，2017）。

由于我国知识产权质押融资刚刚起步，不同区域的经济条件和市场发育成熟度相差较大，因而各地区的普遍做法是，在以市场为主导的基础上，积极发挥政府的引导和扶持作用，积极探索具有地方特色的知识产权质押融资模式。各地采取的主要做法包括：①搭建知识产权质押融资服务平台和流转市场［如广东省搭建中国（广东）知识产权投融资服务平台，与企业开展需求对接活动］；②为知识产权质押融资提供财政支持［如浙江省对开展专利权质押贷款的试点县（市、区），按实际贷款发生额的 3%给予财政补助，用于奖励开展试点的商业银行和中介机构，补助资金纳入浙江省政府“科技型中小企业扶持专项资金”］；③建立知识产权质押融资风险共担机制（如重庆市设立科技专项资金，用于知识产权质押融资风险补偿，对银行按不超过审定企业知识产权质押融资贷款坏账本金损失的 30% 给予补偿，每笔贷款损失补偿不超过 150 万元）。在国家和地方的共同推动下，我国知识产权质押融资试点取得了积极成效。但其在商业银行信贷中的占比仍然偏低，大部分金融机构对知识产权质押融资仍持较为谨慎的态度。

我国知识产权质押融资尚面临着许多障碍，主要包括以下五个方面。①知识产权质押融资法律体系尚不完备。我国《担保法》第七十五条第三款规定，依法可以转让的商标专用权，专利权、著作权中的财产权可以质押，但并未具体细化规定商业秘密、商号、专利许可使用权、商标许可使用权、著作权许可使用权的质押问题，这使得部分类型知识产权的质押融资在操作上处于无法可依的境地。同时，各地出台的知识产权质押融资规定缺乏统一的标准，不利于知识产权质押融资的进行。②知识产权质押登记机构尚不统一。根据现行法律规定，我国知识产权质押登记分属三个不同部门：商标局负责商标权的登记，国家知识产权局负责专利权的登记，国家版权局委托中国版权保护中心负责著作权的登记。这种多头负责、分散管理的模式不利于企业将集合性的知识产权进行打包、整合并统一登记。③知识产权价值评估机制尚不健全。④知识产权质押融资风险防控机制尚不成熟。目前，国内一些地方政府通过建立科技专项资金，为知识产权质押融资提供担保或保险补助、风险补偿。但由于知识产权质押融资市场化程度不高、政府面临较大财政支出压力，要实现政府风险补偿机制的连续性和稳定性，是一个很大的挑战。⑤知识产权交易市场尚不完善。虽然我国已初步建成公开的知识产权交易市场，但由于市场起步不久，交易程序不完善、交易制度不健全、交易质量不高等问题还未得到有效解决，这就影响和制约了知识产权交易市场功能的有效发挥。

为促进我国知识产权质押融资的发展，应充分发挥政府部门、商业银行、担保机构、第三方评估和服务机构以及行业协会的作用，以优化知识产权质押融资机制。具体有四个方面的建议：①制定统一、完备的知识产权质押融资法律法规。吸纳各部委和各地方政府已出台的部分规章和规范性文件，整合现行《担保法》《物权法》《专利法》《商标法》《著作权法》的有关规定，制定统一、具有实际操作性的知识产权质押融资法律法规及其实施细则。②建立具有广泛认可性的知识产权价值评估机制。在国家知识产权局、版权局、商标局、人民银行等部门中抽调人才组成一只跨职能团队，由团队组织金融、法律、知识产权等相关领域的专家学者，借鉴国外成熟经验，针对不同类型的知识产权，分别建立合理、具有广泛认可性的知识产权价值评估标准。同时，建立知识产权评估责任制度，对于出现过失、重大失误和虚假评估等情形，要明确责任归属和惩戒措施，降低出质人、商业银行、担保公司等有关各方的交易风险。③完善知识产权质押融资风险补偿长效机制。就目前各地普遍采用的风险补偿基金而言，为了降低财政支出压力，采取市场化手段，实现财政扶持资金与银行信贷资金、社会资本的有效结合是一个需要拓展的方面。同时，积极探索建立多元化的风险分担方式，例如建立知识产权质押融资证券化机制、知识产权质押融资保证保险机制等。④加强知识产权交易平台和机制建设。不断优化市场交易规则，完善配套政策环境，引入合理的市场竞争机制，拓宽知识产权与信贷资金、社会资本对接的渠道，提高知识产权交易的市场化运作水平。同时，科技型中小企业应增强对知识产权的重视，加强知识产权管理，正确客观地认识、了解现有法律制度和相关政策支持，在可行的范围内拓宽企业融资渠道(许超伊，2017)。

3.4　知识产权价值评估

知识产权价值评估问题是关系到知识产权运营是否成功的核心问题，也是目前国内外知识产权运营面临的最大瓶颈。无论是知识产权转让、许可、投资入股、质押担保，要成功运营的首要条件都是要给知识产权合理定价。目前，知识产权价值评估的基本方法包括成本法、市场法、收益法以及国外开展研究比较晚近的实物期权法、价值的收益区分方法和利润的价值分割方法等。作者认为，知识产权价值评估应该包含定量和定性评估两个方面。知识产权定量评估是指知识产权的货币价值，即在无形资产评估体系下知识产权人所持有知识产权资产的货币净现值，用于技术贸易或许可、公司兼并与收购、投资与融资，税收与审计等企业日常经营活动。知识产权定性评估是指知识产权的实用价值，即在企业知识产权战略的框架下，由法律赋予知识产权的排他性而延伸出的知识产权内部管理的价值，为知识产权的维权、维持、研发和市场运营提供依据。一般包括知识产权技术性、法律性和市场性三个维度的评估标准

3.4.1　知识产权价值定量评估

典型的专利价值定量分析评价方法主要有成本法、收益法和市场法。成本法的评价公式为：专利价值=重置成本-损耗。成本法的专利价值评价方法就是以评价基准日的市场为基准开发专利技术所需成本，扣除其折旧贬值之后的价值。收益法是指通过待估资产为企业带来的未来收益折算现值，来确定待估资产价值的一种方法，将未来收益的现值作为待评专利的价值。市场法是按照与待评专利类似的专利在市场上的交易价格作为参考，再针

对待评专利自身的特点进行必要的调整分析得出专利价值。

1）收益法

收益法是以从被评估的资产中确定的未来收益现金流为基础来确定专利技术的价格。收益法主要是基于折现理论，将目标资产未来一定寿命周期内的收益，依据一定的折现率折现为评估基准日的现值。收益法是应用最广泛的方法，而且也是相对精确的方法。使用收益法时必须确定以下几个参数：未来的收益流、收益流的期限、折现率以及收益流的相关风险。收益法的计算公式是：

$$P=\sum_{t=1}^{n}\frac{F_t}{(1+i)^t}$$

其中，P 表示专利的价值，F 表示专利的未来的收益流，i 为折现率，t 表示收益流的期限。

未来收益的确定：对专利技术的未来收益进行估测，必须对一定时期内的经济环境和竞争环境有充分的了解。在专利技术的有效寿命周期内，充分考虑各种风险因素，例如潜在的技术竞争、历史收益情况、专利的无效诉讼等。对于那些已经许可使用并开始收取许可使用费的专利技术，要预测未来收益比较容易，只需从许可收益中减去相关成本即可。但是对于那些还没有能够产生收益费的专利技术，要准确预测就比较困难。目前主要有四种方法可以预测未来收益：价格升水法、成本节约法、许可费避付法以及余值法。价格升水法主要是根据由于知识产权的存在导致产品价格提高的幅度，产品价格的提升最终能够导致收入的增加。成本节约法主要考察由于知识产权的存在使得生产成本降低的幅度。许可费避付法则是在知识产权的有效期，通过使用合理的许可费率来估测未来收益。余值法是通过将一个企业中，凡是与知识产权无关的收益从总收益中剔除出去后，剩下的收益就是知识产权的收益。

收益流期限的确定：专利收益流期限的确定应该以专利技术的有效的经济寿命为限，而不应该以专利的法律期限为准。

折现率的确定：折现率=无风险利率+通货膨胀率+风险报酬率。其中，无风险利率一般选择长期国债的利率；通货膨胀率可以从历年的国家经济统计数据获得；风险报酬率，由系统风险和非系统风险构成，其中非系统风险是可以通过多样化的投资分散的，而系统风险的确定可以通过资本资产定价法和资本平均成本加权法确定。

收益法作为预测未来价值的一种重要方法，充分体现了专利为企业带来未来收益的特点，从这一方面来看收益法应该是最适合专利的价值评估，而且操作简单、评估的结果相对精确。

2）成本法

成本法就是根据开发专利技术所需的花费的费用或者重置一项专利技术所需要的成本。用成本法进行价值评估有历史成本法和重置成本法两种方法经常被用到。使用历史成本法就是指用历史成本并按照合理的使用期限进行适当的折旧来评估资产。重置成本法是指按照当前的价格计算复制现有资产所需的成本。成本法的基本公式：

重置成本净价=更新或复原重置成本−有形损耗−无形损耗

=更新或复原重置成本×成新率−无形损耗

更新或复原重置成本，主要包括研究开发成本、交易成本、机会成本等。研究开发成本包括开发中的物化劳动和活劳动消耗价值，可以分为直接成本和间接成本两大类。直接成本有工资、原材料消耗、生产研制成本等。间接成本有管理费、设备折旧费摊销等。交易成本是指在交易过程中发生的成本主要有技术服务费、差旅费、广告宣传费等。机会成本只是专利技术许可转让，给专利提供方在投资发展或市场占有方面造成的损失，将其列入成本作为相应补偿。有形损耗一般是针对有形资产，专利不存在有形损耗一说，为了计算的方便一般引入“成新率”的概念：有形损耗=重置成本×(1-成新率)。无形损耗主要是由于技术的发展导致原有的技术相应的贬值。

成本法不能反映专利所能带来的经济利益，它只是反映专利的最小价值。此种方法主要适用于技术使用萌芽期或没有适用市场或没有获得收益的资产。成本法主要反映过去，不能面向未来。而且并不是投入的成本越大，专利的价值也就越大，相反有些专利技术的研发投入大量的成本最后却研发失败或者在市场上没有需求导致价值为零。

3) 市场法

市场法，又称比较法，是指通过比较在相似的市场环境下，相似资产的近期销售或其他交易方式的差别而进行的价值评估。使用这一方法一个重要的问题就是寻找一个类似的交易价格信息。确立可比较价格信息包括相关所属行业、地区分布、权利范围、支付条款等情况。这些信息在有形资产中是比较容易获得的，但是在专利交易中却是非常难得到的。收集类似交易价格之所以困难在于专利之间缺乏可比性，同时绝大多数企业研发专利不是为了交易。因此，交易市场较少，可获得的同类专利的交易信息就比较少。另外，专利一般都是具有高度的创造性，在市场上很难有比较对象。

市场法在一个活跃的市场环境中最适宜。所谓活跃的市场环境是指具有一些面对面交易的实例并且对交易拥有充分的信息。但是，目前大多无形资产的交易是不够频繁的，无法建立以市场为评估基础并可与其他资产相比较的价值评估。一般如果理想情况下，选择市场法是评估的首选方法，因为该法操作相对简单且准确性较高，充分反映了市场的需求。但是选择市场法的前提是存在活跃的交易市场。

此外，目前实践中还有许多价值评估方法，如：比较优势法、技术因素法、价值的收益区分法、利润的价值分割法、VALMATRIX 分析法、期权法、25%规则法等。近年来，专利价值定量分析方法方面还出现了实物期权法、模糊评价法等。这些方法都各有特点，方法的适用需要一定的条件必须结合上述三种传统的评估方法才能有效地发挥作用。

3.4.2 知识产权价值定性评估

知识产权价值定性评估旨在为知识产权运营的各方参与主体提供知识产权价值的重要参考依据。与定量评估不同，定性评估往往最后不会给出知识产权的一个具体价格，而是给出一个分值。知识产权价值定性评估的方法也很多，主要有美国 Ocean Tomo 公司的 OT300 专利指数、基于 IPScore 的专利价值评估方法、美国电子和电气工程师协会(Institute of Electrical and Electronics Engineers，IEEE)旗下《IEEE SPECTRUM》杂志的专利实力记分卡和美国 IPIQ Global 公司的专利记分卡等。本节重点对国家知识产权局构建的专利价值分析指标体系进行分析论述。

专利价值分析是专利运营和管理的核心环节。专利价值分析以专利的法律、技术以及经济三方面为重点进行系统化分析，使投资人可以根据专利价值分析报告做出合理判断和决策，专利权人也可据此对将用于出资、转让、许可的专利价值做出合理判断，有利于市场双方形成对价及合作基础。同时，专利价值分析作为专利运营和管理的基础性环节，对专利的交易、许可、转让、融资、出资、实施及分级分类管理等方面将发挥重要支撑作用。

开展专利价值分析的前提和基础性工作是要建立一套科学、严谨的分析指标体系。我国国家专利局建立这套专利价值分析指标体系为国家知识产权局与中国技术交易所共同开发的，该指标体系，2010 年面世，2014 年进行了修订。该体系遵循全面性、系统性、可操作性、时效性、独立性、层次性、定性定量相结合、模块化及可扩展性等九项原则，提出了表征专利自身价值大小的度量单位——专利价值度(patent value degree，PVD)。基于上述原则，将专利价值划分为两层指标：从专利自身属性的角度，分为法律、技术和经济三个指标；从专利功能的角度，将第一层的三项指标分解为 18 项支撑指标。这些指标综合了静态评价与动态评估，既体现稳定的要素，也包括变动的要素。

指标体系满足的功能包括：首先，基于指标体系，进行信息披露，全方位地关注专利各方面的要素，解决信息不对称问题；第二，请专家打分，代表专家的综合评价。指标体系应分割合理，层级简繁适度，成为一个标准的模板。

由于该指标体系关注的是专利的内在价值的客观反映。因此，由于专利运用方面的因素对实现专利价值的影响(如产业化能力、市场营销能力、资本投入能力等)、侵权分析和专利的价格这三项内容与专利内在价值无关，故未包含在本指标体系的分析范围之内。

专利价值评估是评价一个专利价值的总指标，源自于三个维度：法律价值度(patent value degree，LVD)、技术价值度(technology value degree，TVD)、经济价值度(economic value degree，EVD)的加权平均计算。根据检索报告、行业分析报告以及其他后备材料，由备选专家为第二层指标逐个打分，这些分数经加权汇总之后，形成对专利进行衡量的一种标准化统一度量——专利价值度。专利价值度的定义是：相对表征专利自身价值大小的度量单位。专利价值评估体系分解结构如图 3-1 所示。

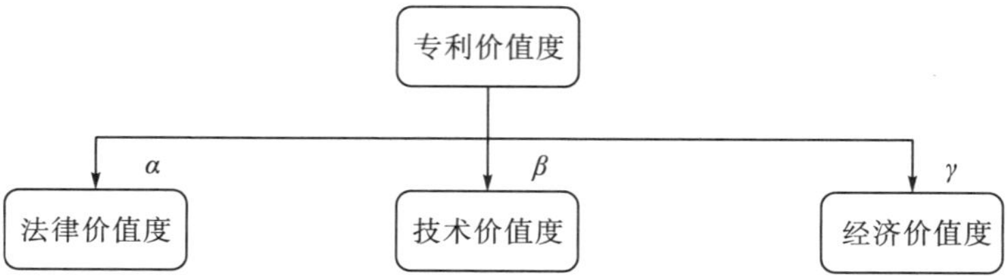

图 3-1　专利价值评估体系分解结构

评价分值通用计算公式为：

$$PVD = \alpha \times LVD + \beta \times TVD + \gamma \times EVD$$

其中，$\alpha + \beta + \gamma = 100\%$

(1)法律价值度解析。法律价值度分析从法律的维度评价一项专利的价值，主要提供专利的全面法律状态信息及专业解读，包括专利稳定性、实施可规避性、实施依赖性、专利侵权可判定性、有效期、多国申请、专利许可状态等。图 3-2 给出了法律价值度的评价指标，而表 3-1 与表 3-2 分别示出了法律价值度二级指标的定义与评判标准以及二级指标的分值分配。

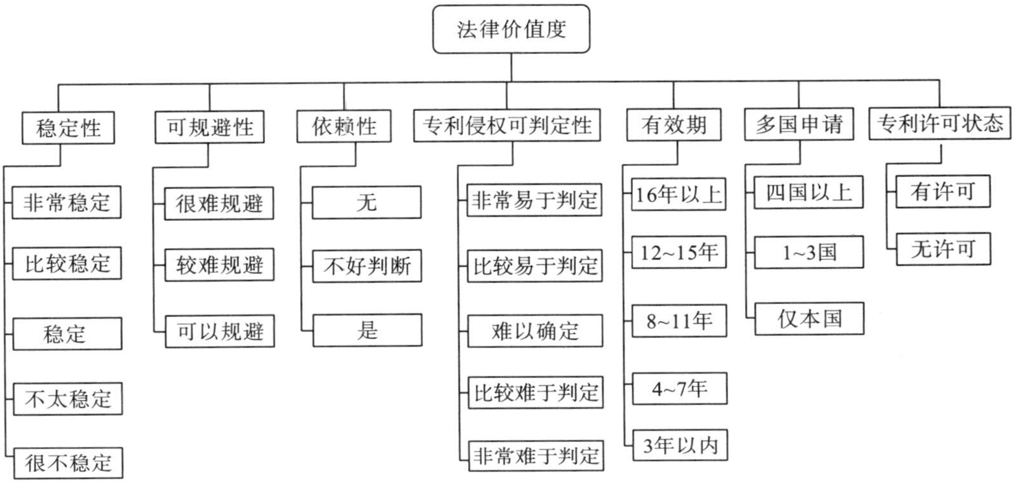

图 3-2　专利价值评估体系法律价值维度

表 3-1　法律价值度二级指标的定义与评判标准

一级指标：法律价值度		
二级指标	定　义	评判标准
稳定性	一项被授权的专利在行使权利的过程中被无效的可能性	权利要求特征多少、上位下位；同族专利授权；本专利及同族专利经过复审、无效程序或涉及诉讼的结果等
可规避性	一项专利是否容易被他人进行规避设计，从而在不侵犯该项专利的专利权的情况下仍然能够达到与本专利相类似的技术效果，即，权利要求的保护范围是否合适	将独立权要求的每个特征分解出来，对每个分解特征进行评估，然后再对该权利要求的所有特征的可规避性的评分求平均
依赖性	一项专利的实施是否依赖于现有授权专利的许可，以及本专利是否作为后续申请专利的基础	通常可以由权利人提供或通过检索确定在先专利以及衍生专利
专利侵权可判定性	基于一项专利的权利要求，是否容易发现和判断侵权行为的发生，是否容易取证，进而行使诉讼的权利	可以将独立权要求的每个特征分解出来，对每个分解特征进行评估，然后再对该权利要求的所有特征的专利侵权可判定性的评分求平均，以获得该权利要求的专利侵权可判定性分值
有效期	基于一项授权的专利从当前算起还有多长时间的保护期	根据检索报告
多国申请	本专利是否在除本国之外的其他国家提交过申请	根据检索报告
专利许可状态	本专利权人是否将本专利许可他人使用或者经历侵权诉讼	根据检索报告

表 3-2　法律价值度二级指标的分值分配

一级指标：法律价值度					
支撑指标	分值				
	10 分	8 分	6 分	4 分	2 分
稳定性	非常稳定	比较稳定	稳定	不太稳定	很不稳定
可规避性	很难规避		较难规避		可以规避
依赖性	无		不好判断		是
专利侵权可判定性	非常易于判定	比较易于判定	难以确定	比较难于判定	非常难于判定
有效期	16 年以上	12~15 年	8~11 年	4~7 年	3 年以内
多国申请	4 国以上国家专利	1~3 国国家专利		仅本国专利	
专利许可状态	有许可			无许可	

(2)技术价值度解析。技术价值度分析从技术的维度评价一项专利的价值，主要对专利的技术领先程度等方面进行评估与分析，包括先进性、行业发展趋势、适用范围、配套技术依存度、可替代性、成熟度等。图 3-3 给出了专利价值评估体系技术价值维度，而表 3-3 与表 3-4 分别示出了技术价值度二级指标的定义与评判标准以及二级指标的分值分配。

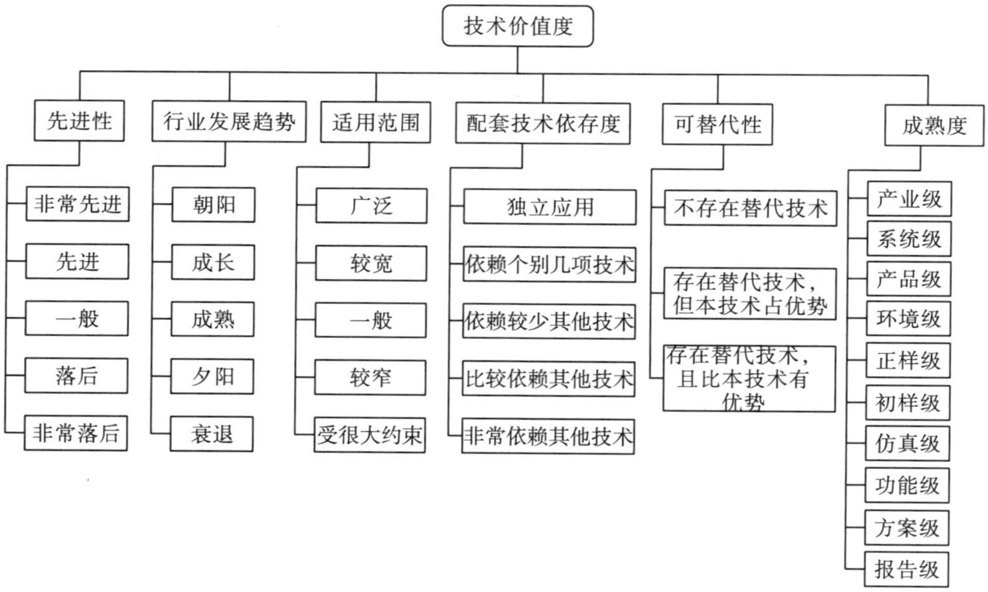

图 3-3　专利价值评估体系技术价值维度

表 3-3 技术价值度二级指标的定义与评判标准

一级指标：技术价值度		
二级指标	定 义	评判标准
先进性	专利技术在当前进行评估的时间点上与本领域的其他技术相比是否处于领先地位	根据以下几个方面进行评估：所解决的问题、技术手段、技术效果
行业发展趋势	专利技术所在的技术领域目前的发展方向	行业发展报告；该专利的国际分类号的小类或大组的专利数量的时间分布情况
适用范围	专利技术可以应用的范围	专利的说明书的背景技术对技术问题的描述以及独立权利要求
配套技术依存度	专利技术是否可以独立应用到产品，还是经过组合才能用，即，是否依赖于其他技术才可实施	专利的说明书的背景技术和技术方案部分的描述，结合现有技术发展状况
可替代性	在当前时间点，是否存在解决相同或类似问题的替代技术方案	对相关专利的问题描述；检索解决相同问题或类似问题的其他技术方案；检索该专利引用的背景技术；以及引用本专利的后续专利
成熟度	专利技术在评估时所处的发展阶段	根据国家标准《科学技术研究项目评价通则》

表 3-4 技术价值度二级指标的分值分配

<table>
<tr><th colspan="11">技 术 价 值 度</th></tr>
<tr><th rowspan="2">支撑指标</th><th colspan="10">分 值</th></tr>
<tr><th colspan="2">10 分</th><th colspan="2">8 分</th><th colspan="2">6 分</th><th colspan="2">4 分</th><th colspan="2">2 分</th></tr>
<tr><td>先进性</td><td colspan="2">非常先进</td><td colspan="2">先进</td><td colspan="2">一般</td><td colspan="2">落后</td><td colspan="2">非常落后</td></tr>
<tr><td>行业发展趋势</td><td colspan="2">朝阳</td><td colspan="2">成长</td><td colspan="2">成熟</td><td colspan="2">夕阳</td><td colspan="2">衰退</td></tr>
<tr><td>适用范围</td><td colspan="2">广泛</td><td colspan="2">较宽</td><td colspan="2">一般</td><td colspan="2">较窄</td><td colspan="2">受很大约束</td></tr>
<tr><td>配套技术依存度</td><td colspan="2">独立应用</td><td colspan="2">依赖个别几项技术</td><td colspan="2">依赖较少其他技术</td><td colspan="2">比较依赖其他技术</td><td colspan="2">非常依赖其他技术</td></tr>
<tr><td>可替代性</td><td colspan="2">不存在替代技术</td><td colspan="2"></td><td colspan="2">存在替代技术，但本技术占优势</td><td colspan="2"></td><td colspan="2">存在替代技术，且比本技术有优势</td></tr>
<tr><td rowspan="2">成熟度</td><td>10 分</td><td>9 分</td><td>8 分</td><td>7 分</td><td>6 分</td><td>5 分</td><td>4 分</td><td>3 分</td><td>2 分</td><td>1 分</td></tr>
<tr><td>产业级</td><td>系统级</td><td>产品级</td><td>环境级</td><td>正样级</td><td>初样级</td><td>仿真级</td><td>功能级</td><td>方案级</td><td>报告级</td></tr>
</table>

(3)经济价值度解析。经济价值度分析从市场经济效益的维度评价一项专利的价值，主要对专利的技术领先程度等方面进行评估与分析，包括市场应用、市场规模前景、市场占有率、竞争对手、政策适应性等。图 3-4 是专利价值评估体系经济价值维度的评价指标，而表 3-5 与表 3-6 分别示出了经济价值度二级指标的定义与评判标准以及二级指标的分值分配。

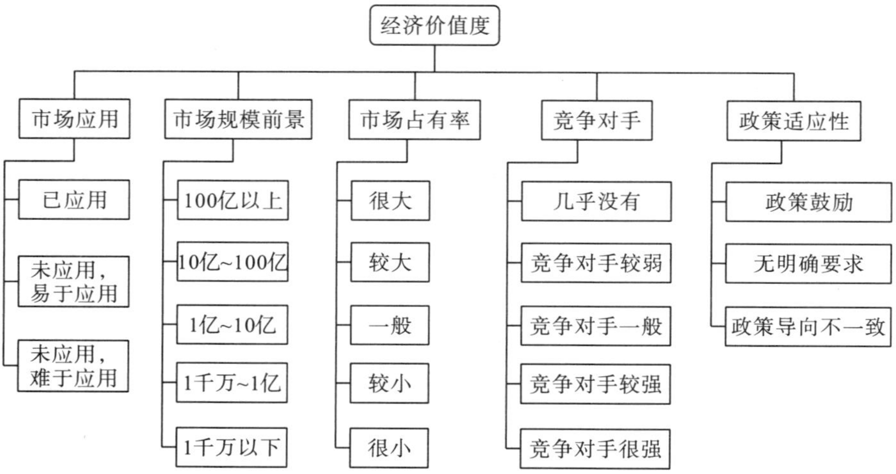

图 3-4　专利价值评估体系经济价值维度的评价指标

表 3-5　经济价值度二级指标的定义与评判标准

一级指标：经济价值度		
二级指标	定义	评判标准
市场应用	专利技术目前是否已经在市场上投入使用，如果还没有投入市场，则将来在市场上应用的前景	市场上有没有与该专利对应的产品或者基于专利技术生产出来的产品；行业专家判断
市场规模前景	专利技术经过充分的市场推广后，在未来其对应专利产品或工艺总共有可能实现的销售收益	理想情况下，同类产品的市场规模乘以专利产品可能占到的份额
市场占有率	专利技术经过充分的市场推广后可能在市场上占有的份额	专利产品在其他类似产品中市场占有的数量比例；如果专利产品还没有投入市场，则根据功能和效果最接近的成熟产品所占有的比例进行估计
竞争对手	市场上是否存在与目标专利技术的持有人形成竞争关系的竞争对手以及竞争对手的规模	与本专利技术构成直接竞争关系的产品或技术的持有者或实施者与本专利的持有人之间的实力对比，例如公司的总体营业额
政策适应性	国家与地方政策对应用一项专利技术的相关规定，包括专利技术是否是政策所鼓励和扶持的技术，是否在政策上有各种优惠政策	高新技术产业和技术指导目录

表 3-6　经济价值度二级指标的分值分配

经济价值度					
支撑指标	分值				
	10 分	8 分	6 分	4 分	2 分
市场应用	已应用		未应用，易于应用		未应用，难于应用
市场规模前景	很大（100 亿以上）	较大（10 亿～100 亿）	中等（1 亿～10 亿）	较小（1 千万～1 亿）	很小（1 千万以下）
市场占有率	很大	较大	一般	较小	很小
竞争情况	几乎没有	竞争对手较弱	竞争对手一般	竞争对手较强	竞争对手很强
政策适应性	政策鼓励		无明确要求		与政策导向不一致

本评价体系依据全面性、系统性、可操作性、时效性、独立性、层次性、定量、模块化和可扩展性原则，采用数据采集，数据报告，专家评审，最后形成评估报告的流程，对知识产权(主要是专利)进行价值评估，在实践中不断进行改进和完善，受到知识产权运营相关权利人的好评。

3.5　本章小结

本章是关于知识产权运营的理论研究。和知识产权布局的相关研究一样，近年来学界对知识产权运营的概念仍然莫衷一是。参考和借鉴现有相关研究，本章给出的知识产权运营的定义是将专利、商标、著作权、商业秘密等知识产权客体作为战略资源，运用实施、许可、投资、融资等手段，挖掘和提升其技术、法律、经济、市场价值、促进客体的流转、推动市场主体的竞争与协作的商业过程。知识产权运营以知识产权布局为前提，以知识产权保护为保障，以知识产权组织为支撑，通过对知识产权客体的实施、许可、转移、投融资，以实现其商业价值的过程。

知识产权布局是知识产权运营的基础，知识产权运营是知识产权布局的目的。结合目前学界对知识产权运营的主要研究，本章围绕知识产权运营的主体、客体、方式等，对知识产权运营做了较为深入和全面的分析。在此基础之上，本章进一步介绍了知识产权的定性与定量评估，实际上，这一问题一直是制约知识产权运营的瓶颈。

第四章　现代生物技术知识产权中观布局

4.1　现代生物技术知识产权中观布局概述

4.1.1　知识产权中观布局的一般原则

一般而言，知识产权的中观布局要遵循以下几个原则。

(1) 全局原则。产业布局应该以一个国家的地域为界限，因为它是国家干预本国经济的一种方式，而这种方式涉及领土问题，因此必须以国家的领土主权为基础，一个国家是不可能在别国的领土上进行自己的产业布局的。产业布局的目标是使产业分布合理化，实现国家整体综合利益的最优，而不是局部地区利益的最优，因此一个国家的产业布局必须统筹兼顾，全面考虑。一方面，国家必须根据各地区的不同条件，通过分析和比较，确定各地区的专业化方向，明确各地区在全国经济的角色和地位；另一方面，国家根据经济发展状况，在不同时期确定若干重点发展的地区。在此全国规划的基础上，各地区再根据本地区的特点，安排好本地区的产业布局，而不能不顾国家整体利益，一味地发展自己的优势产业。

(2) 分工协作、因地制宜原则。社会化大生产要求劳动必须在广阔地域上进行分工和协作。各地区要根据自己的特点形成专门化的产业部门，形成规模优势。当然，各地区的产业布局在重点布局专门化生产部门的基础上，还要围绕专门化生产部门布局一些相关的辅助性产业部门和生活配套服务部门，以形成合理的地区产业结构，只有这样才能保证专门化生产部门的良好运行。随着部门分工的深化，地区生产专门化的提高，地区之间的协作自然也就越发重要，因此在进行产业布局的时候必须考虑到地区间的协作条件。

由于不同地域的自然、经济和社会条件的不同，因此不同地域适合不同产业的发展，在确定地区专门化生产部门时，应该从地区区情出发，根据地区的具体综合条件，充分发挥地区优势，发展地区优势产业。如在拥有技术和人才优势的地区，应优先发展技术含量高、附加值大的产业；在矿产资源比较丰富的地方，应优先发展采掘和矿产加工业；在地势平坦、气候适宜、土地肥沃的地方应加强水利建设，应优先发展农业和农产品加工业，如此等等。

(3) 效率优先、协调发展原则。产业的空间发展过程总是先在某一地域聚集，然后再向其他地域扩散。在发展的低级阶段，经济一般表现出集中发展的极核发展形态；在发展的高级阶段，经济一般表现出缩小地区间经济发展差距的全面发展形态。一个国家在进行产业布局时应该以产业空间发展的自然规律为基础。因此，当一个国家的经济水平处于低级阶段时，其产业布局应该考虑优先发展某些具有自然、经济和社会条件优势的地区；而当国家的经济发展到高级阶段时，其布局应考虑重点发展那些经济落后的地区，缩小地区间的经济差距。任何时候效率和协调都是产业布局所必须考虑的问题，它们是一个问题的两个方面，其目的都是为了保证一个国家整体的持续稳定的发展，只不过在不同时期侧重点有所不同而已。在优先发展某些优势地区时，必须把地区间经济发展的差距保持在一定的合理范围之内，不要使贫困差距过大而引发过多的社会经济问题。但是产业空间发展不平衡是绝对的规律，因此在重点发展落后地区时，也要保持发达地区的继续稳定发展，使其产业结构向更高的层次升级，而不要追求地区间发展的绝对平衡。

(4)可持续发展原则。人类生存和发展所依赖的环境所能承载的能力是有限的，自然资源也是有限的，其中许多资源都是不可再生的。人类的生活和生产不可避免地要从自然获取资源和向自然界排放废物，从而对自然生态环境造成损害。虽然自然环境有一定的自我恢复能力，但其所受的损害必须控制在一定限度内，否则就无法自我恢复。另外，人工对自然生态进行恢复所耗费的成本将是巨大的，可能远远大于人类生产所获得的收益。所以在进行产业布局时必须注意节约资源和保护环境，防止资源的过度开发和对环境的过度破坏。此外，要注意资源的充分利用和再生，注意发展相关的环保产业等。

(5)政治和国防安全原则。上面都是从经济角度出发考虑的产业布局原则。而从大局出发，首先所要考虑的是政治和国防安全因素。产业布局中政治和国防安全原则高于经济原则的最高原则。例如，我国边疆少数民族地区虽然自然和社会经济条件都比较差，不适合许多产业的发展，但为了民族团结和国家稳定以及边境的国防安全，国家每年依然对这些地区进行大量的援助，并给予许多优惠政策以支持这些地区的发展。

4.1.2　现代生物技术产业的知识产权中观布局原则

由于生物技术产业的特殊性，在遵循前述几条一般原则外，结合前文对于现代生物技术产业区域布局的相关分析，本章认为，现代生物技术产业的知识产权区域布局还应当遵循以下原则。

(1)结合资源优势，探索建立以知识产权为核心的现代生物技术资源配置体制和机制，引导创新资源积聚和产业高端发展。虽然近年来我国生物技术知识产权，尤其是专利数量猛增，但是仍然存在“多而不精”“大而不强”的问题，生物技术产业应着力推动知识产权创造实现“从大到强”“从多到优”的转变。要遵循“数量布局、质量取胜”的理念，稳增长、调结构、提质量，积极推进知识产权领域的供给侧改革，通过科学合理地配置创新资源，增加高价值知识产权的创造，高效布局知识产权。通过探索区域布局工作，建立知识产权与科技创新、产业发展的良性互动机制，大力培育高价值核心专利，推动知识产权市场价值的充分显现，促进产业链、价值链和创新链深度融合，推动结构升级。

要梳理和识别现代生物技术产业的创新资源和知识产权资源优势，加强创新资源和知识产权资源的匹配，提高产业附加值，支撑产业中高端发展。具体来说，首先，全国要分区域摸清现代生物技术重点领域和主导产业的知识产权资源分布状况。开展专利、商标、版权、地理标志、植物新品种等知识产权资源的调查，掌握区域内知识产权资源密集度，摸清知识产权资源与各类社会资源的匹配度，摸清知识产权资源对现代生物技术发展的支撑情况。其次，要深入分析、评价知识产权区域布局。建立符合区域特点的知识产权区域布局分析与评价体系，开展知识产权资源静态态势、动态匹配和整体质量分析，研究知识产权创造潜力、创造能力、运用能力、运用需求的匹配关系，绘制现代生物技术知识产权布局地图，编制现代生物技术产业发展与知识产权资源的匹配表，提出培育现代生物技术产业重点领域，推动产业转型升级建议。再次，要提出重点领域和主导行业的方向定位。针对区域内现代生物技术产业的各个细分行业，研究知识产权资源与区域创新资源、产业资源之间的匹配度与协调度，开展各区域与全国和周边地区的纵向、横向比较，明确各区域重点领域和主导行业发展定位和方向。

(2)科学合理地编制现代生物技术知识产权导向目录，争取关键领域的重点突破。首先，在科学评议现代生物技术知识产权创新能力和产业布局的匹配度的基础上，编制发布现代生物技术知识产权区域与重点行业导向目录。实施重点行业与优势产品专利导航项目，生物医药、生物农药等现代生物技术重点行业的知识产权导向目录，引导产业发展方向，规避知识产权风险，推动产业转型升级。其次，还要编制发布现代生物技术知识产权资源整合导向目录。对现代生物技术产业及主要支柱行业开展专利挖掘与布局，编制发布知识产权资源整合导向目录，逐步在投资导向目录中纳入知识产权区域布局要求和产业技术指南，引导政策资金和社会资本重点投向创造潜力大、运用需求多的产业和地区，加快知识产权密集区的资源开发和运用。第三，要编制发布知识产权开放合作导向目录。编制各区域与“一带一路”沿线国家，特别是技术密集与高附加值产业(工业化后期)国家先进产能合作、科技创新合作的现代生物技术知识产权导向目录。加大现代生物技术自主知识产权创新力度的同时，积极引进国外重点领域核心专利，加强国际合作。

(3)完善优化现代生物技术知识产权布局的政策，加强海外布局。围绕重点领域、主导行业的知识产权需求，构建促进知识产权事业发展的良好政策环境。一方面，要完善现代生物技术知识产权区域布局政策。对科技、教育、产业、贸易、人才、财税和知识产权等领域的现行政策开展适应性研究，提出区域知识产权政策调整建议，及时研究相关对策措施，构建引导创新资源向现代生物技术重点行业、重点领域集中的政策体系。另一方面，要加强知识产权海外(区域)布局。按照“一带一路”建设规划，收集梳理与对比研究国内外相关政策，从技术、时间、国别等方面，研究制定现代生物技术知识产权国际合作、区域布局与产业技术相结合的投资政策，编定知识产权海外布局指导手册，提高各区域知识产权海外运用和保护水平。

4.2 现代生物技术知识产权中观布局分析方法

现代生物技术知识产权中观布局分析方法主要有以下内容。

1)确定研究对象

生物技术发明专利包含很多方面，比如医药、农业、食品、工业、能源和健康环保等，其受到世界各国尤其是发达国家的高度重视。而生物技术产业是以生物技术为基础和支撑的高技术产业，其技术含量高、发展前景大，是战略性新兴产业的重要领域之一。因此生物技术产业被誉为21世纪最具发展潜力的“朝阳产业”之一，在21世纪可能成为全球第一大产业。因此，世界各国，尤其是发达国家都将生物技术产业作为经济战略中的重点发展产业。而专利可以展现出某个领域的创新能力如何，尤其是发明专利，集中体现了这个领域的核心原创能力。从 2000 年以来，我国专利申请数量、发明专利数量上升趋势非常显著，特别是发明专利，这充分证明了我国的创新能力在逐步提升。然而，与世界发达国家相比，我国的创新能力还存在着不小的差距。为了在未来生物科技时代的科技竞争中立于不败之地，在未来生物科技革命的前沿和核心领域占有一席之地，本章以全球生物技术发明专利为背景，重点分析我国生物技术领域的现状、存在的不足以及未来需要关注的领域。在此基础上，本章对四川省 2010～2015 年生物技术发明专利的申请情况、授权状况、运营布局现状进行综合分析，进而从知识产权的角度为四川省生物技术产业的发展提出建议。

2) 确定分析内容

本书先从宏观上对全球生物技术发明专利、中国生物技术发明专利进行了分析，包括对申请与授权情况、专利分布、主要申请人以及重点技术领域等多个内容进行比较研究。其中，中国专利分析部分还具体分为国外在中国申请专利和国内申请专利两个方面，以此揭示我国的专利申请特点。最后分析了四川省生物技术发明专利现状，通过纵向视角定量分析了近几年来四川省专利申请与授权的趋势，通过横向视角对比了四川省与全国重点省份的差异，找出制约四川省生物技术产业发展的瓶颈因素，并提供政策性建议。

3) 确定分析方法

本书对应课题组对生物技术专利文献和专利信息进行筛选、整理、加工及分析，并利用统计学方法，使之转化为可供利用的、具有总揽全局及预测功能的信息；在此基础上，为政府及企业提供有用的情报信息。概括言之，本书分析方法主要包括三种：定量分析法、定性分析法、专利地图法。

(1) 定量分析法，也叫作统计分析法。这种方法主要用于统计分析专利所包含的外部特征。具体来说，该方法就是对专利的产品名称、申请的变量分类进行计量，包括申请人的姓名、籍贯、申请人所在单位、申请的时间以及公开的时间等，也包括专利技术所归属的领域、该领域内专利申请的数量变化等特征。利用这种分析方法可以很好地分析和预测技术的发展趋势。

(2) 定性分析法，或者说是技术分析法，它是对专利的技术内容进行整理、分析、统计的方法，比如专利归属的技术领域、专利 IPC 分类号、大类小类等。这种分析方法可以探索出诸多信息，比如该技术领域的研究趋势、专利的授权状况等。

(3) 专利地图法。发明专利的申报及公开文献包含了大量的信息，通过这些信息，可以洞察到有价值的内容，用其绘制成可以理解的直观图形或表格等，这种分析方法和表现形式，被称为专利地图法。本节针对各个国家和地区、专利权人、发明人、时间、国际专利分类(IPC)等具体主题，进行分析整理后分别绘制出了各种图表，包括专利时间分布及趋势图、国家/地区分布图、专利权人时间/空间/技术分布图、专利排行榜(国家/地区、专利权人、发明人、IPC 等排行)、IPC 分析图等。

4) 制定检索策略

本节分别以总量数据和各重点分析项目数据作为检索入口，检索要素主要是专利分类号，研究对象是生物技术发明专利，检索的 IPC 号是以经济合作与发展组织相关材料为主要标准，本书对应课题组研究的数据来源也是根据专利 IPC 号所获取。经济合作与发展组织规定，生物技术领域涉及的分类号包括以下几个：

A 系列：A01H1/00，A01H4/00，A61K38/00，A61K39/00，A61K48/00。

C 系列：C02F3/34，C07G（11/00，13/00，15/00），C07K（4/00，14/00，16/00，17/00，19/00），C12M，C12N，C12P，C12Q，C12S。

G 系列：G01N27/327，G01N33/（53*，54*，55*，57*，68，74，76，78，88，92）。

为了实现对生物技术领域完整有效的专利分析，全面获取专利数据，本书课题组选用的专利数据库包括国家知识产权局专利检索（www.sipo.gov.cn）、德温特专利索引（Derwent innovation index，DII）、合享智慧 incoPat（www.incopat.com）、智慧芽（www.zhihuiya.com）四大专利库，将四个专利库中检索的专利进行汇总、比对、剔重，得到本书研究的专利分析对象。

5）数据完整性

本书检索的生物技术发明专利截止申请日为 2015 年 12 月 31 日，由于发明专利申请自申请日（有优先权的自优先权日）起 18 个月（主动要求提前公开的除外）才能被公开（实用新型专利比较特殊，是在其申请获得授权后方能公开），所以在统计结果中会出现 2015 年的专利申请量与授权量比实际量少的情况。这反映到本书中的年度变化趋势图中，会出现 2015 年下降的趋势。鉴于 2015 年数据的不完整性，故不能完全代表 2015 年真正的申请趋势。另外，由于本节使用的数据来源于不同的数据库，所以在具体的专利数上可能会有些许出入，但不影响整体的趋势及相对的变量分析；各种专利检索数据库会进行不定时的更新，本书检索截止日期为 2016 年 2 月 1 日，因此本节所检索到的专利条数可能会与今后检索到的实际条数略有出入，在此特加以说明。

4.3 全球生物技术知识产权布局现状分析

4.3.1 全球生物技术发明专利申请总体状况

如图 4-1 所示，是 2010～2015 年全球生物技术发明专利申请状况。2010～2015 年，全球各国和地区受理的生物技术发明专利申请量共计 409809 件，较前一个 5 年增长近 10 万件。2013 年以前申请趋势较为平稳，有轻微的下滑趋势。其中，2010 年世界各国和地区受理的生物技术发明专利申请量为 93639 件，2011 年为 90967 件，2012 年为 87513 件，2013 年为 78334 件，平均年申请量约 8.8 万件。2014 年和 2015 年两年由于数据的不完整，只有 44691 件和 14665 件，不作为参考依据。

如图 4-2 所示，是 2010～2015 年全球生物技术发明专利公开状况。2010～2015 年，全球各国和地区受理的生物技术发明专利公开量共计 409720 件，以专利公开量为依据，整体有较为明显的上升趋势。其中，2010 年世界各国和地区受理的生物技术发明专利公开量为 17755 件，2011 年为 47030 件，2012 年为 76374 件，2013 年为 89197 件，2014 年为 96310 件，2015 年为 83054 件（图 4-2）。

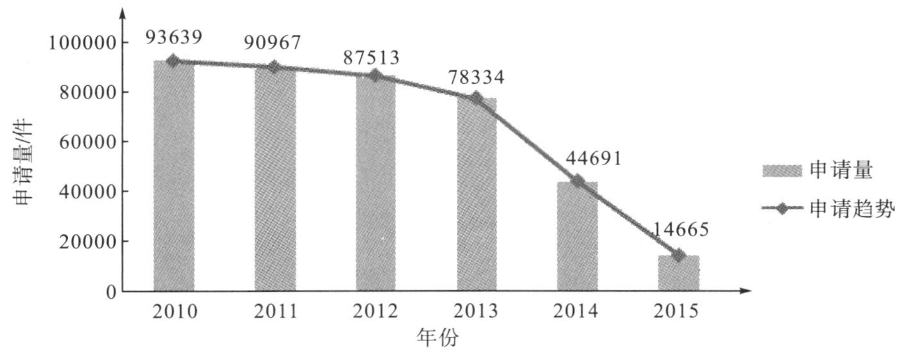

图 4-1　2010～2015 年全球生物技术发明专利申请状况

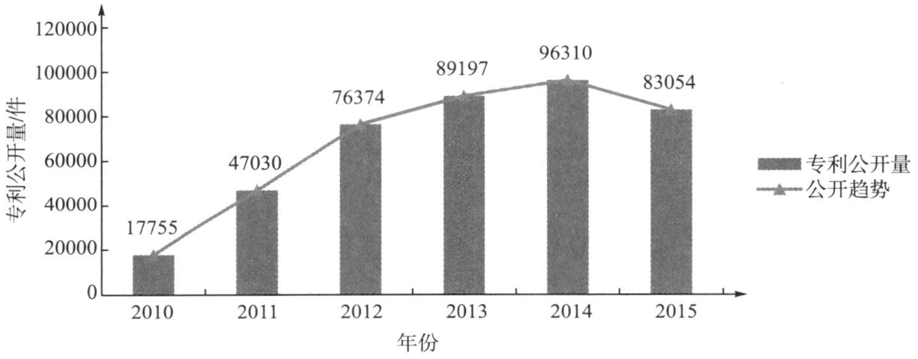

图 4-2　2010～2015 年全球生物技术发明专利公开状况

1) 全球生物技术发明专利申请所属国家分布状况

如图 4-3 所示，是 2010～2015 年全球 TOP10 生物技术发明专利各国和地区申请状况。截至 2015 年 12 月 31 日，全球各国和地区受理的生物技术发明专利申请情况中，中国申请量为 116929 件，位居第一，排名已然超过排名第二的美国(81986 件)。其他国家和地区申请量的排名依次为世界知识产权组织(53583 件)、日本(34657 件)、欧洲专利局(30987 件)、韩国(24163 件)、澳大利亚(14815 件)、加拿大(12033 件)、俄罗斯(5817 件)、印度(4430 件)。

图 4-4 所示的是 2010～2015 年全球 TOP10 生物技术发明专利各国和地区授权状况。截至 2015 年 12 月 31 日，世界各国和地区受理的生物技术发明专利授权情况中，根据数量来看，中国为 2.6 万件，位居第一；美国授权 2.3 万件，排名第二；韩国 7103 件，排名第三。其他国家和地区授权量的排名依次为日本、澳大利亚、俄罗斯、欧洲专利局、西班牙、中国香港、新西兰。但是从授权数量占总申请量的比例来看，中国香港授权比达到 99.91%，排名第一；欧洲专利局授权占比 63.56%，排名第二；俄罗斯授权占比 48.68%，排名第三。而中国授权数量占比仅 22.28%，排名第七，在美国之后。可见中国的生物技术发明专利授权的水平与世界几个发达国家相比还有一定差距。

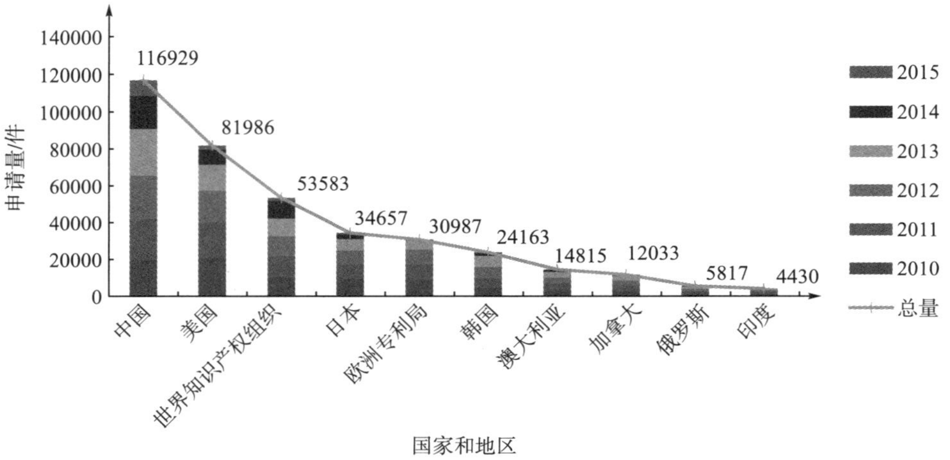

图 4-3　2010～2015 年全球 TOP10 生物技术发明专利各国和地区申请状况

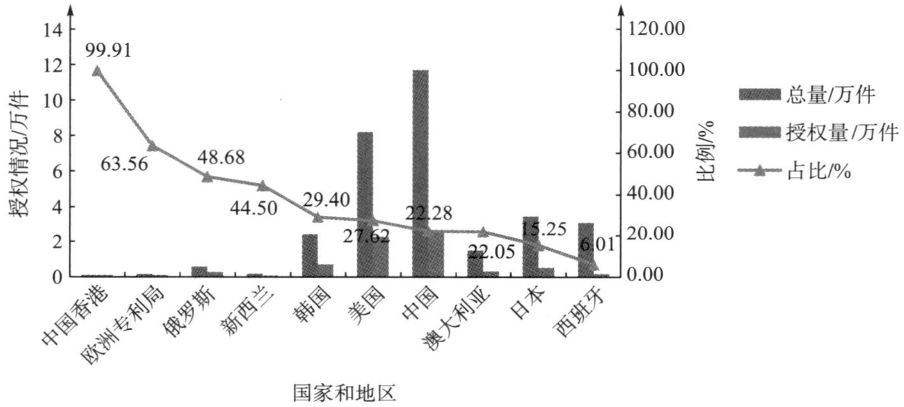

图 4-4　2010～2015 年全球 TOP10 生物技术发明专利各国和地区授权状况

2）全球生物技术发明专利申请人分布状况

表 4-1 是全球生物技术发明专利排名 TOP20 的专利申请人，数据截至到 2015 年 12 月 31 日，全球各国和地区受理的生物技术发明专利申请中，排名 TOP20 的专利申请人，中国有 4 位，占据 20%，全部为大专院校，分别是江南大学、浙江大学、中国农业大学和华中农业大学。而国外的专利申请人则主要是以企业和研究机构为主。

表 4-2 是全球生物技术发明专利排名 TOP20 的专利发明人，截至 2015 年 12 月 31 日，世界各国和地区受理的生物技术发明专利申请中，排名 TOP20 的专利发明人，中国有 9 人，占据 45%，具有绝对的优势。但从另一个角度也可以看出，我国的专利申请较为集中，全民的专利申请意识还较为薄弱。

表 4-1　全球生物技术发明专利排名 TOP20 的专利申请人

排序	申请(专利权)人	专利数	排序	申请(专利权)人	专利数
1	MONSANTO TECHNOLOGY LLC	2740	11	中国农业大学	1135
2	THE REGENTS OF THE UNIVERSITY OF CALIFORNIA	2660	12	GENENTECH，INC.	1117
3	江南大学	2008	13	PIONEER HI-BRED INTERNATIONAL，INC.	1092
4	浙江大学	1553	14	KOREA RESEARCH INSTITUTE OF BIOSCIENCE & BIOTECHNOLOGY	1008
5	NOVOZYMES A/S	1548	15	DANISCO US INC.	1006
6	F. HOFFMANN-LA ROCHE AG	1448	16	PRESIDENT & FELLOWS OF HARVARD COLLEGE	1003
7	NOVARTIS AG	1364	17	SYNGENTA PARTICIPATIONS AG	948
8	DOW AGROSCIENCES LLC	1360	18	MASSACHUSETTS INSTITUTE OF TECHNOLOGY	944
9	LIFE TECHNOLOGIES CORPORATION	1244	19	华中农业大学	926
10	CENTRE NATIONAL DE LA RECHERCHE SCIENTIFIQUE	1170	20	SNU R&DB FOUNDATION	918

表 4-2　全球生物技术发明专利排名 TOP20 的专利发明人

排序	发明人	专利数	排序	发明人	专利数
1	陈坚	488	11	NAKAMURA，YUSUKE	259
2	MEDOFF，MARSHALL	467	12	HOLLAND，GREGORY，J.	255
3	堵国成	351	13	GHAYUR，TARIQ	244
4	COLLARD，JOSEPH	344	14	许嘉森	240
5	张伟	343	15	ANDERBERG，JOSEPH	236
6	EBY，WILLIAM，H.	301	16	张杰	234
7	TSUNODA，TAKUYA	301	17	MCPHERSON，PAUL	232
8	王尔中	294	18	陈伟	231
9	王磊	287	19	NAKAMURA，KEVIN	230
10	李宁	276	20	AZIMI，MEHDI	228

3) 全球生物技术研发的热门技术领域

统计生物技术发明专利所属技术领域的分布情况，可以有效地得到全球各国目前所研究的重点，再通过与我国乃至四川省进行对比，了解之间的差异。IPC 分类号对应了不同的技术领域。图 4-5 列出了截至 2015 年 12 月 31 日，全球生物技术发明专利申请中，最热门的 20 项技术领域。

由图 4-5 可以看出，全球生物技术发明专利申请中，研究最热门的 10 项技术领域依次是：C12Q1/68(核酸)、C12N15/09(DNA 重组技术)、A61P35/00(抗肿瘤药)、G01N33/53(抗原或抗体的医用配制品，一般半抗原，一般肽)、C12N5/10(经引入外来遗传物质而修饰的细胞)、G01N33/68(涉及蛋白质、肽或氨基酸的)、A61K38/00(含肽的医药配制品）、A61K39/395（抗体；免疫球蛋白；免疫血清，例如抗淋巴细胞血清）、C12N15/82（用于植物细胞）、C12N1/20（细菌；其培养基）。

而在前几年较为热门的几项技术领域，如C12N15/63（使用载体引入外来遗传物质；载体；其宿主的使用；表达的调节）、C12N1/21（引入外来遗传物质修饰的）则排名逐渐靠后。

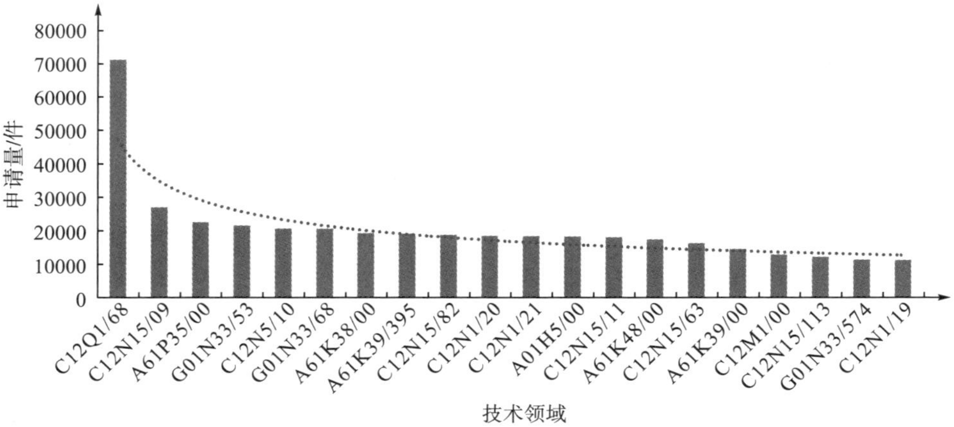

图 4-5　全球生物技术发明专利申请的最热门的 20 项技术领域

4.3.2　全球生物技术发明专利的特点

通过上述专利数据分析，作者认为近几年来全球生物技术发明专利呈现出以下几个主要特点。

(1)全球生物技术发明专利申请数量有微弱的下降趋势。2011 年，全球生物技术发明专利申请数量下降 2.85%，2012 年又相对 2011 年下降 3.8%，2013 年同比下降 10.48%，综合比较近几年的数据，基本上一直处于下降的趋势。

(2)亚太地区生物技术研发占据主导地位。2010～2015 年，在全球生物技术发明专利申请所属国中，中国均超过美国占据首位，日本紧随其后排列第三。就地区而言，中国(包括中国香港地区、中国台湾地区)、日本、韩国、澳大利亚、印度、新加坡排名在全球 TOP20，其生物技术发明专利申请总数已远远超过其他地区，亚太地区已成为世界上生物技术发明专利申请最多、创新最活跃的地区。

(3)全球生物技术发明专利申请中，中国以大专院校为主，企业与研发机构为辅。而全球其他国家和地区则是以企业和生物技术科研机构为主，大专院校为辅。

(4)(C12Q1/68)核酸是近年来生物技术领域发明专利申请的最热门领域，其申请的数量远高于其他技术领域，而且基本保持平稳态势。该领域已成为热门领域多年，值得重点关注。

4.4　我国生物技术知识产权布局现状分析

4.4.1　近年生物技术发明专利申请和授权总体状况

2010～2015 年，国家知识产权局受理的生物技术发明专利总申请量，呈现较稳定的增长态势(因 2014～2015 年数据不完整，不能代表时间趋势)，其中 2010～2014 年四年内国内发明专利申请量年均增长 9.1%，国外发明专利申请量相对稳定，近两年反而有下滑的趋势，2010～2015 年我国生物技术发明专利申请状况见图 4-6。

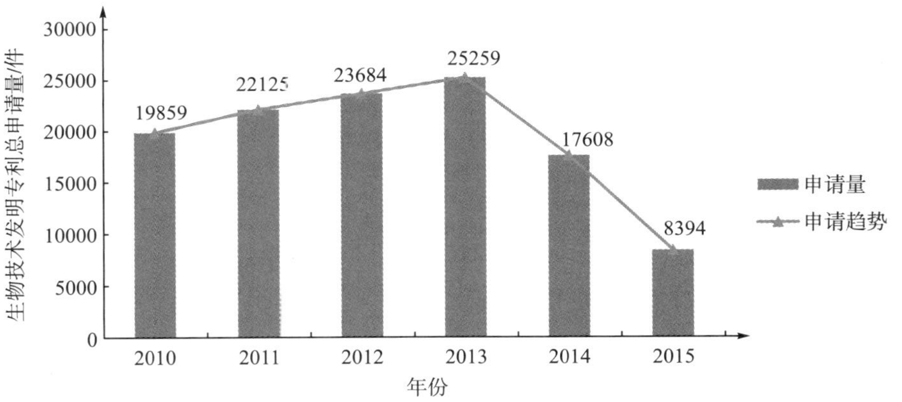

图 4-6　2010～2015 年我国生物技术发明专利申请状况

与申请趋势类似的，2010～2015 年，国家知识产权局受理的生物技术发明专利授权量总体也较为稳定，前 4 年基本未出现较大波动，2010～2015 年我国生物技术发明专利授权状况如图 4-7 所示。

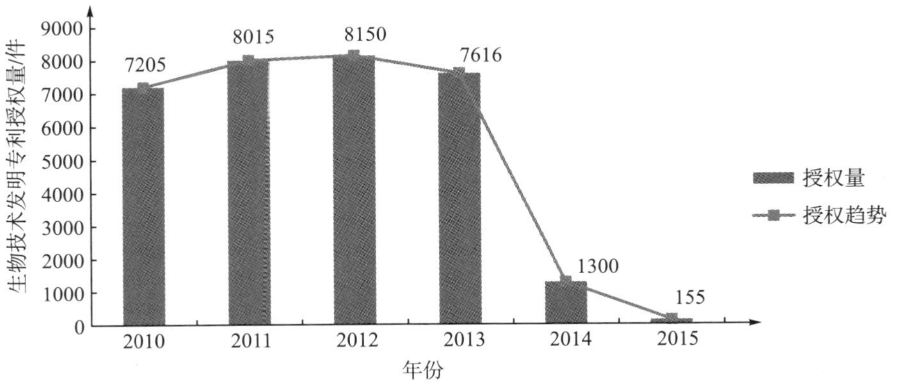

图 4-7　2010～2015 年我国生物技术发明专利授权状况

图 4-8 是 2010～2015 年我国生物技术发明专利的公开状况。从国家知识产权局受理的生物技术发明专利的公开情况来看，我国生物技术发明专利公开数量增长趋势较为显著。2010～2015 年，该数据年均增长率超过 100%。其中，2011 年较 2010 年增长近 2 倍，2012 年较 2011 年增长近 1 倍，其后增长速度有所放缓，但仍维持了较高的增长率。因本节是以生物技术发明专利的申请年为横坐标，因此公开趋势仅代表了一项专利从申请到公开存在的某种较为相关的时间关系。

图 4-9 是 2010～2015 年国内生物技术发明专利授权状态趋势。2010～2015 年，国家知识产权局受理的生物技术发明专利中，2012 年以前授权数量在逐年稳步增加，失效数

量逐年下降，审查中的数量在逐年上升。其中失效的种类主要是“视为撤回”“未交年费”“驳回”，占据失效总量的 77.6%。

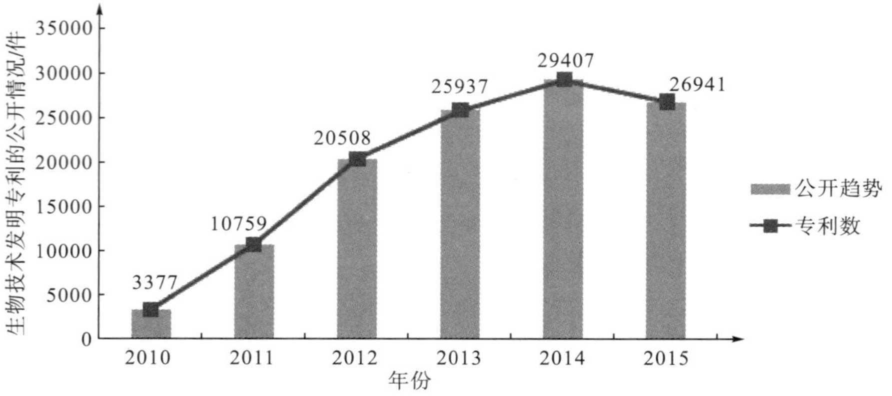

图 4-8　2010～2015 年我国生物技术发明专利的公开状况

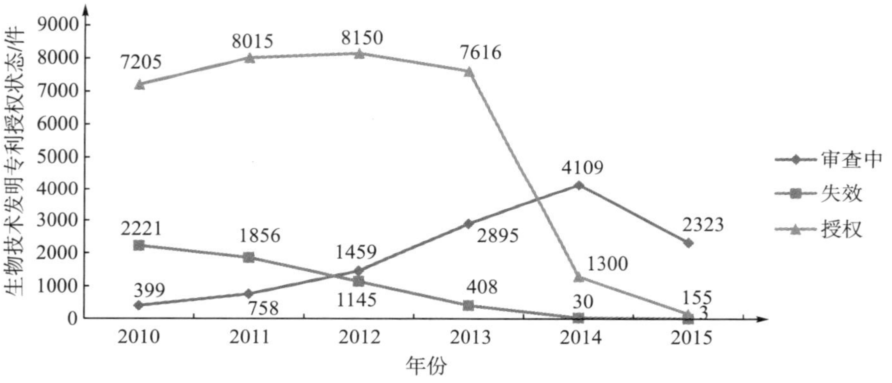

图 4-9　2010～2015 年国内生物技术发明专利授权状态趋势

图 4-10 是 2010～2015 年国内生物技术发明专利授权占比情况。从近几年的累计情况来看，截至 2015 年 12 月 31 日，国家知识产权局累计受理生物技术发明专利中，授权的发明专利比例最高，占比 64.82%；其次为审查中的发明专利，占比为 23.86%；最后为法律状态失效的发明专利，占比 11.32%。

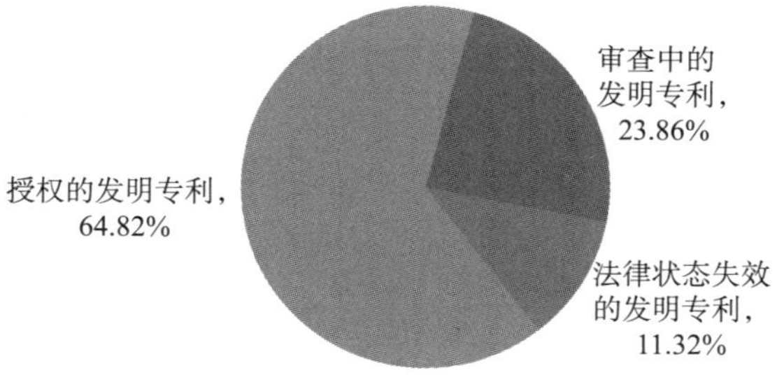

图 4-10　2010～2015 年国内生物技术发明专利授权占比情况

4.4.2 近年生物技术发明专利申请和授权的分项分析

1) 国外生物技术发明专利申请、授权所属国家分布状况

图 4-11 是 2010～2015 年国外生物技术发明专利申请占比情况。从近几年的累计情况来看，截至 2015 年 12 月 31 日，国家知识产权局累计受理生物技术发明专利申请中，国内申请占 90.3%；国外申请占 9.7%，国内发明专利申请占据主导地位。国外已有 50 个国家和地区向中国国家知识产权局递交专利申请。

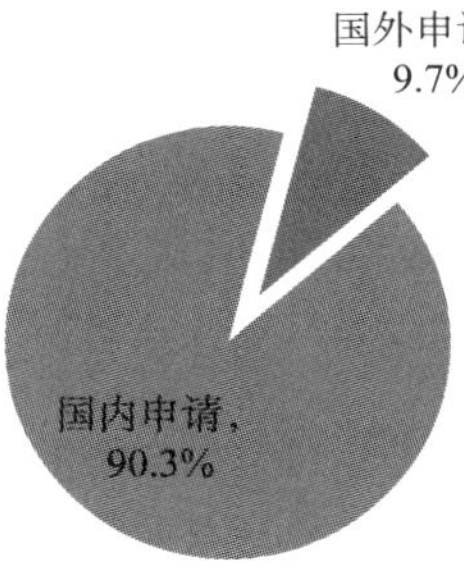

图 4-11 2010～2015 年国外生物技术发明专利申请占比情况

表 4-3 是国外生物技术发明专利申请所属国的 TOP20 情况。2010～2015 年，国家知识产权局受理的国外生物技术发明专利申请中，美国申请量为 1541 件，位居第一，其后依次是：日本(1327 件)、韩国(355 件)、德国(264 件)、瑞士(256)、法国(170 件)、英国(132 件)、荷兰(123 件)、加拿大(111 件)、丹麦(85 件)。

表 4-3 国外生物技术发明专利申请所属国的 TOP20 情况

排名	国别	申请量	排名	国别	申请量
1	美国	1541	11	瑞典	70
2	日本	1327	12	澳大利亚	64
3	韩国	355	13	新加坡	39
4	德国	264	14	意大利	37
5	瑞士	256	15	新西兰	36
6	法国	170	16	比利时	30
7	英国	132	17	芬兰	29
8	荷兰	123	18	西班牙	28
9	加拿大	111	19	挪威	25
10	丹麦	85	20	以色列	22

表 4-4 是国外生物技术发明专利授权所属国的 TOP20 情况。2010～2015 年，国家知识产权局受理的国外生物技术发明专利授权数量中，日本获得授权 704 件，位居第 1，超过了申请量排名第 1 的美国；美国获得授权 538 件，位居第 2。其后依次是：韩国(200 件)、瑞士(131 件)、德国(106 件)、法国(76 件)、荷兰(59 件)、英国(54 件)、加拿大(46 件)、丹麦(44 件)，授权专利数量排名基本与申请数量排名一致。

美国、日本生物技术发明专利申请量占国外申请总量的 59%，授权量占国外授权总量的 56.9%。欧盟国家中，生物技术发明申请和授权八成以上来自德国、瑞士、法国、英国、荷兰和丹麦。韩国近几年申请量和授权量都有明显的提高，从前几年的排名第 10 位上升到了第 3 位。

值得一提的是，国内生物技术发明专利授权占比为 66.96%，而国外授权专利占比为 44.91%，国内的授权比例远远超过国外。

表 4-4　国外生物技术发明专利授权所属国的 TOP20 情况

排名	国家	授权量	排名	国家	授权量
1	日本	704	11	瑞典	44
2	美国	538	12	意大利	26
3	韩国	200	13	澳大利亚	20
4	瑞士	131	14	比利时	19
5	德国	106	15	芬兰	15
6	法国	76	16	挪威	15
7	荷兰	59	17	西班牙	14
8	英国	54	18	新加坡	14
9	加拿大	46	19	印度	12
10	丹麦	44	20	以色列	11

2) 国内生物技术发明专利申请、授权所属地区分布情况

如图 4-12 所示，是国内生物技术发明专利申请所属地区分布。截至 2015 年 12 月 31 日，国家知识产权局受理的国内生物技术发明专利申请中，北京市(16.8%)和江苏省(13.4%)以较大优势领先于其他地区。其后依次是广东省(9.2%)、上海市(8.7%)、浙江省(7.2%)、山东省(6.9%)、湖北省(4.3%)、福建省(2.9%)、天津市(2.9%)、四川省(2.5%)和黑龙江省(2.3%)。其中，四川省近几年的生物技术发明专利申请数量在全国的占比较为平稳，基本都在 2.5%左右。

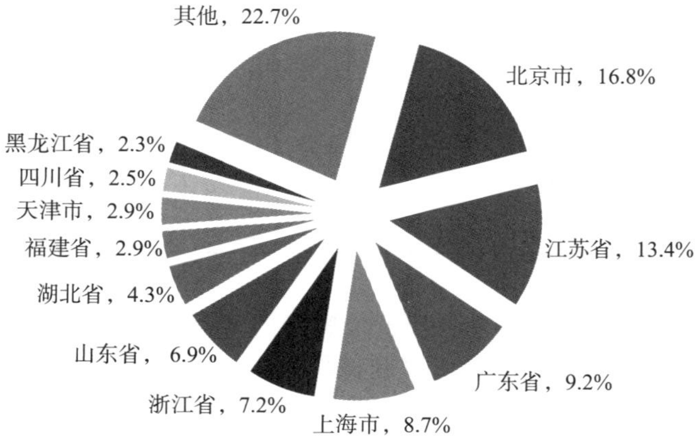

图 4-12　国内生物技术发明专利申请所属地区分布情况

注：小计数字的和不等于总计数字，是因为有些数据进行过舍入修约。

如图 4-13 所示，是国内生物技术发明专利授权所属地区分布情况。截至 2015 年 12 月 31 日，国家知识产权局授权的国内生物技术发明专利中，北京市占 18.4%，排名第一；其后依次是江苏省(12.2%)、广东省(9.6%)、上海市(8.2%)、浙江省(7.6%)、山东省(7.2%)、湖北省(4.6%)、福建省(2.9%)、天津市(2.7%)、四川省(2.7%)和黑龙江省(2.3%)。授权情况排名基本与申请情况一致。以上地区申请量合计占国内申请总量的 77.3%，授权量占国内授权总量的 78.4%。

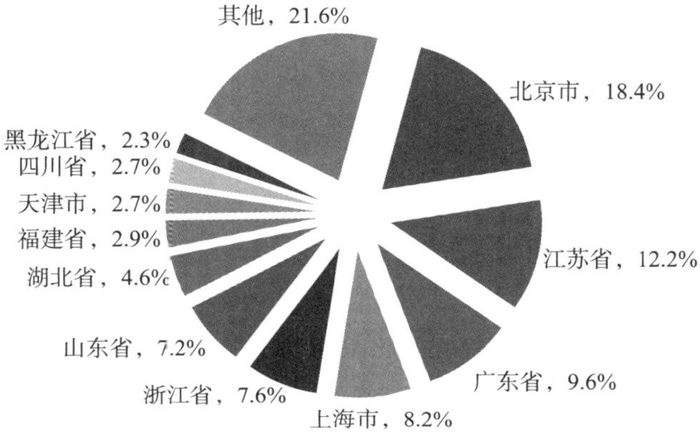

图 4-13　国内生物技术发明专利授权所属地区分布情况

注：小计数字的和不等于总计数字，是因为有些数据进行过舍入修约。

为了更好地反映我国生物技术发明专利申请与授权的区域分布以及发明专利的申请质量，本节将国内生物技术发明专利申请和授权 TOP11 位省市情况对比列于表 4-5。从表 4-5，可以看出以下几点：第一，北京市、广东省、浙江省、山东省、湖北省以及四川省几个省市的申请质量较高，其发明专利授权的比重超过了发明专利申请的比重；第二，发明专利申请排名与发明专利授权排名没有差异；第三，发明专利申请和授权的区域集中于我国中东部发达省市，尤其是北京市、江苏省、广东省和上海市四省(市)，申请比重之和占了全国的 48.1%，授权比重之和占了全国的 48.4%；第四，四川省虽地处西部，但发明专利申请和授权均排名全国第 10 位，可见四川省在生物技术领域的知识产权创造取得了较为显著的成绩，领先于西部其他各省(市、区)，但与北京市、江苏省等省市相比仍有一定差距。

表 4-5　国内生物技术发明专利申请和授权 TOP11 位省市情况对比

地区	申请量占全国比例/%	申请量排名	授权量占全国比例/%	授权量排名	授权占比提升/%
北京市	16.8	1	18.4	1	1.5
江苏省	13.4	2	12.2	2	-1.3
广东省	9.2	3	9.6	3	0.4
上海市	8.7	4	8.2	4	-0.5
浙江省	7.2	5	7.6	5	0.4
山东省	6.9	6	7.2	6	0.3

续表

地区	申请量占全国比例/%	申请量排名	授权量占全国比例/%	授权量排名	授权占比提升/%
湖北省	4.3	7	4.6	7	0.2
福建省	2.9	8	2.9	8	0.0
天津市	2.9	9	2.7	9	-0.2
四川省	2.5	10	2.7	10	0.2
黑龙江省	2.3	11	2.3	11	0.0

3)生物技术发明专利申请人类型分布状况

表 4-6 是生物技术发明专利排名 TOP10 的国内外专利申请人情况。截至 2015 年 12 月 31 日，我国生物技术发明专利排名 TOP10 的国内专利申请人，全部为大专院校，不难看出大专院校是我国申请生物技术发明专利最为集中的单位。而国外专利申请人则主要是以企业为主。

表 4-6 生物技术发明专利排名 TOP10 的国内外专利申请人情况

排名	国内		国外	
	申请人	专利数	申请人	专利数
1	江南大学	826	MONSANTO TECHNOLOGY LLC	2740
2	浙江大学	765	THE REGENTS OF THE UNIVERSITY OF CALIFORNIA	2660
3	中国农业大学	610	NOVOZYMES A/S	1548
4	华中农业大学	510	F. HOFFMANN-LA ROCHE AG	1448
5	南京农业大学	484	NOVARTIS AG	1364
6	上海交通大学	371	DOW AGROSCIENCES LLC	1360
7	浙江工业大学	294	LIFE TECHNOLOGIES CORPORATION	1244
8	江苏省农业科学院	278	CENTRE NATIONAL DE LA RECHERCHE SCIENTIFIQUE	1170
9	华南农业大学	277	GENENTECH，INC.	1117
10	南京工业大学	266	PIONEER HI-BRED INTERNATIONAL，INC.	1092

4)国内外生物技术研发的技术领域分布

本节根据 IPC 国际专利分类号，区分国内与国外在我国申请的发明专利的情况。通过观察国内外申请生物技术发明专利在技术领域上的分布情况，进而看出生物技术知识产权申请在布局上的异同，确定特定技术领域国内外的竞争程度。表 4-7 列出我国生物技术发明专利申请 TOP10 的特定领域。根据 IPC 分类号的大类、小类进行了区分排名。

国内生物技术发明专利申请排名前十位的领域依次是：C12N15/11(DNA 或 RNA 片段)、A01H4/00(通过组织培养技术的植物再生)、C12Q1/68(核酸)、C02F3/34(以利用微生物为特征的)、G01N33/68(涉及蛋白质、肽或氨基酸的)、C12N15/10(分离、制备或纯化 DNA 或 RNA 的方法)、C12N15/62(编码融合蛋白质的 DNA 序列)、C12N1/15(引入外来遗传物质修饰的)、C12N15/12(编码动物蛋白质的基因)、C12N15/70(专门适用于大肠杆菌的载体或表达系统)。可以看出，将我国申请的TOP10与国外申请的TOP10做比较，虽然按IPC分类号大类和小类来说差异不大，但主分类号上只有两项技术是一致的。因此可以得出结论，国家知识产权局受理的生物技术发明专利所关注的技术领域与国外所关注领域差异较大，如表4-7所示。

表4-7　我国生物技术发明专利申请TOP10的特定领域

排名	大类	数量	小类	数量	IPC主分类号	数量
1	C12	30056	C12N	17792	C12N15/11	4635
2	G01	6364	G01N	6358	A01H4/00	3615
3	A01	4875	A01H	3957	C12Q1/68	2092
4	A61	3278	C12Q	3581	C02F3/34	1769
5	C02	2191	C12R	3483	G01N33/68	1229
6	C07	1717	C12P	3170	C12N15/10	1079
7	A23	288	C02F	2191	C12N15/62	1013
8	C08	274	C12M	1948	C12N1/15	890
9	B01	140	A61K	1716	C12N15/12	886
10	A62	121	C07K	1419	C12N15/70	855

4.4.3　我国生物技术发明专利申请和授权的特点

(1)与外国在我国申请的生物技术发明专利相比，我国自己的生物技术发明专利申请、授权数量均明显占优，且呈稳步增长趋势。2010～2015年，国内生物技术申请、授权数量远远超过国外，并且国内申请、授权所占比例继续保持扩大趋势，占据90%以上。这表明我国生物技术研发整体水平已经达到一定高度，具有自主知识产权的创新成果的积累不断增加，社会公众的知识产权意识较强，在某种程度上看较为有效地抵御了外国在我国建立生物技术“专利池”的意图，为我国相关生物技术发明专利充分发挥作用打下了良好基础。

(2)从申请国别来看，除我国外，亚太地区，尤其是亚洲地区在我国申请和授权的生物技术发明专利逐渐占据主导地位。2010～2015年，在国外生物技术发明专利申请所属国中，虽然美国仍然占据首位，但日本紧随其后，差距逐渐缩小，再加上韩国、新加坡与印度等国，亚太地区生物技术研发已超过欧盟地区。在国外生物技术发明专利授权所属国中，日本已经远远超过美国，位居首位；而韩国也以相当大的比重占据第3位。这一方面表示我国与周边国家的交流日益频繁，我国巨大的市场空间已受到周边国家的高度重视；另一方面也代表世界生物技术的研发重心正在转向亚太地区。

(3)从国内申请和授权的区域部分来看，国内生物技术发明专利申请与授权所属地区仍较为集中，但中西部省份呈现较快发展势头。北京市、江苏省和上海市依然是我国生物技术发明专利申请与授权的集中地区，一度占比接近40%，尤其是北京市连续五年超过上海市居首位。但同时也应当看到，以黑龙江省、四川省为代表的省份近些年的发展势头较快。四川省位居生物技术发明专利申请和授权的第10位，超过了一些经济相对发达的中东部省市；而且四川省生物技术专利(含发明专利、新型实用和外观设计)申请的年增长率也保持在全国年平均增长率之上。

(4) 国内生物技术发明专利申请与授权以大专院校为主，国外则以企业为主。在生物技术发明专利排名 TOP10 的国内专利申请人中，全部为大专院校，其申请数量也接近 40%。国外则是以企业为主，在生物技术发明专利排名 TOP10 的国外专利申请人中，企业占 100%，说明国外的大专院校、科研机构在别国（尤其是像我国这样的发展中国家）申请专利还很少。

(5) 国内外生物技术研发热点有差异。我国申请的 TOP10 与国外申请的 TOP10 做比较，虽然按 IPC 分类号大类和小类来说差异不大，但主分类号上只有两项技术是一致的。因此可以得出结论，国家知识产权局受理的生物技术发明专利所关注的技术领域与国外所关注的领域还是存在较大差异。

4.5　四川省生物技术知识产权布局现状分析

“专利布局”这一名词越来越多地被相关人员所提及，但迄今少有文献对其进行系统阐述。正如上文所指出的，一般来讲，专利布局也分为产业层面和企业层面。

(1) 产业层面的布局是指对发明专利申请的数量、申请的领域、申请覆盖的区域和申请覆盖的年限等进行总体布局的行为。国内很多学者做了产业专利布局方面的研究，例如于丽艳和毕克新 (2009) 在使用国际专利分类法对我国专利在全部知识领域的布局进行研究时发现，可以通过专利申请数量、质量、申请成功率、发展潜力、国内实力来全面考察专利布局特征。鉴于此，本章在探究四川省生物技术发明专利布局时，根据研究目的，主要使用专利的申请和授权数量、技术领域、申请人、地区分布等几个维度来说明四川省的生物技术的专利布局现状，数据来源于国家知识产权局专利库。

(2) 企业层面的专利布局是指对企业某一技术主题的专利申请进行系统筹划，以形成有效排列组合的精细布局行为。它考虑的是就某一技术主题如何布置专利申请以及企业的整体专利战略。专利运营考察的主要对象是企业，专利运营的内容既包括企业如何最经济地获得和使用专利，又包括企业如何使已经拥有的专利获得最大经济效益。由于目前关于专利运营的数据相对缺乏，本书对应课题组采取走访企业、发放调查问卷等方式来获取相关信息和数据。

4.5.1　四川省生物技术发明专利布局态势分析

1) 四川省生物技术专利申请、授权总体情况分析

2010～2015 年，国家知识产权局受理的四川省生物技术专利申请量总体呈现较为稳定的增长趋势，六年共计申请专利 2845 件，其中 2010～2013 四年间平均增长率达到 29.4%，远远超过国内的年平均增长率。2010～2015 年，四川省生物技术发明专利授权总量 1553 件，与申请量的趋势较为接近。2010～2015 年，四川省生物技术专利申请状况具体见图 4-14。

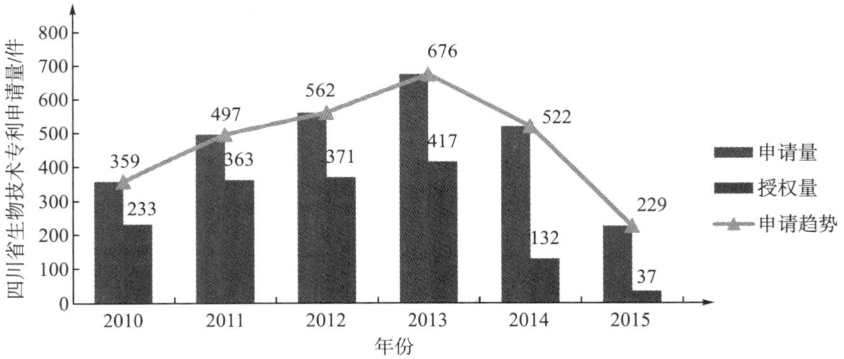

图 4-14　2010～2015 年四川省生物技术专利申请状况

从法律状态上看，2010～2015 年，国家知识产权局受理的四川省生物技术专利中，授权专利 1553 件，占比 55%；失效的专利为 443 件，占比 15%；审查中的专利 849 件，占比 30%，2010～2015 年四川省生物技术专利总体授权状况如图 4-15 所示。

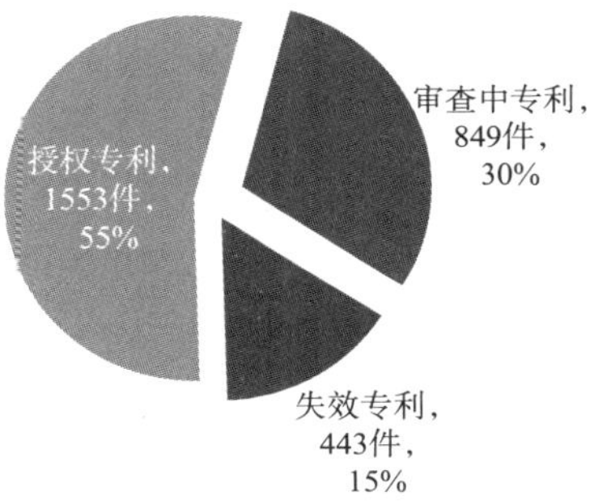

图 4-15　2010～2015 年四川省生物技术专利总体授权状况

从时间序列上看，近几年四川省的生物技术发明专利的授权量与审查中的数量都在逐年递增，这与申请时间有相当大的关系。而失效的数量前三年基本较为平稳，失效专利中主要失效原因为视为撤回、未交年费和驳回三种，2010～2015 年四川省生物技术专利授权状况时间序列如图 4-16 所示。

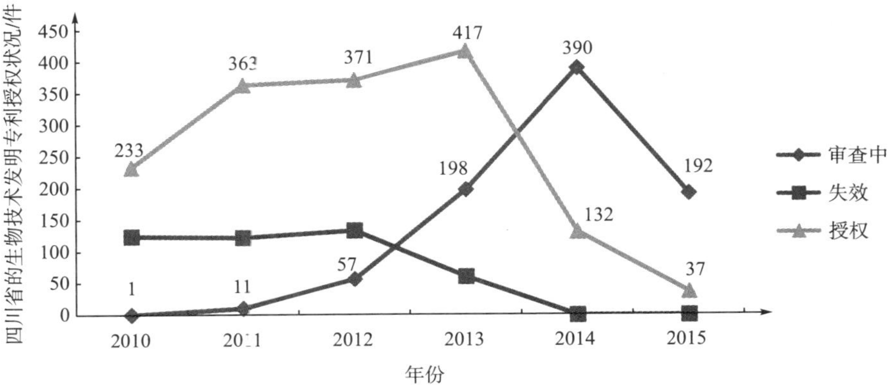

图 4-16　2010～2015 年四川省生物技术专利授权状况时间序列

图 4-17 是 2010～2015 年四川省生物技术专利实用新型占比时间序列。2010～2015 年，国家知识产权局受理的四川省生物技术专利申请中，实用新型专利共计申请 446 件，占比 15.7%。从近几年的趋势来看，基本上实用新型专利的占比在 15%左右，变化不大。而全国实用新型专利申请占比仅为 2.6%，四川省实用新型的申请占比明显高于全国平均水平。

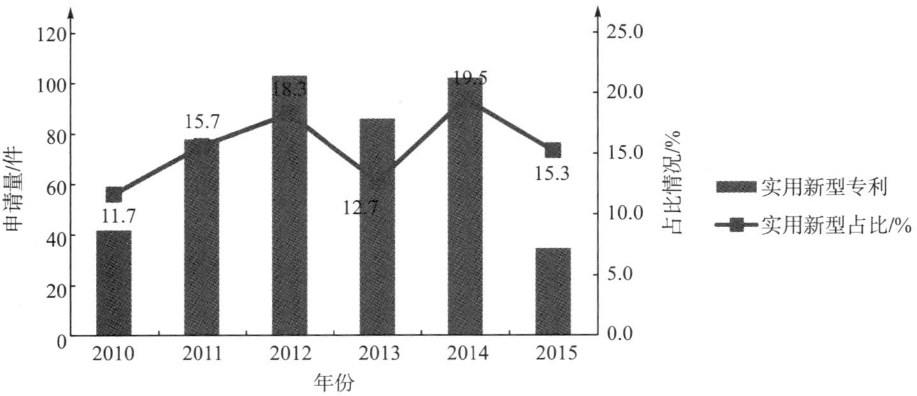

图 4-17　2010～2015 年四川省生物技术专利实用新型占比时间序列

2）四川省生物技术发明专利申请、授权所属地区分布状况

截至 2015 年 12 月 31 日，在国家知识产权局受理的四川省生物技术发明专利申请中，成都市的总申请量达到 5157 件，占据 75.8%，是四川省最主要的申请地区。雅安市占 9.1%，位居第二；绵阳市占 2.8%，德阳市占 1.9%，接下来依次为泸州市（1.6%）、宜宾市（1.5%）和巴中市（1.0%），四川省生物技术发明专利申请所属地市分布情况如图 4-18 所示。

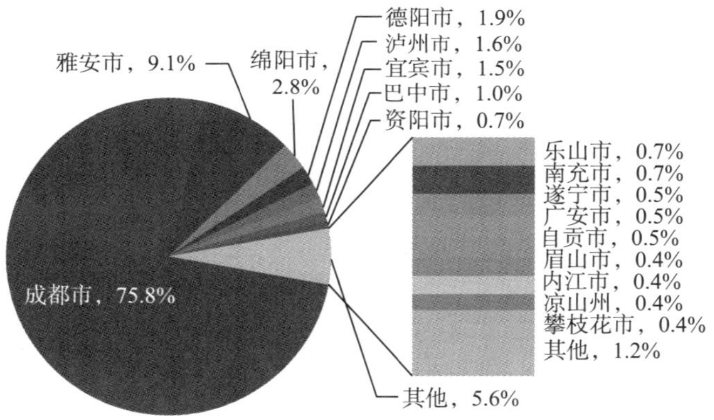

图 4-18　四川省生物技术发明专利申请所属地市分布情况

注：小计数字的和不等于总计数字，是因为有些数据进行过舍入修约。

图 4-19 是四川省生物技术发明专利授权所属地市分布情况。截至 2015 年 12 月 31 日，在国家知识产权局授权的四川省生物技术发明专利中，成都市为 1220 件，占据 78.6%，排名第一，占据绝大多数。雅安市为 130 件，占比 8.4%，位居第二。接下来依次为绵阳市（1.9%）、德阳市（1.5%），巴中市和宜宾市各占 1.4%，泸州市占比 1.2%，资阳市占比 1.0%，

其余各市授权数量较少，均占比不超过 1%。从上述数据中可以看出：第一，就四川省生物技术发明专利的区域分布而言，呈现出过度集中、区域发展不平衡的态势，成都市及雅安市占据全省授权发明专利的接近九成。第二，雅安市的生物技术发明专利授权量排名第二，且远远高于四川省的其他二级城市(与四川农业大学的工作密不可分)，这也从一个方面说明大专院校、科研院所在发明专利布局上发挥的重要作用，今后如何加强和发挥四川省其他拥有生物技术专业的大专院校在发明专利申请和布局上的作用，是一个值得关注的问题。第三，四川省不少二级城市都将发展生物技术产业或生物制药产业作为城市的主导产业，但这些城市所获得的生物技术发明专利却寥寥无几，这种状况实质上是从源头上影响了生物技术产业的发展，必须引起相关城市经济主管部门的高度重视，尤其是四川省的泸州市、自贡市、绵阳市、宜宾市等城市，都有与生物技术密切相关的大专院校、大型企业，但在生物技术发明专利申请和布局上，显然还有很大的潜力可挖。

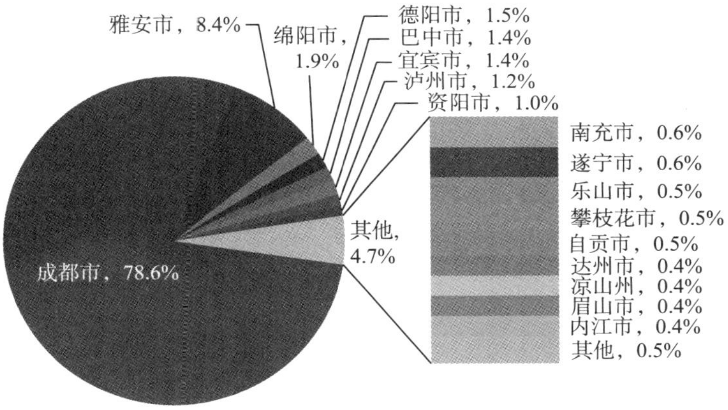

图 4-19　四川省生物技术发明专利授权所属地市分布情况

注：小计数字的和不等于总计数字，是因为有些数据进行过舍入修约。

图 4-20 是四川省各市实用新型专利占总申请量比例。从实用新型占总申请量的角度考虑，截至 2015 年 12 月 31 日，在国家知识产权局受理的四川省生物技术实用新型专利中，考察专利申请量排前 15 位的地市，巴中市占 0.0%(比例最低)；成都市占 15.9%，基本上与四川省平均水平持平，但已较大幅度超过了全国平均水平；而其余大多数地市实用新型的比例都远远超过全国的平均水平。从上述数据不难看出，除巴中市、雅安市、绵阳市、泸州市外，四川省各城市(地区)在生物技术领域里的实用新型专利申请量都严重偏高，与国内外的发展趋势极不吻合，尤其是眉山市、自贡市、遂宁市等城市，实用新型专利占总申请量的比例超过 30%，值得这些城市的经济管理部门和知识产权管理部门深思，必须采取相应的引导和扶持政策，鼓励企业加大对生物技术的研发力度，调动企业、大专院校、科研院所申请发明专利的积极性，通过大幅度增加发明专利的申请来降低实用新型专利申请所占的比重，快速与国际和国内的发展趋势相吻合。即便是对成都市而言，也应进一步大幅度提高发明专利的申请比重，将实用新型专利的申请比例控制在全国平均水平之下(要么增加发明专利的申请数量，要么降低实用新型的申请数量，或两者同时进行)。

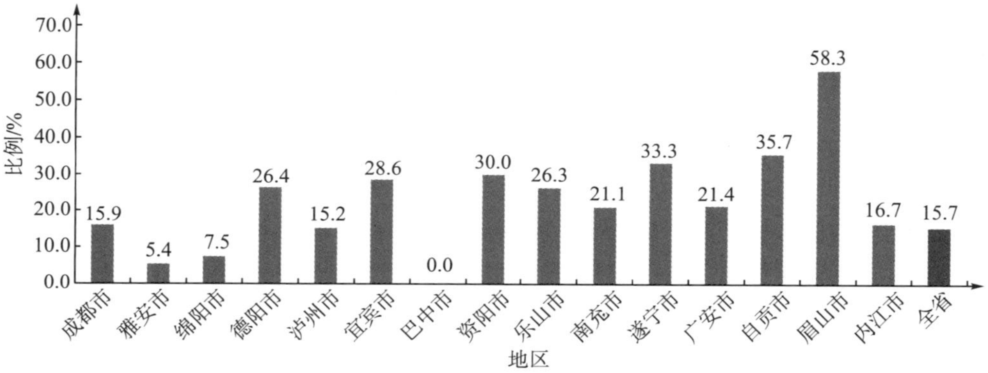

图 4-20　四川省各市实用新型专利占总申请量比例

3) 四川省生物技术发明专利申请人类型分布状况

截至 2015 年 12 月 31 日，在国家知识产权局受理的四川省生物技术发明专利申请中，大专院校申请 1181 件，占 41.5%；企业申请 1042 件，占 36.6%；科研单位申请 373 件，占 13.1%；个人申请 224 件，占据 7.9%；机关团体只占 0.9%。四川省生物技术发明专利主要是以大专院校和企业为主，两者之和占近 8 成，个人申请的比例则远高于全国平均水平。从发明专利申请的角度也可看出，四川省生物技术企业距离成为真正的技术创新主体还有一段较大的差距，鼓励和扶持生物技术企业加大研发投入强度，提高自主创新能力，仍然有许多工作要做，尤其是加强四川省企业与大专院校、科研院所开展协同创新，专家型公司与生物制药企业开展接力创新，可能是四川省迅速提高生物技术企业自主创新能力的一个主要途径。四川省生物技术发明专利申请人类型分布情况见图 4-21。

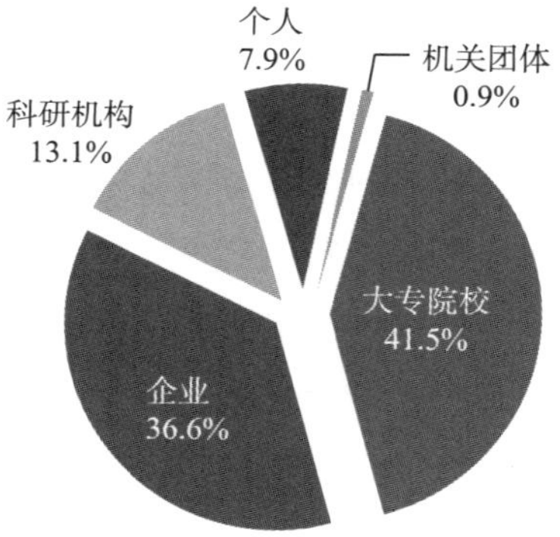

图 4-21　四川省生物技术发明专利申请人类型分布情况

表 4-8 是截至 2015 年 12 月 31 日，四川省生物技术发明专利排名 TOP10 的专利申请人所在区域。在 TOP10 的四川省专利申请人中，大专院校有六家(其中，四川大学华西医院归类为大专院校)，企业两家，研究所两家。从表 4-8 还可以看出，与生物技术密切相关的泸州医学院、川北医学院等大专院校和一些科研机构未进入 TOP10；大型制药企业的发明专利申请也不多，或影响其发展后劲。

表 4-8　四川省生物技术发明专利排名 TOP10 的专利申请人

排名	申请人	数量/件	所在城市
1	四川农业大学	558	雅安市
2	四川大学	248	成都市
3	中国科学院成都生物研究所	144	成都市
4	农业部沼气科学研究所	69	成都市
5	成都大学	46	成都市
6	四川大学华西医院	38	成都市
7	通威股份有限公司	35	成都市
8	成都中医药大学	34	成都市
9	西南民族大学	32	成都市
10	成都领御生物技术有限公司	30	成都市

前已谈到，2010～2015 年，国家知识产权局受理的四川省生物技术发明专利申请量为 2845 件。从表 4-8 可见，排名前三位的四川农业大学、四川大学和中国科学院成都生物研究所的申请总量为 950 件，占申请总量的 33.4%，而且与排名其后的申请者在数量上差距悬殊。出现这种状况的原因，到底是政策引导与扶持不力，还是单位自身的技术创新能力薄弱，亦或是四川省其他各企事业单位对生物技术发明专利的申请重视程度不够，单从数据上还难以得出结论，值得认真思考、实际调研和进一步分析研究。

表 4-9 是截止 2015 年 12 月 31 日，四川省生物技术发明专利排名 TOP20 的专利发明人。其中，程安春专利申请数 52 件，排名第一；郑爱萍申请数 34 件，排名第二，两人均就职于四川农业大学。

表 4-9　四川省生物技术发明专利排名 TOP20 的专利发明人

排名	专利发明人	数量/件	排名	专利发明人	数量/件
1	程安春	52	11	赵海	20
2	郑爱萍	34	12	魏于全	19
3	朱天辉	31	13	陈华	18
4	王跃华	29	14	侯文礼	17
5	马义才	24	15	张铁耀	17
6	文心田	24	16	唐卓	16
7	吴中柳	23	17	陆华	15
8	徐宏军	21	18	马建华	15
9	陈之平	20	19	唐勇	15
10	邓茂林	20	20	闫志英	15

4）四川省生物技术研发的技术领域分布

通过对比四川省与全国所关注的重点技术领域，可以考察四川省与全国其他地区在技术领域内的布局情况，确定特定技术领域的竞争程度。表 4-10 列出截至 2015 年 12 月 31 日，四川省生物技术发明专利申请数量排名 TOP10 的特定领域。

表 4-10　四川省生物技术发明专利申请排名 TOP10 的特定领域

排名	大类	数量	小类	数量	IPC 主分类号	数量
1	C12	1838	C12N	725	C12Q1/68	182
2	A01	276	C12M	441	A01H4/00	163
3	G01	239	C12R	252	C12M1/107	156
4	A61	169	G01N	239	C12N15/11	104
5	C02	125	C12Q	228	C02F3/34	75
6	C07	74	A01H	180	C12N15/10	71
7	A23	26	C12P	174	C12M1/00	68
8	C08	22	C02F	125	C12M1/38	57
9	B01	9	A61K	79	C12N15/12	46
10	C05	9	A61P	79	C12N15/70	44

四川省生物技术发明专利申请排名前十位的领域依次是：C12Q1/68（核酸）、A01H4/00（通过组织培养技术的植物再生）、C12M1/107（用收集发酵气体）、C12N15/11（DNA 或 RNA 片段）、C02F3/34（以利用微生物为特征的）、C12N15/10（分离、制备或纯化 DNA 或 RNA 的方法）、C12M1/00（酶学或微生物学装置）、C12M1/38（温度反应性控制）、C12N15/12（编码动物蛋白质的基因）、C12N15/70（专门适用于大肠杆菌的载体或表达系统）。将四川省申请的 TOP10 热门技术与全国申请的 TOP10 做比较，可以看出，按 IPC 分类号大类和小类来区分，总体差异不大，在主分类号上只有 7 项技术是一致的。其中，国内排名前十的 G01N33/68（涉及蛋白质、肽或氨基酸的）、C12N15/62（编码融合蛋白质的 DNA 序列）、C12N1/15（引入外来遗传物质修饰的）领域，未在四川省 TOP10 领域中。

4.5.2　四川省生物技术专利布局存在的主要问题

(1) 四川省生物技术发明专利总体布局存在的主要问题。虽然四川省生物技术专利总体布局在近年来有了较大进步，发明专利申请量、授权量稳步增长，且增长速度均超过全国平均水平，但仍然存在一些问题。首先，就全省生物技术专利申请和授权的绝对数量而言，截至 2015 年 12 月 31 日，四川省生物技术专利申请和授权量分别占全国的 2.5%和 2.7%，不仅落后于北京市、江苏省、广东省等先进省市；与浙江省（分别为 7.2%和 7.6%）、山东省（6.9%和 7.2%）等省份相比，也有较大差距。这说明在激励生物技术创新、鼓励专利申请上，四川省还有较大潜力尚待挖掘。其次，就全省生物技术专利类型布局而言，四川省生物技术专利中实用新型专利的比例严重偏高，发明专利的比例明显不足，说明四川省生物技术专利质量有待提高，类型布局有待进一步优化。

(2) 四川省生物技术专利区域布局存在的主要问题。①正如前文分析指出，从区域布局的数量上看，四川省生物技术专利高度集中，区域发展极不平衡。除成都市、雅安市外的四川省其他较大城市(如泸州市、自贡市、绵阳市、宜宾市等)，未能达到与自身经济发展实力相当的专利申请量，尚有很大潜力有待挖掘。②从区域分布的质量上看，即使是专利布局最集中的成都市，其生物技术专利中的实用新型专利的比例也远远高于全国水平；而且四川省有多个城市实用新型专利申请的比例超过了1/2以上，数倍于全国的平均水平。这一现象应引起相关部门的高度重视，尽快得以解决。可见，四川省生物技术专利的区域布局质量急待提高。③从区域布局的申请人来看，四川省的现代生物技术专利申请人以大专院校为主，企业的申请比例远远低于全国平均水平。四川农业大学作为排名第一的专利申请人，为雅安市的生物技术专利布局做出了重要贡献。同时应该看到，四川省其他多个二级城市，也都有与生物技术相关的大专院校和大型企业，但是其在生物技术专利的申请和布局方面没有发挥出自身的优势和潜力，值得这些单位及所在城市深思，采取切实措施，尽快提高这些单位申请生物技术专利，尤其是发明专利的积极性，扭转四川省生物技术专利区域分布过分集中、专利申请质量不高的局面。

(3) 四川省生物技术发明专利领域布局存在的主要问题。四川省生物技术发明专利的主要关注领域，与全国乃至全球的技术热点基本吻合。按 IPC 分类号大类和小类来区分，总体差异不大，在主分类号上与全国相比有7项技术是一致的。但是，这些热点技术领域的国际专利布局却情况堪忧。通过对四川省多家生物技术企业的访谈和问卷调查发现，即便是四川省一些在生物医药方面有较大优势的企业，其生物技术的国际专利申请量也为零，这显然难以支撑四川省生物医药产业的可持续发展。因此，应当在四川省现代生物技术的优势领域率先做好知识产权的国际布局，鼓励有实力的企业积极参与国际竞争。

4.6 关于生物技术领域知识产权布局的建议

根据前面对国内外和四川省现代生物技术的专利数据分析，针对目前四川省乃至全国现代生物技术产业知识产权布局存在的主要问题，本章认为在现阶段，做好生物技术领域的知识产权布局，要重点做好以下工作。

4.6.1 加大研发投入，完善激励机制，提高发明专利比例

前已谈到，以四川省为例，目前的专利申请中，主要集中在实用新型专利，发明专利的比例明显低于全国平均水平，这在专利类型的布局上不尽合理。实用新型专利的创造性和知识、技术含量均明显低于发明专利，而从发展战略性新兴产业的角度看，实用新型专利一般很难对现代生物技术产业的整体发展发挥关键作用。因此，要加快现代生物技术产业的发展，必须花大力气迅速提高生物技术发明专利的数量和其在全部专利中所占的比重。在本章前面部分已谈到，迅速提高生物技术发明专利在全部专利中的比重，是加快发展现代生物技术产业过程中知识产权工作的重中之重，大部分建议也已在前面叙述，这里仅从加大研发投入和完善激励机制等方面补充几点。

(1) 发明专利的创造是一项需要进行长期、持续资金投入的工作，而研发现代生物技术需要的资金相对于其他技术会更加巨大。因此，要创造出更多的发明专利，必须加大研发投入。由于生物技术研发的资金需求量大，风险也高，因此从地方经济和产业发展的角

度看，仅靠企业加大研发投入是不够的。从先进国家的经验来看，可通过以下三个途径来满足生物技术研发投入的资金需求。首先，生物技术企业要不断增加研发投入资金，不断提高 R&D 经费占销售收入的比重。我国一些大型制药企业的 R&D 经费投入严重不足，新技术、新工艺、新产品主要通过委托开发或外购来实现，作者认为要逐步扭转这一情况。其次，需要各级地方政府进一步加大财政科技投入，对生物技术的研发和中试进行持续不断的投入；同时增加对生物技术中的基础性技术、共性技术的投入，为企业的产品开发提供支撑。最后，还可以积极吸引风险投资、天使基金等社会资金参与现代生物技术的研发投入。

(2)加大对科研人员的激励力度，激发他们的创造力。在这方面，可探索以下途径：首先，地方政府和企业均可考虑较大幅度地提高发明专利的奖励金额，拉开其与实用新型、外观设计专利奖励之间的差距；其次，企业可考虑将发明专利进行评估作价后，对创造发明专利的相关人员按贡献大小分配一定数额的技术股份，参与企业或项目的长期分红，若企业用该专利进行运营，相关人员可按技术股份在运营资产中的比例分享其收入，甚至在这些人员离开企业时，企业采用现金形式进行回购。通过上述措施，可通过物质激励在一定程度上激发研发人员的积极性，促进各省(市、自治区)，尤其是企业层面发明专利的快速增长，改变我国发明专利在全部专利中的占比、企业发明专利申请人在发明专利申请人类型中的占比全国平均水平较低的状况。

4.6.2 尽快扭转专利区域布局不合理的格局——以四川省为例

就目前的专利数据分析来看，四川省现代生物技术产业的专利区域布局高度集中，专利区域布局急待进一步优化。这种高度集中的布局一方面反映出成都市在四川省现代生物技术产业发展中占据明显优势；另一方面，也凸显出四川省除雅安外的其他城市在现代生物技术的知识产权布局上还相当薄弱。这种状况既与四川省作为生物资源大省的实际情况不相符合，不利于四川省现代生物技术产业的健康、快速发展；也不符合产业梯度发展的客观规律。为迅速扭转四川省现代生物技术专利区域布局，尤其是发明专利区域布局的不合理状况，应针对四川省各地市的具体情况，采取相应的对策措施，特建议如下。

(1)成都市虽然在生物技术专利的申请量上表现突出，但其发明专利的比例明显低于全国平均水平，这显然与成都市生物技术创新资源较为丰富的实际情况极不相符(根据成都市多年的统计数据不难发现，发明专利占比不高的情况在各个领域均表现较为明显)。因此，成都市要将生物技术专利布局的重点(包括其他技术领域)迅速转向发明专利，建议成都市在给各区市县下达知识产权指标时，更加注重对发明专利申请和授权的考核，同时继续拉开发明专利与其他专利奖励的差距。

(2)雅安市的生物技术发明专利申请和授权在全省各地市中的比重均远高于除成都市的其他地市，而且实用新型专利占总申请量的比例仅为 5.4%，这种高质量的专利申请现象值得认真总结和推广，可能不单单是因为四川农业大学地处雅安市的问题。雅安市下一步的工作重点可放在如何发挥技术研发和发明专利上的优势，构建核心专利与外围专利协同配合的“专利池”，大力开展专利运营，积极吸引外来投资，将生物技术发明专利迅速转化为生物农业、生物制药等领域的商业化产品，迅速地将雅安市的现代生物技术产业做出特色。

(3)一些地市，如乐山市、宜宾市、自贡市等，要采取切实可行的措施，将生物技术发明专利的申请和布局作为知识产权管理部门的一项重要任务(无论这些城市当前是否把现代生物技术产业作为主导产业来发展，此点都十分重要，因为随着产业结构的升级，现代生物技术产业都将会成为绝大多数大中城市产业结构中的重要组成部分和发展方向之一)，扭转“重数量、轻质量”的意识，尽快对所在地市有能力申报生物技术发明专利的单位(包括大中型生物技术企业、有生物技术专业或研究方向的大专院校、科研院所等)进行重点梳理，开展座谈，针对各自的实际情况制定相应的引导和激励措施，调动相关单位申报生物技术发明专利的积极性，迅速摆脱生物技术发明专利占比过小的尴尬境地。

(4)绵阳市、泸州市等地市，则要学习雅安市的经验，高度重视大专院校在生物技术发明专利创造中的作用，为这些大专院校提供各类地方经济发展中的信息，着力推进大专院校与地方生物技术企业的合作与创新，鼓励他们为地方经济发展多做贡献，为他们进行知识产权申请和保护做好服务工作。

(5)四川省其他一些生物技术创新资源相对匮乏的地市，可充分发挥生物资源丰富和多样性的优势，在招商引资中注重创新资源的增量调节，将具有技术创新实力的生物技术企业作为招商引资的重点之一，尤其是其中的中小型科技企业(招商引资工作相对容易，招商代价小)，以增强这些地市在生物技术领域的技术研发和创新能力。同时，要尽量避免在新一轮产业梯度转移过程中可能出现的急功近利、成为国内外大型企业生产车间、制造基地却占用大量资源的格局。

上述建议虽然主要针对四川省生物技术产业，但是本书对应课题组在调研中也发现，四川省现代生物技术知识产权布局存在的这些问题绝不是个别现象。因此，本书所提出的对策建议对其他省份以及我国的生物技术企业也有一定的参考价值。

4.6.3 重视优势特色技术领域的专利布局

(1)我国在生物技术领域的专利布局与国际的总体格局基本相同，说明我国在生物技术领域的布局是基本合理的，下一步的工作重点是如何强化具有比较优势的技术领域的专利布局，以凸现现代生物技术产业的特色，便于各省开展错位竞争，共同提高国际竞争力。以四川省为例，根据其在生物技术领域的创新资源状况和对企业的实际调研，可将血液制品、疫苗、基因测序技术、抗体制备及纯化、中药活性成分的进一步提取、生物农药等领域作为下一步技术领域布局的重点。

(2)针对各省生物技术的优势技术领域，进一步加强外围专利的布局，通过外围专利的合理布局达到进一步保护核心专利的目的，促进四川省优势、特色现代生物技术产业的健康、可持续发展。

(3)鼓励和支持著名高等院校、大院大所密切关注国际生物技术的最新发展趋势，开展相关基础性、前沿性技术研发，并做好前瞻性布局工作，为现代生物技术产业的发展源源不断地提供新的增长点。

(4)鼓励产学研联合申报专利，强化专利体系的完整性，不断从技术领域的专利布局向基于产业链的专利布局延伸。

4.6.4　完善企业内部专利布局

从企业专利布局的层面，针对现代生物技术企业内部专利布局存在的主要问题，本书提出以下建议。

(1)充分认识知识产权布局对企业发展和产业发展的重要性，鼓励企业将专利布局与运营纳入企业的知识产权战略，对企业发展具有长期影响的知识产权做中长期谋划，统筹安排知识产权的布局方向、布局领域和布局重点。

(2)加强企业知识产权管理机构建设，增加专职知识产权管理人员，并在企业知识产权布局和运营方面对知识产权管理人员提出明确要求和目标。从本书对应课题组抽样调查的企业来看，仍有11%的生物技术企业没有设置任何知识产权管理机构；而在已经设立了知识产权管理机构的企业中，有50%是兼职机构，并没有专职的知识产权管理人员。由此不难看出，知识产权管理机构建设和人员配置，仍然是四川省知识产权工作中的一项重要任务。

(3)企业在知识产权布局上要充分考虑优势特色，保护核心专利，前瞻性和向技术链、产业链前后向延伸等因素，做到统筹规划、分步实施、突出重点，形成特色。

4.6.5　鼓励优势领域开展国际专利布局

从本书对应课题组对生物技术企业的调研来看，以四川省为例，拥有国际专利的企业少之又少。究其原因，本书认为有以下几点：第一，企业的专利质量不高，没有申请国际专利的必要；第二，申请国际专利的意识不强；第三，政府的引导和中介机构的帮助不够，不知道如何申请国外专利；第四，生物技术企业的规模还不够大，产品出口少。但随着现代生物技术产业不断发展壮大，企业申请国际专利和在国外进行知识产权布局是一个必然的趋势。为此，本书认为当前需做好如下工作。

(1)强化大中型生物技术企业的国际专利布局意识(大专院校、科研院所单方面申报国际专利的必要性不大，正如外国在我国申请专利的单位主要是企业一样)，提高企业对申报国际专利重要性的认识。现代生物技术产业作为我国重点发展的战略性新兴产业，将迎来快速发展的良好环境。在这种大背景之下，大多数生物技术企业都将得到快速成长和发展的机会，产品进入国际市场的机会也越来越多。而相对于企业或产业发展而言，专利布局具有超前性的特点，如果企业在已经开始进入国际市场时才开始申请国外专利，就为时已晚，会遇到国外专利的“围追堵截”。

(2)筛选优势技术领域，及早进行国际专利布局。以四川省为例，近年来，四川省在国际上虽有少量的专利申请，但申请的技术领域并非四川省的优势技术领域。生物技术的优势技术领域，也是将来产品出口的重点领域，在这些领域及早进行国际专利布局，对于保护出口产品、提高出口产品竞争力都具有重要的作用。根据本书对企业的调研和对专利数据的分析，四川省可将血液制品、疫苗、酶工程、微生物学装置、抗体制备及纯化等重点及优势领域作为率先进行国际专利布局的重点。其他省份可根据自身实际情况，尽快进行优势技术领域的国际专利布局。

(3)对企业开展国际专利申请培训，普及国际专利申请的基础知识；培养中介机构的国际专利申请能力，选择有条件、有积极性的中介机构进行支持，作为申请国际专利的重要窗口；鼓励行业协会加强海外知识产权维权服务，以保护企业国外专利的相关权益，提高企业申请国际专利的积极性。

4.6.6　采取切实措施提高生物技术专利的质量

就我国的实际情况来看，以四川省为例，如何快速、有效地提高生物技术专利申报的质量，尤其是提高发明专利在全部专利申请和授权中的比重，迅速将新型实用专利所占比重控制在全国平均水平之下，是其近几年来通过知识产权促进现代生物技术产业发展的一个至关重要的问题，也是在发展现代生物技术产业中知识产权工作的重中之重。根据本书对应课题组前期调研和专利数据分析，本节就如何快速提高生物技术专利的质量，尤其是迅速增加生物技术发明专利数量提出如下建议。

(1)根据生物技术研发周期长、资金需求大、风险高等特点，专门出台鼓励生物技术发明专利申请的引导政策(也可与省内其他重点发展的战略性新兴产业一并出台)，有针对性地解决生物技术发明专利申报不足的问题，引导政策可主要包括引导申报的技术领域、技术方向、申报的支持手段、获授权后的激励措施等内容，同时与省及各地市的产业发展规划紧密结合，以调动申报单位的积极性。

(2)对与生物技术产业相关的知识产权试点示范园区、企业及单位，可在考核指标中增加发明专利的申请数量、授权数量和发明专利申请所占比例等指标，以敦促知识产权试点示范园区、企业及单位在申请发明专利方面也起到试点示范作用，同时引起那些希望申报知识产权试点示范的园区、企业及单位对申报发明专利的足够重视。

(3)重点做好大中型企业、国家重点实验室、工程技术中心、企业技术中心、大专院校及科研院所的知识产权宣传和发明专利申请的引导工作。根据前面的分析可知，上述单位是各省申报生物技术发明专利的重点单位，同时也还有较大潜力可挖，做好上述单位的发明专利申报，可在短期内较大幅度地提高生物技术发明专利的数量。

(4)与省、市科技、发改、经信等政府部门协同，对企事业单位在申报政府重点项目，尤其是科技项目时，提出对发明专利的明确要求：不仅可规定拥有发明专利的企事业单位在申报政府重点项目时优先考虑；还可规定在获得政府重点项目支持后必须有申请发明专利的考核指标，在项目立项评审时也可增加对已有发明专利的评分权重。

(5)在对各省及各地市知识产权工作的考核中，在继续考核专利申请和授权总量增长的同时，加大考核发明专利申请和授权的权重，促进各级地方政府在知识产权创造过程中，将工作重心逐步转向发明专利的申请上来。

(6)与各级地方政府密切合作，调整对发明专利、实用新型专利和外观设计专利的奖励额度，结合各地市的实际情况，可引导各级地方政府较大幅度地提高对发明专利的奖励强度，尤其是鼓励在国外申请发明专利，适当降低对外观设计专利、实用新型专利的奖励额度，以不过多增加地方政府的财政负担。

(7)培育和发展生物技术研发产业。根据前面的论述和相关研究，在生物技术领域中存在着为数较多的专门从事研发的专业性公司(或专家型公司)，这是生物技术产业的一个重要特征。四川省，尤其是成都市也有为数不少的这类公司。近年来，国内一些经济发达省市及成都市的一些中心城区均提出将研发产业作为主导产业加以发展，而生物技术正是最容易形成研发产业的领域。因此，加大生物技术研发产业的培育和发展，不仅有利于产业结构高级化，而且对快速提高专利申报质量也有重要促进作用。

(8)加强共性技术服务平台建设，鼓励工程技术中心、企业技术中心、大专院校、科研院所对外开放相关仪器设备，为生物技术研发与中试提供检测、实验的技术平台，帮助生物技术研发成果快速形成可申报的专利成果。普及国内外现有专利数据库的使用知识，作为知识产权战略和专利布局的有力工具。

(9)充分发挥知识产权中介机构在申请发明专利中的作用，鼓励中介机构加强与大中型企业、国家重点实验室、工程技术中心、企业技术中心以及大专院校、科研院所等研发活动密集、技术成果丰富的单位建立广泛联系，帮助这些单位积极申报发明专利，对获得授权的发明专利，各级地方政府可通过服务外包的形式给予中介机构一定的经费支持。

4.7 本章小结

本章是关于现代生物技术知识产权中观布局的实证研究。在论述了知识产权中观布局的基础之上，本章选用德温特专利索引、合享智慧和国家知识产权局专利检索数据库，从总量数据和各重点分析项目数据作为检索入口，以IPC专利分类号为检索要素，全面分析了全球2010～2015年全球生物技术发明专利态势。

本章得出的主要结论是：全球生物技术发明专利申请数量总体呈稳定态势之外，有微弱的下降趋势。亚太地区生物技术研发逐渐占据主导地位。全球生物技术发明专利申请中，大学为主，企业与研发机构为辅。(C12Q1/68)核酸是近年来生物技术领域发明专利申请的最热门领域，其申请的数量远高于其他技术领域，而且基本保持平稳态势。我国自己的生物技术发明专利申请、授权数量均明显占优，且呈稳步增长态势。除我国外，亚太地区，尤其是亚洲地区在我国申请和授权的生物技术发明专利逐渐占据主导地位。从国内申请和授权的区域部分来看，国内生物技术发明专利申请与授权所属地区仍较为集中，但中西部省份呈现较快发展势头。国内生物技术发明专利申请与授权以大专院校为主，国外则以企业为主。国内外生物技术发明专利质量差距逐渐缩小。国内外生物技术研发热点基本一致。

本章进一步以四川省为例，对四川省生物技术发明专利布局态势进行研究，从申请、授权数量，所属地区，专利申请人类型，技术领域等多个维度进行全面的布局分析，在与其他省份、全国乃至全球数据进行对比分析的基础之上分析了四川省生物技术发明在总体布局、区域布局和领域布局中存在的主要问题，并提出了相应的对策建议。

第五章　现代生物技术知识产权微观布局

5.1　现代生物技术企业知识产权微观布局概述

5.1.1　现代生物技术企业特点

毫无疑问，现代生物技术作为新兴技术的重要一员，正在或者已经极大地改变了人们的思维和生活方式。因此，要了解现代生物技术企业及其特点，首先涉及新兴技术(emerging technologies)本身的定义以及特点。对于什么是“新兴技术”，目前学术界并没有统一的定义。关于新兴技术被较为广泛接受的定义是：新兴技术是指建立在科学基础上的革新，它们可能创造一个新行业或者改变某个老行业。具体来讲，新兴技术具有以下特征：①其(技术)知识在扩展；②在现有市场中的应用在经历着革新；③新市场正在发展或形成。

在新兴技术中，目前研究最多的是信息技术和现代生物技术。一些国外大公司正在积极采纳新兴技术，以期在这“一场不同的竞赛”中赢得先机。例如，美国的孟山都公司放弃了其环状化学品业，近二十年来，转而在农业生物技术领域投资数千万，致力于药品、农产品和转基因食品原料经营。

现代生物技术产业在国内外都是一个相对年轻、新兴的产业，直到20世纪90年代中期，生物技术产业还被用来特指从事与生命体有关的行业，以使它与传统的化学工业相区别。但是随着科学的进步以及研究成果产业化步伐的加快，该产业已变得越来越复杂。随着人类基因组计划以及重要农作物和微生物基因组计划的实施和信息技术的渗入，该领域相继发展起了功能基因组学、生物信息学、组合化学、生物芯片以及一系列的自动化分析测试和药物筛选技术和装备。目前，各种新兴的生物技术已经广泛地应用于医疗、农业、生物加工、资源开发利用、环境保护等，并对制药等产业的发展产生深刻的影响(倪新洁等，2014)。按照欧洲联盟(European Union，EU)的定义，生物技术企业是指运用生命科学知识、利用高技术工具、通过富有创新性的研究来生产或销售其产品和服务的公司。近年来，欧美的生物技术企业发展迅速，其收入显著增长。早在2000年，欧洲生物技术公司的收入就已接近60亿欧元，其表现之好超出了最乐观的估计，而平均每个欧洲生物技术公司的收入大概在3000万欧元左右(刘洁，2015)。相比之下，国内的同类企业显然处于落后地位。如何有效地管理新兴技术，赢得创新所得，正在成为生物技术这类新兴技术企业成功的关键。

5.1.2　专利保护与技术秘密保护的比较

对于以新技术为基础的行业来说，历史早已证明了专利保护的重要性。1894年之前，贝尔电话机公司通过其电话机的专利权获得了丰厚的利润，直到该项专利权期满终止后，那些独立的竞争对手才得到机会，竞争对手数量在不到10年的时间里增长了100倍。而一种名为“科恩-伯耶”（重组 DNA 技术）的涉及基因结合的生物技术专利，据估计能为其专利所有者斯坦福大学和加州大学赢得 2.5 亿美元以上的利润。有关统计表明，专利保护在生物技术领域发挥着重要作用。根据德温特专利索引的检索结果，2004～2006 年生物技术各主题按专利收录数合计由高到低排序依次为：转基因研究（4119 项）、基因治疗（3541 项）、基因组研究（3344 项）、克隆技术（2000 项）、干细胞研究（1210 项）、基因芯片（712 项）。其中，除克隆技术的专利数略有起伏外，其余各主题专利数均逐年上升。其中，转基因研究、干细胞研究、基因治疗三方面的专利数年均增幅最大，分别达 33.7%、39.7%、33.6%。其中，干细胞研究 2003 年专利数的增幅高达 64.05%。可见，在专利领域，转基因研究、基因治疗、基因组研究方面有更多的发明与技术得到保护，干细胞研究进展迅速，新成果不断涌现。然而，专利权保护的局限性也同样是有目共睹的（例如，“围绕发明”等问题）。这也就使生物技术企业不得不考虑其他形式的知识产权保护，例如技术秘密的保护，以在一定程度上克服专利权保护的局限性。对于这两种知识产权保护途径，本节拟从以下几个方面作一比较。

（1）法律性质及法律保护手段。专利权是国家专利机关依法授予专利申请人在法定期限内对其发明创造享有的专有权，它是一种法定的专有权。虽然具体种类和形式不尽相同，但世界各国都以《专利法》对权利人的专利权提供专门和直接的法律保护。我国的《专利法》中把专利分为发明（对产品、方法或者其改进所提出的新的技术方案）、实用新型（对产品的形状、构造或者其结合所提出的适于实用的新的技术方案）和外观设计（对产品的形状、图案或者其结合以及色彩与形状、图案的结合所作出的富有美感并适于工业应用的新设计）三种。对于生物技术企业来讲，最重要的专利保护类型是发明专利和实用新型专利。为了配合加入世界贸易组织的需要，我国的《专利法》在 2001 年进行了重大修改，提高了发明和实用新型专利的保护程度，例如，增加了专利权人的许诺销售权和进口权①。这种法律保护的手段很强有力，但是要获得专利权的条件却非常严格。以我国为例，授予发明和实用新型专利要求具备新颖性、创造性和实用性。可以看出，这里最具有可操作性的标准是“新颖性”。实际上，对于大部分专利申请的审查，国家专利机关都把时间和精力花在了“查新”这一个阶段上。除了形式审查之外，发明专利还要经过实质审查。为了获得专利权，企业必须付出相当大的时间和费用，并且要承担申请失败的风险。

技术秘密则是通过保密而获取的事实上的专有权。有些国家有《技术秘密法》或《商业秘密法》对技术秘密进行保护。我国没有这样的专门法律，因此技术秘密在我国只能通过《合同法》《反不正当竞争法》等获得间接保护。最高人民法院在其 2004 年 11 月 30 日通过，并于 2005 年 1 月 1 日起实施的《关于审理技术合同纠纷案件适用法律若干问题的解释》中首次定义了“技术秘密”。该解释第一条第二款称：“技术秘密，是指不为公众所知悉、具有商业价值并经权利人采取保密措施的技术信息。”该解释结束了我国实践中通常引用《反不正当竞争法》中有关“商业秘密”的概念来间接定义“技术秘密”的历史。可见，一项技术信息，只要满足上述条件（即未公开、经济性、实用性和已采取保密措施），就可以成为技术秘密而获得法律的保护，不必经过任何的申请和审批。而这些条件的要求

① 资料来源：《中华人民共和国专利法》第十一条。

显然低于《专利法》的规定，因此对于企业来讲，获得技术秘密的保护显然成本更低，也更有可能。

(2)保护方式和程度。发明专利和实用新型专利的专利保护范围以权利要求书的内容为准。获得专利权的保护以权利人公开自己的发明为代价，《专利法》提供的是一种“其他人知道了有关专利技术也不能用”的法定保护模式。《专利法》禁止一切“营利性的使用”，即使其他使用者是独立研制出来的相同的技术或产品也不能使用。这样的法律保障对于先申请了有关专利权(例如某种新药)的生物技术企业来说无疑是十分有效的。《专利法》以法律的形式肯认了专利权人在法定期限内的垄断权。

技术秘密的保护则相对较弱，它只禁止他人通过不法途径获取该技术秘密而进行的使用。例如，我国《反不正当竞争法》规定，“经营者不得采用下列手段侵犯商业秘密：(一)以盗窃、利诱、胁迫或者其他不正当手段获取权利人的商业秘密；(二)披露、使用或者允许他人使用以前项手段获取的权利人的商业秘密；(三)违反约定或者违反权利人有关保守商业秘密的要求，披露、使用或者允许他人使用其所掌握的商业秘密。第三人明知或者应知前款所列违法行为，获取、使用或者披露他人的商业秘密，视为侵犯商业秘密。”我国《合同法》规定，“当事人在订立合同过程中知悉的商业秘密，无论合同是否成立，不得泄露或者不正当地使用。泄露或者不正当地使用该商业秘密给对方造成损失的，应当承担损害赔偿责任。”也就是说，如果竞争对手通过合法途径，例如自己研制，掌握了该技术信息，那么该“技术秘密”也就不再“秘密”了，权利人也就自然丧失了相应的权利。可见，采用技术秘密保护的生物技术企业需要面临的最大风险是由于某种原因，例如自己的产品、方法或生产过程不够先进和复杂，或是人为的保密措施不够严密，而被竞争对手成功“破译”。

(3)保护期限及保护客体的动态性。众所周知，专利权的保护是有法定期限的。TRIPS协议要求缔约方对于该国境内的专利提供的保护期限为自申请提交之日起不少于20年。相应地，一旦授予专利权，在法定期限内该专利权的客体是固定的，任何方法或产品的改进都不可能自动受到该项已确定的专利权的保护。如果权利人对该项方法或产品又做出了“实质性”的改进，那么只能重新申请新的专利。这就使专利人常常受到技术进步的困扰：在法定的保护期内，已经出现了更先进的产品或方法而使自己的专利提前“寿终正寝”。

技术秘密的保护则没有固定的期限。一项技术秘密生命周期的长短取决于技术本身的先进性以及保密程度。一个最典型的例子是“可口可乐”，尽管对于“可口可乐”饮料，全世界几乎是家喻户晓，而可口可乐的产品配方历经数十年，对外界仍是一个谜。可口可乐公司对外许可生产过程中，对其配方采用半成品保护，即不提供生产技术和配方，只提供浓缩的原浆让被许可方配成可口可乐成品。技术秘密的内容具有可变性，不存在任何限制，只要权利人有新的思路和实施办法，随时可以改变一项技术秘密的内容，无需经他人同意，包括被许可使用人，权利人对新的技术秘密实施保护后，许可原被许可人使用新的技术秘密，仍可要求其另行交纳使用费。

5.1.3　著作权保护、商标保护及其他知识产权保护手段

除了专利和技术秘密两种主要手段外，现代生物技术企业在管理过程中也可能用到著

作权、商标、地理标志等知识产权保护手段。相比较而言，由于这些手段在现代生物技术企业的知识产权策略中用得比较少，因此相关的学术研究也不多，本节在此将重点论述这些知识产权保护手段在现代生物技术的知识产权管理实践中的运用。

(1)著作权保护。著作权，也称为版权，是指作者或者其他著作权人直接支配法律所肯认的作品并享受其利益的权利。按照我国现行《著作权法》第三条的规定，“本法所称的作品，包括以下列形式创作的文学、艺术和自然科学、社会科学、工程技术等作品：(一)文字作品；(二)口述作品；(三)音乐、戏剧、曲艺、舞蹈、杂技艺术作品；(四)美术、建筑作品；(五)摄影作品；(六)电影作品和以类似摄制电影的方法创作的作品；(七)工程设计图、产品设计图、地图、示意图等图形作品和模型作品；(八)计算机软件；(九)法律、行政法规规定的其他作品。”

相对于专利、商标等工业产权，著作权有其自身的特点。第一，在保护方式上。著作权保护的核心是只保护形式(表达方式)，不保护内容(思想内容)；而专利保护则可能延及创作者的思想内容。第二，在独创性和排他性的标准上。专利保护要求受保护的发明创造必须是首创的，一旦一项发明获得专利权，就排除了其他同样发明获得专利权的可能性，无论该同样发明是如何做出的；而著作权则不同，它只要求获得著作权保护的作品具有独创性，即只要作品是由作者独立完成的，即使作品之间出现雷同，也能分别受到著作权的保护。第三，在取得方式上。专利、商标等工业产权的取得都必须经过申请，通过审查后方能授予权利；而著作权则是自动产生的，即随着作品的完成，无论该作品是否公开发表，或者是否进行版权登记，著作权就自动产生了。

现代生物技术企业中可能涉及的需要著作权保护的作品种类很多，包括相关的学术论文等文字作品；相关图片或照片等摄影作品；工艺过程示意图、解剖图等图形作品；DNA双螺旋结构、蛋白质三维结构等模型作品、基因同源分析软件、蛋白质结构分析软件等计算机软件作品以及汇编作品等。虽然上述作品的种类很多，但其中的大多数作品的著作权保护与传统技术中一般作品的著作权保护并无实质不同。实际上，著作权保护中比较有特点的是汇编作品，即生物技术信息数据库的著作权保护问题。由各种基因序列或者蛋白质序列组成的数据库，只要其选择和编排上具有独创性，就可以作为汇编作品受到著作权的保护。而大量的生物信息数据库可能属于非独创性数据库，正如本书第四章中所论述的，这类数据库在美国或者欧盟可能得到一些类似于著作权的知识产权保护。而在我国，由于目前没有针对数据库保护的专门知识产权立法，企业在实践中可以寻求《反不正当竞争法》等法律的间接保护。

(2)商标及其他知识产权保护。商标是指能够将同种商品或服务的不同经营者区分开来的显著标记。因此，商标的首要功能就是区分功能，商标必须具有显著性。在我国，构成商标的还必须是可视性标记。与著作权不同，商标的价值并非来源于商标的设计，而在于选择和使用。在对加贴有特定商标的商品或服务进行的广告宣传、市场营销等经营活动中，凝聚了企业家的智慧投入，在一定程度上体现了企业家的“人格特征”。因此，商标也逐渐成为经营者的一项重要的无形资产和参与竞争的重要资源，对于某些驰名商标而言，其商标价值已经远远大于商品或服务本身的价值。

对于现代生物技术企业而言，商标的使用在一般意义上与传统技术和其他高技术并无不同。但是与发达国家的巨头们相比，我国的现代生物技术企业在专利、技术秘密、著作权等保护上并不占优势。因此，善用商标保护手段，制定长远的商标战略规划，对于后发国家的后发企业抢占本土市场，提高在消费者中的知名度，有着极为重要的现实意义。

另一种与商标极为近似的，对某些现代生物技术企业意义更为重大的知识产权保护手段是地理标志(geographical indication)。按照我国《商标法》第十六条的规定，“前款所称地理标志，是指标示某商品来源于某地区，该商品的特定质量、信誉或者其他特征，主要由该地区的自然因素或者人文因素所决定的标志。”例如，景德镇瓷器、烟台苹果等。对于现代生物技术企业而言，如果利用我国传统知识或者具有地方特色的遗传资源，运用现代生物技术手段，加工或提炼出生物药品的有效成分，或者培育出优良农作物或果木品种，并生产出相关产品。那么，只要这些产品的特定品质等是由当地的自然因素或人文因素决定的，就应及时申请注册地理标志，获得相关保护，防止他人仿冒以及生物剽窃。

此外，在管理实践当中，现代生物技术企业还可能用到植物新品种权等相关权利的保护，因前文已有相应的专门讨论，此处不再赘述。

5.1.4　现代生物技术企业知识产权布局原则

现代生物技术企业的知识产权布局是企业知识产权战略的基础和源头，布局是否合理，直接影响到企业知识产权的运营和保护，关系到企业知识产权战略能否顺利实施，能否达到预期效果。研究表明，知识产权是企业通过创新谋求竞争优势的制度因素，是企业谋求和保持竞争优势的内在源泉。因此，合理的知识产权布局对于现代生物技术企业在市场竞争中取得和保持优势尤为重要。本书认为，现代生物技术企业的知识产权布局应该遵循以下原则。

1) 明确企业总体战略目标，知识产权布局为企业战略目标服务

在确定企业知识产权布局时，首先要明确企业的总体战略目标。从企业总体战略目标出发，明确企业知识产权布局的定位，是保护核心技术，还是打压竞争对手；是避免被诉侵权，还是主动维权；是立足国内市场，还是面向海外。针对不同的战略定位，进行不同的知识产权布局。以专利布局为例，通常而言，保护核心技术，可以实行城墙式布局、围栏式布局等，利用专利组合，对核心技术进行有效保护；而如果是为了主动出击，打压竞争对手，则可选择路障式布局、布雷式布局，在具体技术点上阻止对手。避免被诉侵权，一般可以采取防御式专利布局，即使竞争对手已经在某技术上持有有效专利，也围绕该技术继续开发，申请交叉专利，以防在被诉侵权时过于被动；而主动维权的专利布局则应立足于关键核心技术进行垄断式专利布局，才能在维权过程中取得决定性胜利。此外，现代生物技术企业还需要根据企业的产品主要面向的市场，决定是否需要进行专利海外布局。

2) 综合运用各类知识产权保护手段平衡布局，构建完善的知识产权保护网

现代生物技术企业管理中的知识产权布局是一个综合体系，没有哪一种单一手段能够完成对某一企业全部知识产权客体的保护。企业最后选择的结果必然是一种多手段并用、全方位、立体化的保护体系。首先，需要明确的一点是，不同的客体本身需要不同的知识

产权手段来保护。例如，生物信息数据库适用于著作权保护；植物新品种需要申请植物新品种权的保护。在这个意义上来说，现代生物技术企业在进行知识产权保护的选择时并没有太多的自主性，因为它必须首先尊重客体本身的特征。这里要讨论的是另一种企业面临双重选择的情形：即对于一项具体的具有可专利性的现代生物技术产品或方法，既可以用专利保护，也可以选择技术秘密保护时，现代生物技术企业应该如何选择？

在生物技术企业管理过程中，专利和技术秘密这两种知识产权保护的途径各有优劣，对于企业的一项具体的产品、技术或方法来说，究竟应该如何选择呢？作者认为，这里显然不可能有固定的公式，生物技术企业必须分析企业本身和某一项产品、技术或方法的具体特性，全面考察专利和技术秘密两种保护方式，充分认识到两种保护方式的相互补充而又不可互换性，做出正确的选择。

3）全面考虑多种因素，合理进行知识产权布局

（1）产品或方法本身的特性。总体来说，产品保密比程序保密更困难一些。如果一个生物技术企业研制了一种新药，专利权保护在通常情况下应该是一种比较明智的选择。专利权的有效性在不同的行业里差异巨大。调查表明，专利权在制药行业是非常有效的（Blind et al.，2006）。当然，专利保护的实际效果还将取决于该企业运用专利权保护的技巧。例如，几味中药可以形成药方，再加上制作过程、方法可以申请方法专利，主要的中药以及剂量幅度按照专利法要求应当写在权利要求书中，但药量可以是一个幅度，但公开的不一定是最佳剂量，有时要制出成果，还要加上微量药品。企业的最佳剂量数据和微量药品等可以作为技术秘密不写在权利要求书中、不公开。也就是说，按照写在要求书中的方案，可以制出企业的成果，但不是最佳的；只有再加上企业的技术秘密才会制出真正的成果。这就称为专利和技术秘密的双重保护。当然，这就要求专利申请代理人撰写文件时要有技巧，既能申请到专利，又能给技术秘密留下余地。

（2）企业的规模与实力。正如前文所述，生物技术这类新兴技术企业赢得创新所得可以通过多种途径。除知识产权保护之外，还可以通过补充性资产、时间领先等多种方式来实现目标。作为大规模公司，在补充性资产等方面无疑具有较大的优势。在专利权保护和技术秘密保护的选择上，它也会因为拥有更为可靠的先进技术和保密措施而从容选择技术秘密的保护。但对于小规模的公司来说，它很可能要花费心血来评价对它自己的创新起补充作用的资产和能力，它也可能会担心保密的作用不够大，而强大的竞争对手将有时间通过“反向工程”设计出产品并且赶上满足第一批需求。此时，强有力的专利权保护可能是唯一的资源。因此，对于新兴的生物技术企业来说，面对老牌的竞争对手时，双方根据不同的实际情况，可能会做出不同的选择。

（3）创新能力。无论选择何种途径，生物技术企业知识产权保护的最终目的仍然是在企业管理中赢得利润。那么，没有比有能力以一个适度增加的成本来开发出下一代革新产品、方法或程序更有效的防止利润流失的方法了。知识产权保护解决的是如何保护可以获得的利润的问题，而根本问题却是如何创造出可以获得的利润。因此，虽然我们强调知识产权保护的重要性，但基本的问题之一还在于一个生物技术企业必须拥有一批富有创造性的、杰出的科研人才和管理人才。对于他们而言，培养与维持一种创新能力显然更为重要，

而不是陷入冗长的专利权或技术秘密诉讼的误区中。而另一方面，如何激励企业内部的这种创新能力呢？企业已有的创新能够通过选择适当的知识产权保护途径，获取相应的利润，这无疑是企业保有这种创新能力的关键因素。由此可见，生物技术企业的知识产权管理策略可以概括为“二靠一为”。即，一靠“人”，进行技术创新，创造知识产权；二靠“法”，保护知识产权；三是为，即为企业创造和赢得利润。

5.2　现代生物技术企业不同创新阶段知识产权的特点

知识经济时代，世界各国都在相互竞争，竞争的焦点集中在科学技术上。现代生物技术位居世界七大高新技术之首，它将深刻影响人类生活的各个方面。欧洲联盟最近的一项预测显示，到下一个 10 年，全球生物技术市场总额将达到 2000 万亿欧元。而知识产权的保护则是生物技术企业的核心。近年来，生物技术产业的蓬勃发展，从生物技术的相关发明的申请和授权量的快速增长中可见一斑。经济合作与发展组织的数据显示，1990～2000 年，在美国专利局(USPTO)申请并授权的生物技术专利数量每年以 15%的速度增长，在欧洲专利局该数字是 10.5%，而这段时间所有专利的全球平均增幅是每年 5%。可见，知识产权保护对生命科学以及生物技术企业具有极大的影响。究其原因，本书认为有必要对现代生物技术企业不同创新阶段的知识产权的特点进行分析，正是这些特点决定了适当的知识产权的策略对现代生物技术企业发展的重要性。

5.2.1　现代生物技术企业技术创新研发阶段知识产权的特点

(1) 研发投入大，研发成果急需知识产权的保护。对于任何一种以研发为基础的产业来说，用知识产权保护研发成果都是一个重要问题。而现代生物技术正是研发密集型产业的代表。其研发的初始阶段就需要大量的资本投入才能顺利开展；并且，在以后的每一个步骤均需要更多的资本作为其后盾。据相关统计，在化学产业中，研发资金一般占公司总收入的 5%；在医药产业中，研发资金占总收入的比例相对较高，但不高于 13%；而在现代生物技术产业中，这个数据却高达 30%～40%。例如，美国的统计显示，如果需要研制一种新的药品，平均来看在初始的发现及开发阶段需要投入的资金约为 1.29 亿美元，然后在临床试验阶段需要投入的资金约为 9700 万美元，而后在药品的审查批准阶段需要投入的资金约为 900 万美元。如此大的研发投入，很难想象，如果不用知识产权保护创新所得，现代生物技术企业将如何生存。

(2) 理论研究与应用开发之间界限逐渐模糊。在一般技术领域中，大学和公共研究机构所做的基础性研究往往与企业、公司所做的应用型研究与开发之间界限明确；而在现代生物技术中，基础性研究和应用型研发往往紧密联系在一起。学术机构所做的研究常常可能直接为其带来效益。例如，基因重组试验和“基因克隆”策略、人体胚胎干细胞培育和“定制”器官干细胞工程策略刚提出就立即应用在科学研究以及生产之中。同样的，生物技术企业也常常加入到基础性的研究当中，并且在专利申请中表现积极。由于基础性研究与应用型研发的紧密结合，就使现代生物技术在研发阶段进行专利申请的时间大大提前。一些生物技术的研发可能在基础研究阶段就已经满足专利法所要求的“实用性”，研究者即可申请专利保护。这也使现代生物技术的专利权人呈现出生物技术公司和公共研究机构平分秋色的局面。例如，美国的加利福尼亚大学和斯坦福大学拥有重组 DNA 技术的专利，而克隆羊专利则为英国的罗斯林研究所所有。

5.2.2　现代生物技术企业技术创新商业化阶段知识产权的特点

(1) 某些中小型企业商业化模式单一，知识产权具有特殊意义。现代生物技术产业主要由新成立的中小型企业（亦即本书提及的专家型公司）构成，它们中的相当一部分甚至还没有一项产品问世。在很多情况下，中小型生物技术企业成立时登记的主要公司注册资本是所拥有或者与公共研究机构或大学共同开发的一项或者几项重要专利。中国《公司法》的最新修改也可以体现出这一点。2005 年以前，中国《公司法》规定，“公司的注册资本当中工业产权的出资不能超过注册资本总额的 20%”，此规定极大地限制了这类生物技术企业的成立和发展。2013 年 12 月 28 日第十二届全国人民代表大会常务委员会第六次会议对《公司法》进行了第四次修订。修订后的《公司法》规定，“公司股东的出资方式包括货币、实物、知识产权、土地使用权等可以用货币估价并可以依法转让的非货币财产作价出资。除法律另有规定外，不再限制公司的最低注册资本额和货币出资的最低比例。”这对于上述中小型生物技术企业是一个极大放开。理论上来说，一个生物技术企业所拥有的一项专利或者其他知识产权，最高可以评估到该企业注册资本的 100%，作价出资。对某些生物技术企业来说，知识产权就是它们的最终产品。这类现代生物技术企业商业化模式较为单一，主要采取技术转移的方式。实际上，一些现代生物技术企业的主要运作模式就是做创新型的发明，申请专利，然后将这些专利许可给一些有资源和实力生产出实际产品并将产品推向市场的大公司，获取专利许可费，再进行其他研发。这种情况并不少见，例如 AnorMed 公司、成都某生物科技有限公司等，都是如此。前者在其主要产品 Mozobil（一种血癌治疗药物）的临床试验阶段与千年制药公司（Millennium Pharmaceuticals，MLNM）达成了收购协议；而后者正致力于另一种抗癌药物的研发，已经在我国申请了专利，随时准备在适当的时候将该专利转让。这样的生物技术企业实际上并不会销售任何一种传统意义上的生物技术产品，而所有的收入都来自其研究、保护和许可享有知识产权的发明创造的能力，知识产权对这些企业来说无疑更为重要。

(2) 风险投资者对相关知识产权的保护程度尤为关心。现代生物技术的整个创新过程，从研发到商业化，再到扩散阶段，都需要大量的资金投入。而在商业化过程中，风险投资者的介入对于现代生物技术企业来说尤为重要。生物技术产业属于资本密集型产业，并且投资回收期很长。很多国家的生物技术企业在发展过程中都面临不同程度的融资问题。欧盟的一项近期报告显示，虽然欧盟在成立新的生物技术公司方面很成功，但是这些公司中的大多数都面临在金融市场低迷的情况下如何继续融资的问题。据欧盟委员会的估计，2003 年欧盟生物技术企业的融资缺口已近 1 万亿美元。资本风险投资成为很多现代生物技术企业主要诉诸的融资渠道之一。很多国家都建立了专门针对生物技术产业的风险投资基金。例如，印度成立的首例生物技术风险投资基金（Biotechnology Venture Fund），该基金拥有 3 亿 7 千万美元，致力于填补部分资金空缺。该基金的管理者称，“在决定是否投资一个生物企业时，主要考虑的因素有该企业是否拥有强有力的管理团队，风险分散途径以及自主知识产权。”可见，生物技术企业的投资者们十分清楚知识产权对于这一行业的特殊重要性。因此，在每一项投资决策前都会对相关企业做相当审慎彻底的考察。他们主要关心的有两个方面：第一，判断该公司自有知识产权的情况。例如，该公司的知识产权是否是自己全部所有？如果不是，而是根据一个许可合同的安排取得的，那么该许可合同的条款是怎样？知识产权权属是否存在争议？专利是否已经取得授权？该公司知识产权的地理范围有多广？专利的保护范围有多大？在制止竞争对手仿冒和侵权的过程中，该公司专利有多大的有效性？等。第二，投资者们会考虑该公司是否有权将带有知识产权的产品推向市场，也就是说，在商业化的过程当中是否会涉及侵犯别人的知识产权。这些考量都将有助于风险投资者把投资风险降到最低。因而，想要获得风险投资，生物技术企业本身就必须制定有效的知识产权策略，做好知识产权保护工作。

5.2.3 现代生物技术企业技术创新扩散阶段知识产权的特点

(1)开发新产品的费用极高，仿制成本却很低。生物技术企业的研发无疑属于高风险项目。现代生物技术得以建立的理论基础为把分子生物学作为核心的现代生命科学体系，该体系包括了微生物学、生物化学、细胞生物学、免疫学、遗传与育种学等所有与生命科学相关联的学科，同时汲取与借鉴了化学、化学工程学、数学、计算机学、信息学、材料学等诸多基础学科的原理及技术，而且还越来越依靠有关学科为其提供技术支持，其科学基础本身就具有高度的复杂性和巨大的不确定性。而其产品也具有相当的复杂性，还可能涉及活的生物体的应用，其中的有些生物学过程还不能完全被人类所控制，具有相当的不确定性或不可预测性。加上过长的研发周期和需要持续而巨大的商业支持，这些都降低了现代生物技术成功的概率，增加了失败的风险。一开始人们甚至很难预见，数年的研发努力究竟会带来一项具有市场潜力的重大创新；还是仅仅会让一家生物企业空手而归，一无所获。相对于如此巨大的研发成本和高风险，该领域的仿制成本却很低。例如，在生物制药领域，很多技术和化合物都能迅速被反向工程仿制。在这种情况下，足够的知识产权保护就成为生物技术企业保护研发成果，减少竞争者仿冒的有力工具。

(2)消费者易于采用新产品，转换成本低。现代生物技术的产品目前主要集中于农业、医药、化工等领域，人们对食品、药品、疾病诊断治疗方法等没有明显的路径依赖性。换句话说，在旧产品和新产品的转化过程中，人们的转换成本很低。因此，一旦有性能更优越的新产品出现，很容易就能替代旧的产品，在挽留顾客方面，旧产品并不具有很强的网络外部效应等优势。以美国辉瑞公司的“伟哥”为例，该产品 1998 年在美国上市以来，因其显著的疗效，得到消费者广泛认可，迅速替代了原有的一些治疗男性勃起功能障碍的产品，占领了 79%的美国市场份额。高额的市场回报需要仰仗法律的保护，如何在申请专利时为自己的产品构建广泛的权利要求体系，布置严密的权利保护范围以及专利有效期内防止他人侵权就显得相当重要了。

5.3 现代生物技术企业知识产权布局模式

专利是知识产权的一种，但由于专利的重要性，本书在研究现代生物技术企业知识产权布局模式时，以专利为代表来说明讨论知识产权的布局。1999 年，瑞典 Chalmers 大学工业管理与经济学系 Ove Granstrand 教授提出了地毯式专利布局等六种专利布局模式，后期为广大学者广泛引用。本书针对现代生物技术企业专利布局的特点，在上述六种经典专利布局模式的基础之上，提出以下几种专利布局模式，作为现代生物技术企业专利布局的补充和参考。

5.3.1　为了延长基础专利的布局

按照我国《专利法》相关规定，发明专利的有效期最长，但也只有 20 年。这一有效期的规定，对于生物技术企业，尤其是生物制药企业来说，无疑是很短的。生物新药的研发具有周期长，投入大，失败率高等特点。因此，一旦一项生物药品研发成功，如何延长该药品基础专利的保护周期，是各个生物制药公司面临的关键问题。美国、欧洲、日本等国家和地区分别设有专利期限补偿等制度，这一制度可以对相关国家和地区的药品专利保护期进行有效延长。而在我国，情况则有所不同。近年来，直接延长药品专利保护期的呼声较高。2018 年 4 月，国家药品监督管理局针对《药品试验数据保护实施办法(暂行)》公开征求意见，意见稿第五条指出："使用在中国开展的临床试验数据，或在中国开展的国际多中心临床试验数据在中国境内申请上市或在中国与其他国家/地区同步申请上市的药品或治疗用生物制品，批准上市时分别给予 6 年或 12 年数据保护期；利用在中国开展的国际多中心临床试验数据在中国申请上市时间晚于在其他国家/地区申请上市的，根据情况给予 1 至 5 年数据保护期，晚于 6 年的不再给予数据保护期。"第六条指出"对罕见病用药或儿童专用药，自该适应症首次在中国获批之日起给予 6 年数据保护期。"但是，上述规定尚未正式生效。因此，在我国现有专利制度下，生物技术企业必须采用一定的布局策略，才能达到延长基础专利的目的。

以生物制药企业的药品专利为例，为了延长基础专利的布局，包括以下具体策略。①以化合物专利和制备专利为核心，以晶型、检测方法、工艺、用途、制剂等为外围，采取先核心，后外围，建立专利网的专利布局模式，避免同时申请，延长整体专利网的有效时间。邹文俊等(2013)研究了美国礼来公司(Eli Lilly and Company)研发的最新化疗药物"吉他西滨"在华布局模式，指出该药品专利在华布局策略上，美国礼来公司采用了"化合物-制备方法-新用途-组合物"这种带有明显阶段性的申请策略，以尽量延长产品保护周期。②充分利用优先权制度，形成大量同族专利。仍以美国礼来公司的"吉他西滨"相关专利为例，其在华的 14 件专利申请均要求了优先权，且其中 9 件专利申请时间距优先权日的时间差为 365 天，其他 5 件申请时间距优先权日的时间差也都超过 330 天，表明美国礼来公司充分运用优先权制度最大限度延长其在华专利的保护期限。其全球专利涉及大量同族专利，42 份专利中共涉及 11 组同族专利，仅有 7 份专利无同族专利。这种布局模式最大限度地"延长"了专利保护周期。

5.3.2　基于专利应用的布局

在我国实施知识产权强国战略以及 2011 年以来我国发明专利申请受理量已连续多年位列世界第一的大背景下，无论是国家层面还是企业层面，在今后相当长一段时间内，深化专利工作的重点无疑都将向提高专利质量、促进专利运营和有意识地进行专利布局等方面扩展(刘运华，2016)。

已有研究表明，掌握专利布局是有效制定和实施企业专利战略的前提和依据(马天旗，2016)，也是企业专利权经济价值的重要影响因素之一。近年来，国内外学术界对专利布局进行了国家、产业、企业多个层面的研究，在专利布局模式上基本都沿用瑞典学者提出的六种模式，很少提出新模式并深入探究不同模式下企业的具体策略问题。只有少部分文献涉足不同专利布局模式下企业的具体实施策略问题。事实上，从企业实践的角度来研究专利布局的文献并不陌生，只是以往研究的侧重点在于根据专利分布的现状对企业专利布局提供建议，没有系统地将专利布局模式与实施策略结合起来考虑。

1)基于应用的专利布局模式

大型企业往往能预见技术的发展趋势，以前瞻性的眼光在潜在的关键技术领域提前开展研发活动，为占领目标市场做准备。比如，虽然“柔性显示”的概念近些年才大热起来，相应的技术至今也尚未实现大规模商业化，但韩国三星集团(栾春娟等，2008)和 LG 集团以及美国苹果公司(陈安安，2013)等大企业却早已“坐拥”丰厚的专利技术成果；当大部分人仍沉浸在 4G 通信带来的畅快体验时，高通、爱立信、华为等全球电信巨头对于 5G 标准的争夺已进入了白热化阶段。无论何时，中小企业仿佛总处于弱势与被动的地位，无法主导行业技术变革，也没有足够的技术储备与资金支持去和大企业分一杯羹。

新兴技术演化观认为，新兴技术演化的转折点是新技术的主要应用领域的出现。从长期视角来看，新兴技术的演化就是新兴技术的应用领域被序列开发的过程(王敏和银路，2012)。基于此观点，技术的基础性研发很关键，应用领域内实用性研究的作用也不容小觑。对于中小企业来说，若想进入一个新的技术领域，应直视自身面对核心技术无能为力的现实条件，或者暂且搁置难以突破的技术瓶颈，选择其他方面来进行专利布局。

在此本书提出基于应用的专利布局新模式，即：当一项突破性技术创新掌握在他人手中，而企业在后期的发展中会运用到该技术时，则可以提前从应用的角度出发，围绕技术潜在的应用方向，选择适合自身的点位进行有针对性的研发活动，最后利用专利来保护研发成果。该布局模式的最大特点便是抢占先机，掌握技术应用领域的主动权。一旦后期行业的关注点集中到技术的应用上，拥有多个应用专利的企业无论是自用还是授权他人使用都将从中获利。此模式仅适用于规模较小、技术能力相对不足的中小企业，可视为其进入新技术领域的一条“捷径”。

2)基于应用的专利布局流程

本节将基于应用的专利布局的关键环节、主要步骤及参与主体进行汇总。

第一步，技术分析。前期需要研发部门(技术部门)提高技术和市场敏锐度，实时关注与行业相关的突破性技术创新；市场部门结合市场信息对相关技术在自身领域的应用前景进行分析；管理层结合企业发展愿景与战略在众多突破性技术中选定自身即将进入的技术领域。在确定具体技术后，研发部门和知识产权部门通过专利分析、专家判断、技术情报等手段对技术进行深入分析，以了解该技术的发展态势和当前研发进展以及意向应用领域的研发现状。

第二步，市场调查。一方面，知识产权部门从专利申请的角度对企业进入新技术领域的竞争状况进行分析。其具体实施过程包括：基于专利检索了解新技术应用领域内当前已存在的所有相关专利技术，对企业将面临的产业环境、市场竞争状况进行合理分析，找出主要和次要的竞争对手；通过对主要竞争对手专利分布情况的深入剖析，把握其技术研发重点，为产品层面上的错位竞争提供有效信息；依照地理、人口等多重标准细分原有技术领域的市场、划分顾客群体，并比较企业与其主要竞争对手的细分市场，判断是否存在企业自身生存和发展的“分众市场”，明确企业的市场优劣势，在后续环节中考虑充分利用企业的优势；另一方面，市场部门针对特定的目标用户群体进行新技术应用领域的产品需求分析，如性能、外观、价格等，将其作为企业后期具体技术研发的重要参考因素。

第三步，能力匹配。对企业而言，新的技术应用领域往往具有多个可供研发点或技术性能侧重点，具体选择哪一个细分方向进行研发，研发到哪种地步，也取决于企业自身的能力禀赋。企业以一定的技术储备为基础，会减少试错成本，也能极大地缩短研发时间。企业的研发能力则主要受内部研发人员的配备与研发资源投入的影响。研发人员的综合素质越高，资源投入越有效，企业的技术研发能力便越强，此时企业可以选择更具有挑战性和竞争力的研发点。因而，本环节需要管理层在各部门的配合下对企业的现有资源和能力进行合理评估，为后期专利布局点位的选择做好基础工作。

第四步，规划布局。该流程需要管理层牵头，研发部门、财务部门、人力资源部门等多个部门协同配合，对企业的专利布局工作做出系统规划。首先综合以上各步骤的分析结果，选取符合企业自身条件且满足错位竞争的点，将其确定为企业专利布局的技术点位，也即研发部门后续研发活动的着力点。研发部门根据技术发展态势、企业自身技术能力和可支配资金情况制定技术研发的时间表，具体列出各阶段的研发侧重点以及预期可实现的目标(比如针对专利申请数量、研发阶段性成果设定目标等)；人力资源部门依照研发部门的需要做出公司人事安排计划，为是否需要组建专门的技术研发项目组、从外部引进研发人才、安排有针对性的培训课程、另设人才激励机制等具体事项做出合理规划；财务部门配合研发部门、人力资源部门的安排，编制资金预算，并考虑超出预算部分的资金筹集渠道。

第五步，实施与调整，将上述布局规划逐一进行落实。研发部门的技术研发工作是实施阶段的基础和关键，要求根据前期确定的布局点位逐一投入研发，注意把控关键的时间节点，确保预期里程碑事件的实现；知识产权部门及时通过专利的形式向公众公开阶段性成果，抢占技术高地，阻断潜在的竞争产品和技术，为研发项目保驾护航；其他部门配合实际需要，做好辅助支持类工作。

5.3.3 基于专利运营的布局

在现代生物技术产业，专利对企业核心竞争力和市场价值的维护的重要性早已不言而喻。当今世界也早已不是一项专利即可满足一种药品保护的时代。杨铁军(2015)在《产业专利分析报告——抗肿瘤药物》中对罗氏抗 CD20 抗体专利组合的布局进行了分析。他指出，“专利运营是一场精心设计的游戏。对于具有高投入、高风险、高技术、长周期和高回报的生物医药企业，产品线是其生存的基础，为了维护产品线的长期持续回报，专利的布局也必须是一个精心设计的过程。在这个过程中需要将企业产品研发进度、市场竞争状况、临床审批情况和现有技术进展等多种因素结合起来，综合考量。”可见，专利运营是专利布局的最终目的，为了能在后续的运营中取得竞争优势，真正实现专利价值，生物技术企业必须在进行专利布局的时候就考虑到专利运营的关键因素，具体而言，包括以下策略。

(1) 把握专利申请的时机。首先，为了最大限度地利用新药专利保护期，申请专利的时间不宜过早。生物制药创新的典型发展阶段总结为初期发现、实验室研究、中试研究、临床前研究、临床试验、审批、生产和销售阶段。一般而言，由于在临床试验阶段很多不同的机构和人员均可接触药品，此时的药品信息已基本处于一种半公开状态，如果在药品临床试验之后再进行专利申请，其被泄密或公开、丧失新颖性的风险将大幅增加。因此，一般认为新药进行药品注册和临床试验之前是新药申请专利的最晚时机。跨国制药公司罗氏制药的 Rituxan 即选择了这一最晚时机申请专利。其次，不是所有的药品都适合选择上述最晚时机申请专利，当竞争对手研发进展突飞猛进，市场竞争态势激烈的情况下，则应提前进行专利申请。仍以罗氏制药为例，其与 Gazyva 相关的抗体序列专利 CN1902231A 和 CN101291954A 申请时间分别为 2004 年 11 月 5 日和 2006 年 8 月 25 日，而其临床试验时间则在 2007 年 8 月左右。选择提前申请专利的主要原因在于 2005 年前后，相关药品的研究已经比较成熟，人源化抗体以及完全人抗体技术已为多家大型药企所掌握，市场竞争已经相当激烈，如不抓紧时间申请专利，很可能导致后期专利申请被驳回或无效。可见，现代生物技术企业申请专利的时机绝不是越早越好，企业需要综合考量自身研发速度、市场竞争情况、现有技术态势等多种因素，适时进行专利布局。生物制药创新的典型发展阶段如图 5-1 所示。

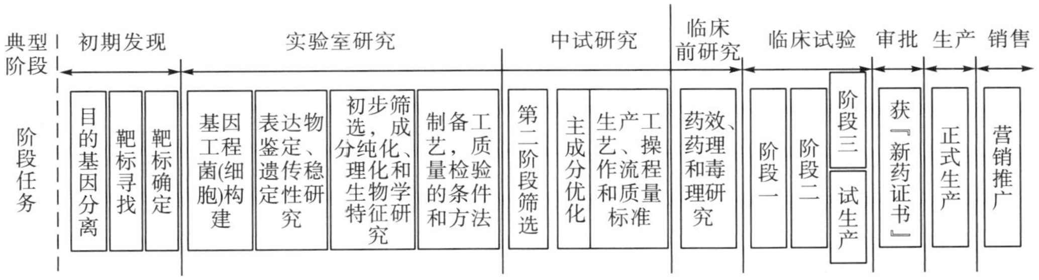

图 5-1　生物制药创新的典型发展阶段

注：冯薇等(2015)。

(2) 专利保护范围最大化。专利权人当然希望专利保护范围越大越好，但过大的专利保护范围在专利审查过程中常常会遇到障碍。罗氏制药、美国礼来公司等生物制药巨头企业，通常采用分案申请的方法来争取尽可能大的保护范围。以罗氏制药为例，Rituxan 和 Gazyva 的重要专利组合中，在中国有 6 项专利共提出 10 余件分案申请。专利权人还可以通过专利申请中的大量技术方案掩藏其核心技术方案的方式，实现专利保护与技术秘密保护相结合，从而达到专利保护范围最大化的目的。此外，对同一技术方案从多个方向进行保护也是扩大专利保护范围的重要手段。

(3) 自主研发和收购合作并举。毫无疑问，自主研发是企业专利布局的基石。然而，在生物技术领域，并购和合作创新，从来就不容忽视。生物医药产业具有高投入、高收益、高风险、长周期的特征，需要高额投入作为产业进入和持续发展的条件。为应对科技创新瞬息万变和国际科技竞争日趋激烈的局势，各国际大型跨国医药企业争相加大科研投入。据统计，全球大型制药公司研发投入占销售额的比重在 9%～18%；而著名生物技术公司的研发投入占销售额的比重则在 20%以上；对于纯粹的生物技术公司，研发投入占销售额比重更大。为建立全球性的生产与销售网络，最大限度降低成本，也为了获取新药或是直接掌握新技术，生物技术公司之间、生物技术公司与大型制药企业以及大型制药企业之间在全球范围内的兼并重组非常活跃。全球范围内生物医药行业的并购和重组热潮，大大提高了发达国家及跨国公司抢占市场、垄断技术、获取超额利润的能力①。2018 年，法国制药巨头赛诺菲，以 116 亿美元的价格收购美国血友病药物制造商 Bioverativ；美国生物制药明星 Celgene 紧随其后，拟以 90 亿美元的价格收购曾经在 CAR-T 领域红极一时的公司 JunoTherapeutics；罗氏制药则将视线放在了医疗大数据以及肿瘤软件开发之上，在领投投资了癌症大数据创业公司 Flatiron Health 之后，又以 19 亿美元的价格对其进行了收购；而在日本，武田公司则以 6.3 亿美元的价格，对比利时生物制药公司 TiGenix 进行了收购②。

可见，对于生物技术领域的专家型公司而言，把握核心公司的并购方向，有针对性地进行专利布局，对于在专利运营中达成收购或合作意向，具有至关重要的作用。以瑞士格黎卡特公司为例，其在 1999 年提出了以 Rituximab 为基础的抗体糖基化改造的相关专利申请。而当时，罗氏制药公司也正在进行相关研究。2005 年，罗氏制药公司对格黎卡特公司进行了收购。2013 年，罗氏制药公司成功推出 Rituxan 的换代药物 Cazyva。回顾这一过程，有研究者推测，很可能是罗氏制药公司在相关研究过程中，检索到了格黎卡特公司的专利申请，经过对比分析之后，发现和自己正在进行的研究类似且更领先于自己的研究，因此启动了收购程序，从而完成了“一代药物开发上市-创新研究-适时推出初步替代药物-发现他人创新成果-合作或并购-融合创新-推出换代药物”的过程。在这一过程中，罗氏制药实现了产品的升级换代，顺利度过了“专利悬崖”；格黎卡特公司则因并购实现了巨大的商业价值，前期研发和专利申请得到了丰厚回报。因此，关注行业巨头的研发动向，进行针对性的专利布局，实现并购或合作的专利运营模式，是专家型生物技术公司一种重要的布局模式。

5.4　本章小结

本章对比了专利、商标、著作权、商业秘密等不同知识产权保护手段的特点，分析了现代生物技术企业不同创新阶段知识产权的不同特点，总结了现代生物技术企业知识产权布局的一般原则。以专利布局为例，本章提出了三类现代生物技术企业知识产权布局的模式。即，为了延长基础专利的布局、基于专利应用的布局、基于保持企业核心竞争力的专利布局。

与技术创新是一个动态的过程一样，知识产权的布局也是一个动态的、不断变化和更新的体系。知识产权布局的思想贯穿于企业技术创新的始终。创新是现代生物技术企业的生命，知识产权是保护企业创新所得的有力工具。对于现代生物技术企业来说，仍然将知识产权看作对某一项创新的一种事后保护，简单地理解为商标注册，专利申请，已经远远不够了。

---

① 世界生物医药产业七大特点及趋势分析，https://www.biotech.org.cn/information/151811，2017.12.21.

② 全球医药产业格局的重构：生物制药领域并购爆发，https://www.xianjichina.com/news/details_64390.html，2018.03.01.

第六章　现代生物技术企业知识产权运营问题研究

6.1　基于创新过程的现代生物技术企业知识产权运营策略

如前文所述，本书将技术创新过程分为技术研发、商业化和扩散三个阶段。传统观点认为，知识产权相对于创新过程来讲属于外在、附属位置，注重“知识产权诉讼”，而忽视“知识产权经营管理”。一方面，对于研究和开发的阶段而言，知识产权只是其研发成果的事后保护，即在研发阶段已经结束，具体成果出现之后，才进行相关专利申请等知识产权工作；另一方面，对于技术商业化和扩散阶段而言，知识产权仅仅是制止侵权行为的一种工具和手段，没有全面的知识产权策略部署，仅在遇到具体纠纷时匆匆拿起知识产权武器应战。从这个意义上讲，技术创新过程对于知识产权来说是一个“黑箱”，知识产权只是创新成果的法律确认和保护。然而，随着知识产权在现代生物技术中重要地位的凸显，对于生物技术企业的管理者来说，必须突破知识产权的事后保护功能，为企业建立更为全面的知识产权保护策略。现代生物技术创新过程的知识产权保护策略示意图如图6-1所示。

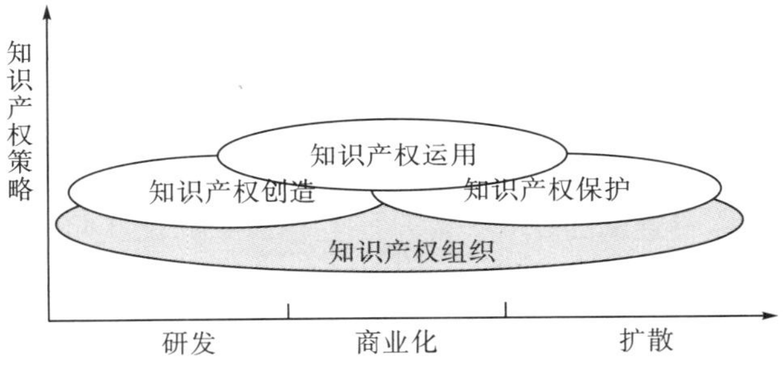

图 6-1　现代生物技术创新过程的知识产权保护策略示意图

如图 6-1 所示，知识产权在现代生物技术创新过程中应该是动态的、全方位的，并且由知识产权创造、知识产权运用、知识产权保护以及知识产权组织这四大环节所共同组成。这四个环节渗透在现代生物技术创新的全过程当中，尽管在创新的不同阶段，知识产权工作的侧重点应该有所不同。比如在初始的研究和开发的时期主要表现为知识产权创造，但即使是知识产权创造，也会渗透到技术的商业化阶段。

6.1.1　现代生物技术企业研发阶段的知识产权策略研究

本书认为，现代生物技术企业在研发阶段应采取以知识产权的创造为主的策略。知识产权创造是在进行技术创新的过程之中产生而且获得创新成果的知识产权，包含如下内容。第一，做好知识产权的培训工作，提升研发者知识产权意识及技能，从而为企业进行知识产权的申请和授权做准备；第二，通过专利检索和查询等，把握行业最新动态，避免在研发阶段重复投入或者掉入竞争者在技术创新过程中设置的知识产权陷阱，寻求技术创新路径和突破口；第三，企业研发部门与知识产权部门的人员应该保证充分的信息沟通，为企业制定整体知识产权战略打下良好基础；第四，在研究和开发阶段进行知识产权预估，对技术成果的知识产权风险和知识产权效能进行预估。而在现代生物技术的研发阶段，企业除了应该做好上述知识产权工作以外，本书认为，还应特别注意以下两个方面。

(1)关注一国《专利法》关于现代生物技术的可专利范围。本书在第三章和第四章中专门论述了各国法律对于基因工程和蛋白质工程中涉及的主要知识产权客体的不同规定。现代生物技术的发展导致了一系列的涉及伦理道德、环境、社会、安全等的问题，而其发展受法律法规、社会舆论、文化传统等多种因素制约及影响。例如，进行 DNA 的重组打破了难以突破的物种之间的界限。可以使原核生物与真核生物之间、动物与植物之间甚至人与其他生物之间的遗传信息进行重组和转移，使得控制生命进程、遗传过程，控制物种的进化成为可能。这种技术的进步受到了来自不同国家法律法规、宗教文化、伦理道德、思想观念、消费习惯、公众舆论、社会心理等诸多因素的制约和影响，对很多国家的传统人伦道德理念都是一种挑战。世界各国政府对现代生物技术产品的可专利性普遍持比较谨慎的态度。如我国至今不对转基因动植物品种提供专利法的保护；哈佛转基因小鼠技术产品在美国得到了专利授权，在欧洲专利局却被最终驳回。这就可能给现代生物技术研发成果的多国专利申请带来困难。此时，就某一项现代生物技术研发成果而言，在不同的国家可能就要创造不同的知识产权形式加以保护。以一个植物新品种为例，在提供专利保护的国家，应尽快申请专利，获得专利权；在提供专门法保护的国家，应尽量满足该国相关法律的要求，寻求专门法的保护，如在我国可以获得育种者权利；在既不提供专利法保护，也不提供专门法保护的国家，可以考虑采用技术秘密的方式来保护，如果在实际过程中存在保密困难，那么在研发阶段就要考虑，一旦该植物新品种研发成功，应避免流入相关国家市场。

(2)密切关注他人即将过期的专利产品。一旦相关专利权到期，企业立即开始生产，并申请注册商标，加以保护。现代生物技术研发周期长，而根据包括我国在内的多数国家法律规定，专利权的保护期限自申请之日起计算，这就使很多现代生物技术产品中专利的有效期在大规模商业化时已经所剩无几。这一现代生物技术专利保护的显著特征，为发展中国家的后发企业提供了一条在知识产权保护方面追赶发达国家先进企业的路径。美国辉瑞公司在其 2008 年的年度报告中提到，一旦一项专利到期或者在到期日前因为败诉而终止，其他基因药品的制造商就会立刻生产类似的产品并且低价出售。这种价格竞争往往能在短期内减少其从丧失独占权的产品中所获得的收入。任何一项主要产品的专利保护的丧失都会给辉瑞公司将来的收益和运营结果带来实质性的副作用。2007 年 3 月和 2008 年 2 月，Norvasc 和 Camptosar 的美国专利分别到期，严重影响了辉瑞公司 2008 年的业绩。2008 年 1 月下旬，Zyrtec/Zyrtec D 在美国独占权丧失，辉瑞公司从此停售该产品，这给其 2008 年业绩带来了更为负面的影响。截至 2008 年 12 月 31 日，这三项产品占辉瑞公司总收入的 6%，美国总收入的 1%；截至 2007 年 12 月 31 日，这三项产品占辉瑞公司总收入的 11%，美国总收入的 12%。而美国市场的收入占 2008 年辉瑞公司总收入的近 42%，2007 年辉瑞公司总收入的 48%，2006 年辉瑞公司总收入的 53%。可见，充分开发专利过期的生物技术产品这一座富矿，可以为后发企业带来巨大的经济效益。当然，在研究竞争对手的过期专利的同时，还要做好自身的知识产权保护工作，及时为自己的产品申请商标注册，创造并保持产品在业界和消费者中的知名度。

6.1.2 现代生物技术企业商业化阶段的知识产权策略研究

本书认为，现代生物技术企业在商业化阶段应采取以知识产权运用为主的策略。本书把现代生物技术的商业化分为两种主要方式来探讨，即将研发成果产品化（自用）和将研发成果商品化（技术转移）。

虽然生物技术的研发需要巨大的资金投入，但是一项生物技术的创新一旦商业化成功，将为企业带来巨大的商业收入。最为著名的例子是美国安进（Amgen）公司成功开发的促红细胞生长素（Erythropoietin，EPO），该技术于 1983 年 12 月 13 日获得专利，从 1989 年 6 月 1 日获得美国 FDA 批准上市以后，仅 1999 年就为 Amgen 公司赢得了 17.6 亿美元的销售收入。到 2004 年，EPO 为 Amgen 公司带来利润超 100 亿美元，使其成为美国最大生物工程公司，总资产为 161 亿美元。在把现代生物技术的研发成果产品化，即企业自己将生产制造的相关产品投放市场的过程中，作者认为最为重要的是不要侵犯别人的知识产权。以最为典型的专利权为例，与通常的认识相反，专利权不是对自己享有专利的独占使用权，而是有权制止他人实施自己所享有的专利的权利，即专利权从本质上来讲是一种消极的禁止权，而不是一种积极的使用权。这在基础发明和改进发明之间体现得尤为明显。即，改进发明人获得的专利权在于禁止他人实施其专利，而他自己并不当然可以实施该专利，如果想要实施，还必须取得基础发明专利权人的许可。当然，基础发明的权利人想要实施改进发明，也必须取得对方的许可。在生物技术领域，由于生物技术方法、物种和代谢途径的多样性，能够完成同一种生物学功能的产品或者方法可能并不属于同一种类，因而可能出现生物技术发明种类繁多，多项发明范围交叉、重合或包围的现象（杨远斌，2005），这些发明的专利权人在商业化阶段就会面临其他相关权利人专利权的制约。如果出现这种情况，权利的交叉许可就变得非常必要。这实际上就涉及本书谈到的商业化的第二种方式：技术转移。

技术转移通常包括以知识产权许可或者转让的方式将技术转移给竞争者或者合作者。技术转移的两种方式对现代生物技术商业化阶段的知识产权策略来说都非常重要。知识产权许可，包括普通许可、排他性许可和独占性许可，就相同期限的同一项知识产权来说，三种许可方式的许可费由低到高。知识产权许可的优点在于权利人在许可期间收取许可费，在前两种许可方式中，权利人在许可期间还可以继续以自用的方式实现技术创新的商业化；许可期限届满，权利人仍然享有知识产权，可以根据当时的市场状况灵活安排，考虑进一步的商业化方式。而在现代生物技术的知识产权许可中，交叉许可的情形尤为突出。以著名的 Hyseq 公司诉 Affymetrix 公司案为例，围绕数个美国芯片专利，原被告之间自 1997 年开始提起了一系列的专利侵权诉讼和反诉，其中有两对专利相同（冯薇和银路，2008）。2001 年 10 月，原被告双方终于达成和解协议。根据协议，Affymetrix 公司拥有 Hyseq 公司新设分公司即 Callida 公司的 10%的股份；Callida 公司将拥有名为 N-mer 的分公司，重点开发应用于全程排序的 DNA 微阵列；Affymetrix 公司为 N-mer 公司生产生物芯片的独家供应商；签约以后的 5 年之内，Affymetrix 公司拥有对 N-mer 公司的大部分股份的优先购买权；Hyseq 公司拥有部分 Affymetrix 专利国内使用许可；Hyseq 公司自己选择退出生物芯片制造业，并将已有产业逐步转给 Affymetrix 公司或直接转给 N-mer 公司；Affymetrix 公司授权给 Callida 公司使用不保护微阵列芯片的专利和在 Hyseq 发起的专利复审中饱受争议的专利；Affymetrix 公司拥有某些 Hyseq 专利的非独占许可，涵盖了所有的微阵列芯片专利。这表明，在和解协议中，双方最后达成了交叉许可协议。

同时，知识产权转让在现代生物技术商业化阶段也发挥着重要作用。现代生物技术成功的知识产权转让可以为开发企业带来丰厚的利润，甚至出现一件专利改变一个公司的命运或者带动一个产业的情形。一个典型的例子是 Kary Mullis 完成的聚合酶链式反应(polymerase chain reaction，PCR)发明，该发明申请取得了专利权。该专利由 Cetus 公司转让给 Roche 公司，转让费高达 3 亿美元。可见，机会适宜的时候，转让方式更为可取。并且，知识产权的转让方式也是很多只进行研发，而不实际销售产品的生物技术企业的生存之道，是其商业化的主要方式。

上述不同的知识产权运用方式，无论哪一种，只要运用得当，都会为现代生物技术企业带来客观的收益。同处于商业化阶段的不同企业，根据企业的自身规模以及企业所面临的内外部环境，可能选择不同的运用知识产权的方式。

6.1.3 现代生物技术企业扩散阶段的知识产权策略研究

作者认为，现代生物技术企业在扩散阶段应采取以知识产权保护为主的策略。创新成果或产品向顾客的扩散过程，也就是知识产权权利人使用知识产权的过程。在这一过程中，知识产权的保护能力以及强度，对权利人至关重要。本书认为，对于现代生物技术企业来说，在技术扩散的过程中，知识产权的保护主要涉及两个重要方面，一是防止他人侵权，二是应对其他知识产权人的权利滥用。在几乎所有的知识产权侵权诉讼中，被控侵权人最常用的抗辩理由即是原告的知识产权本身无效，如果权利无效，当然也就不存在侵权之说了。因此，在防止他人侵权的相关诉讼中，对权利人而言，首要的一点是证明自己的权利的有效性。可见，知识产权的创造和知识产权的保护是紧密联系在一起的。“伟哥”商标侵权案就是这方面的典型例证(朱晓超和段宏庆，2010)。该案原告辉瑞公司、辉瑞制药公司称，媒体早在自 1998 年起就采用“伟哥”一词进行大篇幅的报道，“伟哥”成为未在中国进行注册的驰名商标。但是，广州威尔曼药业有限公司生产的“甲磺酸酚妥拉明”与其属同类药品，前者于 1998 年 6 月 2 日申请注册“伟哥”商标，2002 年 6 月 21 日进行商标公告。广州威尔曼药业有限公司不仅宣传辉瑞公司的“伟哥”是其商标，并许可江苏联环药业股份有限公司使用，还通过北京健康新概念大药房有限公司进行销售。原告认为，北京健康新概念大药房有限公司等三公司的行为构成了不正当竞争和侵犯商标权，于是将其诉至法院，要求认定“伟哥”为辉瑞公司未在中国注册的驰名商标；判令北京健康新概念大药房有限公司和江苏联环药业股份有限公司立即停止销售带有“伟哥”商标的药品，广州威尔曼药业有限公司停止对“伟哥”进行商标许可和广告宣传等。同时要求判令江苏联环药业股份有限公司和广州威尔曼药业有限公司立即停止印刷和使用“伟哥”商标，并销毁全部“伟哥”商标标识等有关工具；三公司共同赔偿经济损失 50 万元，并公开赔礼道歉。一审法院经过审理，判决驳回了辉瑞公司的全部诉讼请求。判决后，原告不服，上诉到北京市高院。2008 年，北京市高院经审理认为，虽然辉瑞公司在香港等地区申请了

“伟哥”文字商标注册，但是根据商标独立保护原则，辉瑞公司在中国内地并不对“伟哥”商标享有权益。辉瑞公司提供的证据不能证明“伟哥”商标在中国内地已具有较高的知名度及已具有较高声誉。因此，北京市高级人民法院最终认为原告在中国内地不享有“伟哥”的商标权，维持了一审判决。该案集中体现出在现代生物技术创新过程中，由于前期的知识产权创造工作出现了失误，未在我国申请商标注册，导致辉瑞公司在技术扩散阶段知识产权的保护中显得十分被动。而“伟哥”在中国的专利案件则正好相反。国家知识产权局于 2001 年授予辉瑞公司“伟哥”发明专利权。但是，当时在我国也有多家药厂声称在开展对以“西地那非”(别名：万艾可)为主要成分的产品的研究，甚至有的已经完成了临床试验。因而国内的 12 家企业(例如，吉林制药、白云山医药公司、合肥医工医药等)进行联合，建立起“伟哥联盟”，以“该药品专利不具有创造性、新颖性及信息披露公开不充分”的理由，向专利复审委员会申请宣布万艾可专利无效。一直到了 2004 年该申请才获得了国家专利复审委员会的批准。2004 年 9 月，辉瑞公司将国家知识产权局告上法庭，同时还把国内 12 家企业列为第三人拉上了被告席。由此展开了长达 3 年的“伟哥”专利纠纷诉讼案。北京市第二中级人民法院于 2006 年 6 月 2 日下午对万艾可案作出一审裁决，万艾可专利所有人美国辉瑞公司胜诉，法院对原告辉瑞公司所提“国家知识产权局专利复审委员会收回专利无效决定”的诉讼请求予以支持。国内的相关企业不服，于是又上诉至北京市高级人民法院。2007 年 10 月 27 日，北京市高级人民法院对“伟哥”专利纠纷做出终审判决，撤销国家知识产权局专利复审委员会作出的“伟哥”专利无效的决定。其终审判决认为，专利复审委员会认为“说明书所述的治疗效果及实验数据缺乏明确的指向及关联”的说法，属于认定事实有误，应予以纠正。该终审判决意味着美国辉瑞公司取得了“伟哥”的中国专利权，其在中国市场上生产和销售伟哥的垄断地位得到确立，一旦国内制药企业生产“伟哥”，即被视为侵权。

Trips 协议指出，知识产权的保护与权利行使，目的应在于促进技术的革新、技术的转让与技术的传播，以有利于社会及经济福利的方式去促进知识的生产者与使用者互利，并促进权利与义务的平衡。因此，在知识产权的保护中，防止他人滥用知识产权，是另一个重要方面。知识产权并不是一项绝对权，它的运用和保护都是有边界的，任何超出边界，滥用知识产权的行为，都将受到相对人的反对和法律的制约。还是以美国辉瑞公司为例，面对辉瑞公司强大的专利权，我国的生物制药企业应该如何应对呢？2008 年欧盟委员会的一项调查显示，“原创药”制药公司为了打压竞争对手，从而实现自己公司的盈利最大化，不惜利用多种方式制止或者延缓同类药品上市。为延长其专利有效期，阻止或延迟同类药进入市场，辉瑞公司等公司往往以自己的专利权受到侵犯为名将竞争对手告上法庭。而专利纠纷往往需要 3 年时间才能了结。有关统计显示，超过 60%的被告公司最终能够打赢官司，这也就正好说明了原告的目的就是为了延缓被告非专利药品的上市时间。这类公司利用欧洲法律程序烦琐、耗时长的特点，拖住仿制药竞争对手。欧洲法律规定在“诉讼”未结束之前，仿制药公司是不能销售还在打官司的产品的。这种官司平均耗时 3 年，最后往往是专利药公司败诉，但专利药公司已争取到额外的 3 年销售时间，同时也拖了仿制药公司 3 年，让其产品无法销售。在欧盟委员会立案调查的 700 个专利药公司状告仿制药公司的专利诉讼案件中，420 个案子最终是以仿制药公司胜诉。欧盟委员会表示，如果发现有违反垄断法的行为存在，欧盟委员会将毫不犹豫地对相关公司提起反垄断诉讼(姚维保，2005)。挑起诉讼，以时间换市场，已经成为现代生物技术巨头企业打压中小企业的主要手段。我国很多生物技术企业已是深受其害。例如，之前的国产“伟哥”盟主，重庆康尔威药业股份有限公司，就因专利诉讼案耗时太久于 2006 年宣告破产，该公司的“伟哥”专利也被拍卖。本书认为，面对知识产权人可能使用的权力滥用手段，相对人一方面应该依据《反垄断法》《反不正当竞争法》等在诉讼中进行还击；另一方面，还应在技术创新上狠下功夫，争取在现代生物技术领域取得突破性的重大创新，冲出现有权利人的知识产权包围。

此外，在现代生物技术的创新过程中，知识产权组织也不容忽视，它贯穿了整个创新过程，为技术创新提供制度保障。知识产权组织是指权利人为鼓励进行知识产权创造，推进知识产权运用，加强知识产权保护而进行的组织构造、人员设置和制度建设。很多成功的现代生物技术企业都十分重视知识产权管理机构的设置和人员配置，知识产权部门在企业内部处于和研发、销售等部门平行的地位，部门内部有多名专职从事知识产权工作的人员，知识产权部门的负责人往往直接对企业的最高决策者负责，这种设置保证了知识产权工作在企业技术研发、商业化和扩散阶段的渗透能力。很多企业内部都规定了高额的激励机制，奖励创造性的劳动。这些都折射出知识产权对于现代生物技术的重要意义。正如前文所指出的，全方位的知识产权策略渗透在现代生物技术企业技术创新的各个阶段。虽然本书重点论述的是现代生物技术企业在技术创新的不同阶段的不同知识产权策略，但实际上知识产权的创造、运用、保护等策略是动态存在、紧密结合的，在创新的不同阶段并非是截然分开的。知识产权的创造是知识产权运用和保护的前提和基础；知识产权的运用是知识产权创造的目的和核心；知识产权的保护是知识产权创造和运用的保障；而知识产权组织则是其他策略的制度平台。

6.2　现代生物技术企业“接力创新”中的知识产权运营模式研究

生物技术产业的自身特点决定了知识产权对于现代生物技术的重要性以及特殊性。以往与企业技术创新和知识产权策略有关的研究更多的是集中在单个企业中(冯薇，2011)，而现代生物技术的高投入、高风险等特点决定了单个企业很难完成技术创新的全过程，现代生物技术企业的创新具有突出的“接力创新”的特质。钱德勒(2006)认为，新兴的生物技术研究公司对生物制药产业的创建和技术创新具有关键意义。Pisano(2006)指出，小型生物技术公司是生物制药创新的源泉和动力。李天柱(2012)则把生物制药公司分为专家型公司和核心公司两大类。其中，专家型公司是指建立在科学研究的基础上，专注于分子生物学研究和现代生物技术研发前端的小型生物技术企业。而核心公司则是指在新药、新产品的研发、生产、营销等方面具备综合组织能力的大型一体化公司。并且，他进一步认为，生物技术创新是专家型公司与核心公司合作的结果，但这种合作不是简单的合作创新，而是具有突出的“接力”性质。事实上，大多数成功的生物技术药品，如默克公司拥有的世界上第一种基因工程疫苗(Recombivax HB)、安进公司的促红细胞生长素(Erythropoietin，EPO)等，都是接力创新的结果。近年来，风起云涌的生物技术公司间的并购热潮，也是生物技术“接力创新”特质的集中体现。专家型公司和核心公司在生物技术创新过程中分别扮演了不同的角色，具有不同的职能和分工，二者的良性互动所形成的正反馈效应是生物技术产业持续创新能力的来源。在生物技术的“接力创新”过程中，基于不同的创新阶段和时机，两类企业可能选择不同的接力模式，而不论选择何种模式，知识产权都是其中至关重要的一个因素。本节作为本书现有研究的深化和延续，以生物制药企业为例，构建“接力创新”中专家型公司和核心公司不同的知识产权接力模式，以期为后续实证研究提供理论支持和指导。

生物制药是当前生物技术产业的代表，本节将以生物制药企业为例，分析并讨论生物技术企业在接力创新的过程中不同的知识产权策略模式。李天柱等(2010)将生物制药创新的典型发展阶段总结为初期发现、实验室研究、中试研究、临床前研究、临床试验、审批、生产和销售阶段，并进一步将生物制药专家型公司与核心公司的接力模式总结为平台技术转让、整体出售、合同许可(定向开发)和市场共同开发等四种典型模式。本节以上述研究结论为基础，根据生物制药企业的创新阶段及其面临的主要知识产权风险，把专家型公司和核心公司进行接力创新过程中的知识产权策略模式分为许可证交易、知识产权转让、约定所有权(知识产权单独共有/所有)、知识产权投资入股四种方式进行论述(冯薇等，2014)。生物制药企业接力创新中的知识产权策略模式如图 6-2 所示。

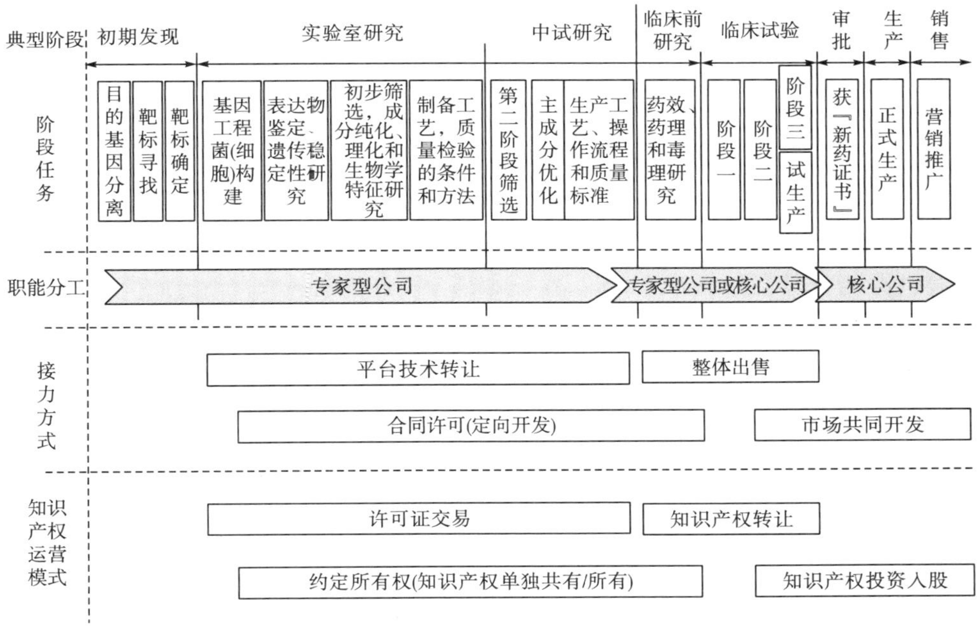

图 6-2　生物制药企业接力创新中的知识产权策略模式

6.2.1　许可证交易

许可证交易通常发生在生物制药技术研发的实验室研究或中试阶段。此时，专家型公司已经在基础研究上取得了一定成果，其平台技术已经获得专利等知识产权，但市场应用方向尚不明确。在专家型公司发展初期，由于资金极度匮乏，往往需要以已经获得专利授权的平台技术为融资手段，通过许可证交易，将其许可给核心公司使用，由核心公司完成后续的临床前研究、临床试验及商业化等创新阶段。这种模式下，平台技术已开发成功，由专家型公司将专利权许可给核心公司，核心公司在此基础上进一步开发出目标产品。

目前的许可证交易一般有三种形式，即普通许可、排他许可和独占许可。①普通许可是指专家型公司将其专利权许可给某一核心公司使用后，自己仍保留使用该专利的权利，并且也可以许可给其他公司。②排他许可是指专家型公司将其专利权许可给某一核心公司使用后，就不能再将该专利权许可给其他公司使用，但该专家型公司作为专利权人自己仍然可以使用该专利。③独占许可则是指专家型公司将其专利权许可给某一核心公司使用后，不仅不能再许可其他公司使用该专利，在许可使用期内专家型公司自己也不能够继续使用该专利。因此，就同一专利同一许可期而言，普通许可、排他许可和独占许可的费用通常是由低到高的。在许可证交易中，专家型公司面临的主要知识产权风险是，专利权的许可(特别是独占许可)，往往意味着树立和培养了强劲的竞争对手，即使等到许可期满，专家型公司能够继续实施该专利时，也可能已经失去了该产品市场。当然，这主要是针对已经有能力对该技术进行产品化和商业化的专家型公司来说。相对而言，核心公司在这一方式中面临的知识产权风险可能更大。因为，该专利权能否成功实施，对获得许可的平台技术进行开发以进一步发展出创新产品，直至将产品成功商业化，都是不确定的。

相关统计显示，2007～2011 年，生物制药的全球许可证交易额一直维持在 2 亿美元以上。但总的来说，2011 年较之前几年许可证交易额还是有明显下降，这与许可证交易中双方面临的知识产权风险不无关系。2010～2011 年，虽然临床前、临床 I 期和 III 期阶段的许可证交易数量有所增加，但是 II 期阶段的许可证交易数量下降了 16%，这表明许可证交易越来越倾向于生物制药创新早期阶段的合作。2011 年，大型药企很少购买 III 期临床的许可，而且所开展许可协议通常都是区域性的。比如，拜耳医药(Bayer Pharma)与 Trius Therapeutics 就后者处在 III 期临床的抗生素 torezolid phosphate 进行的开发和商业化协议，拜耳医药获得了在中东、非洲、拉美和部分亚洲国家的权益。因此，进行许可证交易的双方都应从专利技术本身出发，审慎评估有关的知识产权风险，选取适合的许可方式，才能成功完成接力创新。

6.2.2 知识产权转让

知识产权转让的模式一般发生在整体出售的接力模式中，即生物制药技术研发的临床前研究到临床阶段。由于专家型公司将公司或某个新药项目整体高价出售给核心公司，其所拥有的知识产权自然也全部归核心公司所有。生物制药领域已经成为跨国药企的必争高地，生物技术也成为 2011 年度并购最活跃的行业。一般说来，生物制药行业中的并购主要有两类：第一，传统制药巨头收购生物制药公司；第二，创新型制药公司收购研发型企业，即核心公司收购专家型公司，如吉利德收购 Pharmasset。尽管近年来生物制药企业间的并购势头强劲，其中的知识产权问题也看似简单，但实际上，并不是所有的并购项目都是成功的。据统计，大约每 5 个合作项目中只有 1 个能够顺利地通过 III 期临床，而其中大概有 1/5 因不能通过关键的安全性或有效性标准而失败。剩下的交易中，大约又有 60% 被终止，而其中约有 1/2 又会重新达成合作关系，继续向前推进。若仅仅着眼于在研重磅药物，据英国德勤有限公司估计，合作、重新合作，并且顺利达到重大成功的比例是 8%。

例如，葛兰素史克公司(GlaxoSmithKline，GSK)和 Targacept 公司关于靶点为神经元烟碱受体的小分子的交易，Shire 和 Renovo 关于治疗瘢痕的 Juvista 的交易等都以失败告终。这些终止的交易说明在整体出售这种接力模式中，并购的双方都面临包括知识产权在内的诸多风险。

与一般行业的企业间并购不同，由于知识产权在现代生物技术企业中的特殊性及重要性，某一项专利或拥有其他知识产权的新药往往是生物制药企业并购的主要标的。此时，知识产权转让中的风险对于并购的双方来说都显得尤为重要。一般而言，转让方的风险在于可能为自己树立了一个强劲的竞争对手，丢掉了可以垄断的市场。受让方的风险则在于通过受让获得的技术存在法律瑕疵或者失去应用价值。可以看出，与许可证交易一样，受让方在知识产权转让中同样面临更大的风险。本书认为，由于生物制药中的知识产权转让往往是跨国性的，受让方应通过以下几方面的尽职调查来有效防控风险。第一，全面评估目标知识产权的价值。除了要考虑目标知识产权的权利归属以及是否已经有被许可人等法律瑕疵以外，核心公司还应特别评估相关新药通过三期临床的可能性。杨森制药(Janssen Pharmaceutical)和 Diamyd 医疗之间有关治疗 1 型糖尿病的临床 III 期药物 GAD65、Cephalon 和 ImmuPharma 之间有关 ImmuPharma 治疗狼疮的中期临床实验药物的转让都是因为三期临床失败而告终，此类例子不胜枚举。第二，考察被收购企业的知识产权法律环境。一些国家对重要技术采取了严格的管制措施，如果对这些限制事先没有做充分了解，就可能在收购过程中显得被动。第三，注意并购时机。对于受让方来说，目标企业和药物所处的创新阶段越靠后，并购之后成功的可能性越大。当然，这时可能出让方也会相应提高并购价格或是知识产权出让费。所以，如何在并购时机和价格之间做好权衡，也是受让方必须考虑的一个关键问题。第四，充分考虑知识产权的地域性以及权利的有效期。知识产权具有典型的地域性，即根据一国法律取得知识产权仅在一国境内有效，在其他国家原则上没有效力，签订了双边或多边知识产权协议之间的国家除外。因此，在受让某项知识产权时，受让方必须搞清该知识产权的有效范围。通常，一国专利的保护期只有 20 年，自申请之日起计算。而一项新药的研发周期一般要历时 12～15 年。因此，一项专利药品在上市时究竟还剩下多少专利保护期，受让方也必须予以充分考虑。

6.2.3 约定知识产权(单独共有/所有)

知识产权共有的模式一般用于核心公司和专家型公司的定向合作中，通常是核心公司以合同形式委托专家型公司为其完成药品的定向开发，再由核心公司完成新药商业化，这种模式广泛应用于生物制药技术的实验室研发到临床前研究的各个阶段。例如，世界上第一种基因工程疫苗(Recombivax HB)就是奇龙公司早期为默克公司定向开发的，由默克公司完成临床、审批和商业化。由于采取定向合作的方式，双方的权利义务均由合作合同规定，而其中的知识产权权利归属和利益分配，无疑是双方合作合同的重要内容。在这种模式下，专家型公司面临的主要知识产权风险是合作过程中可能出现的已有知识产权泄露和在知识产权约定共有或对方单独所有的情况下如何获得技术研发成功后的收益。而核心公司则面临着专家型公司能否按照合同约定开发出相应的技术成果，可能造成的知识产权的泄露和滥用的风险。

应对上述风险的办法来自相关公司对各国知识产权法有深入的了解。以中国为例，《专利法》规定，“两个以上单位或者个人合作完成的发明创造、一个单位或者个人接受其他单位或者个人委托所完成的发明创造，除另有协议的以外，申请专利的权利属于完成或者共同完成的单位或者个人；申请被批准后，申请的单位或者个人为专利权人。”因此，对于核心公司而言，必须在定向开发合同中明确规定专利权的归属。否则，基于知识产权是对智慧投入进行激励这一基本原则，其所开发出的技术成果的专利权将会归专家型公司单独所有。如果合同中规定为共同所有，则必须进一步明确共有人的权利。按照我国《专利法》规定，“专利申请权或者专利权的共有人对权利的行使有约定的，从其约定。没有约定的，共有人可以单独实施或者以普通许可方式许可他人实施该专利；许可他人实施该专利的，收取的使用费应当在共有人之间分配。除前款规定的情形外，行使共有的专利申请权或者专利权应当取得全体共有人的同意。”这就意味着，如果不做进一步的明确规定，专家型公司有权将所研发的技术成果自用或者以非排他及独占许可的方式许可给核心公司的其他竞争对手使用，这显然对核心公司是非常不利的。实际中，核心公司往往通过支付里程金的方式来规避知识产权研发失败带来的风险。而对于专家型公司而言，除了在合同中明确知识产权的归属、里程金的支付方式、时间等，还要约定未来新药商业化之后依据销售额或利润提成的比例，尤其是在合同约定知识产权由核心公司单独所有的情况下。

6.2.4 知识产权投资入股

知识产权投资入股的运营模式主要用于专家型公司与核心公司的市场共同开发情况下。知识产权投资入股是知识产权资本运营的一种方式，也是近年来知识产权运营理论研究和实践中的一个热点问题。知识产权投资入股是企业将知识产权作为资本投入，与其他有形和无形资本结合，共负盈亏，共担风险，建立新的经济实体的经济行为运作方式。知识产权投资是将知识产权转化为产业资本的经营形式(刘银良，2000)。

接力模式是指专家型公司与核心公司合作，在特定时间、特定适应证范围以及特定地域范围内对新产品的潜在市场进行划分，共同对新市场进行开发和占领。市场共同开发大都发生在新药的商业化阶段，通常采取的手段是普通授权许可或组建合资公司等方式。例如，安进与麒麟啤酒株式会社共同投资设立公司对 EPO 进行商业化。

本节重点论述的是，专家型公司以现有知识产权作价投资，与核心公司组建合资公司的知识产权运营模式。本书认为，知识产权投资入股作为知识产权资本运营的一种典型代表，也是最能体现知识产权价值的一种知识产权运营模式。由于相关法律法规的缺失和“重有形，轻无形”等观念的影响，我国企业在这方面的实践还较少。

知识产权投资入股模式中存在的主要风险是知识产权估价的风险。无论是知识产权价值的高估或低估，都会带来对核心公司或专家型公司在市场共同开发中的不利影响。因此，除了双方根据实际情况对于某项知识产权进行自行估价外，还应该找专业的知识产权评估机构，对某项知识产权进行科学估价。我国最新修订的《公司法》，对知识产权投资入股的问题做了很大的调整。2013 年 12 月 28 日，我国《公司法》进行了第三次修订，修订后的公司法将于 2014 年 3 月 1 日正式实施。根据修订后的《公司法》，在有限责任公司的设立一节中删除了“全体股东的货币出资金额不得低于有限责任公司注册资本的百分之三十”的规定。这就意味着，我国进一步鼓励以知识产权投资入股的形式，其最高金额可以达到公司注册资本的百分之百。从最早期的不超过20%，到后来的不超过70%，到新《公司法》的没有限制，可以预计，知识产权投资入股，即知识产权资本化的策略，会在以后的企业知识产权运营实践中扮演越来越重要的角色。同时，我国《公司法》还规定，“对作为出资的非货币财产应当评估作价，核实财产，不得高估或者低估作价。法律、行政法规对评估作价有规定的，从其规定。”建立科学的评估体系，将是知识产权投资入股方式中急待解决的问题。

6.3　四川省生物技术企业知识产权运营现状分析

根据前面的数据分析可知，四川省生物技术专利的申请数量较多，在全国排名第十，其大中专院校的申请数量占据了很大的比例，而大专院校申请的专利普遍存在商业化程度低的问题，这就很容易导致生物技术专利不能创造出应有的经济价值。因此，激活知识产权市场，实现知识产权的商业价值，对实现增长方式转变和创新驱动具有重大的现实意义和必要性。如何使现有的专利发挥最大作用和取得最大经济效益，正是知识产权运营要解决的问题。

本节在前一章知识产权专利布局数据的分析基础上，进行深入的挖掘，梳理知识产权运营的相关维度，对四川省生物技术专利的法律及运营现状进行分析，以期找出四川省生物技术知识产权运营中存在的问题。

6.3.1　四川省生物技术发明专利法律状态分布

如表6-1所示，是四川省生物技术发明专利法律状态分布情况。1998年以来，四川省生物技术发明专利共计5139件，其中授权2143件，占比最高，为41.7%；其次为实质审查中的专利，占比24.8%；权利终止、撤回、驳回的专利共计1554件，占比30.2%，占比较高。可见，四川省生物技术发明专利在国内的认可度仍有待加强。

表6-1　四川省生物技术发明专利法律状态分布情况

当前法律状态	专利数量/件	占比/%
授权	2143	41.7
实质审查	1272	24.8
权利终止	908	17.7
撤回	441	8.6
驳回	205	4.0
公开	128	2.5
放弃	34	0.7
权利恢复	6	0.1
部分无效	2	0.0

注：小计数字的和不等于总计数字，是因为有些数据进行过舍入修约。

6.3.2　四川省生物技术发明专利转让趋势

图 6-3 是四川省生物技术发明专利转让趋势图。2001 年以来，四川省生物技术发明专利转让共计 344 件，占总专利数的 6.7%，可见四川省生物技术运营不够活跃，转让市场较为冷淡。从时间趋势上看，近几年来，四川省生物技术发明专利转让呈现明显的上涨趋势，但活跃度仍需要加强。

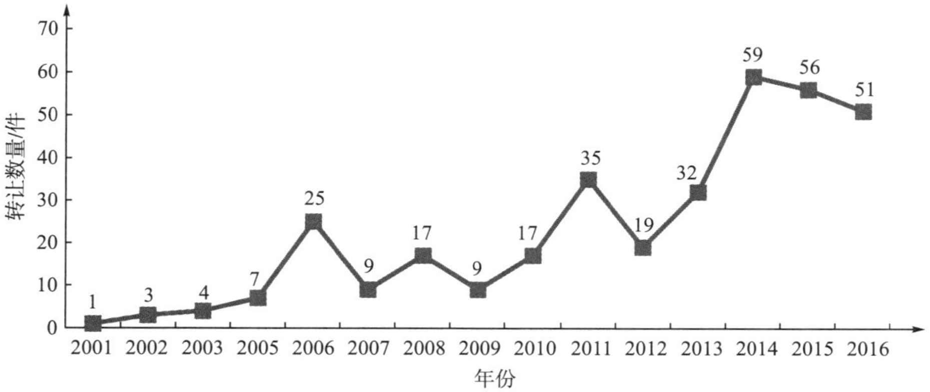

图 6-3　四川省生物技术发明专利转让趋势图

注：2004 年专利转让为 0，故未筛选出来。

如表 6-2 所示，是四川省生物技术发明专利排名前十的转让人。从转让人排名来看，前 10 位生物技术发明专利转让人中，企业有 5 位，占比较高。其次为科研院所与大专院校，各有 2 位，个人作为转让人有 1 位。这说明生物技术发明专利的转让是以企业为主，大专院校与科研机构也起到十分重要的作用。

表 6-2　四川省生物技术发明专利排名前十的转让人

转让人	专利数量/件
巴中七彩林业科技有限公司	28
四川胜泽源农业投资有限公司	27
巴中市光雾山植物研究所	27
四川大学	20
四川禾木本业农林科技有限公司	16
成都大学	15
马义才	13
宜宾雅泰生物科技有限公司	9
中国科学院成都生物研究所	8
成都派润生物科技有限公司	8

6.3.3　四川省生物技术发明专利许可趋势

图 6-4 是四川省生物技术发明专利许可趋势。2004 年以前，四川省生物技术发明专利

尚未出现许可专利。2004年以后，四川省生物技术发明专利许可共计61件，占总专利数的1.2%，可见四川省生物技术运营上对专利许可运用的较少。从时间趋势上看，近几年来，四川省生物技术发明专利许可呈现明显的上涨趋势，但数量仍然很低。

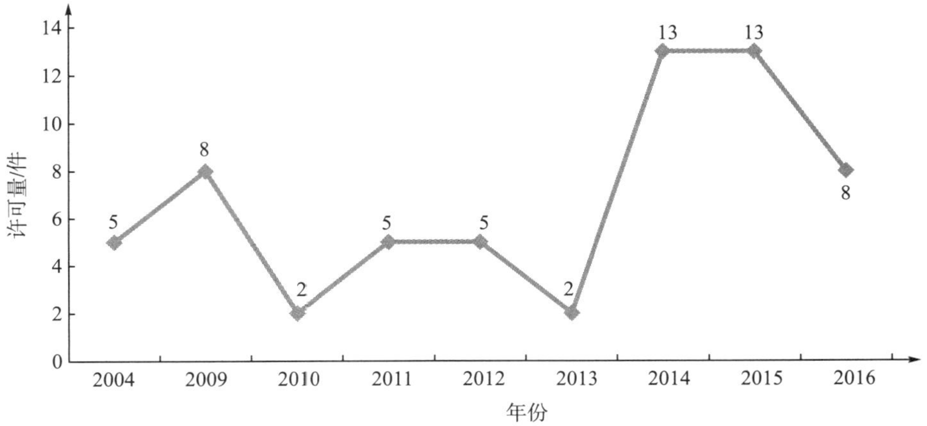

图6-4　四川省生物技术发明专利许可趋势

如表6-3所示，是四川省生物技术发明专利排名前十的许可人。从许可人排名来看，前10位生物技术发明专利许可人中，企业有4位，占比40%。研究院所(包含四川大学华西医院)也是4位，占比同企业一致。个人作为许可人有2位。这说明四川省生物技术企业并没有充分利用到专利许可的方式。

表6-3　四川省生物技术发明专利排名前十的许可人

许可人	专利数量/件
四川迈克生物科技股份有限公司	8
四川禾本生物工程有限公司	6
周思亮	5
畿晋庆三联(北京)生物技术有限公司	5
中国科学院成都生物研究所	4
四川大学华西医院	4
张铁耀	4
农业部沼气科学研究所	3
成都易创思生物科技有限公司	3
中国农业科学院生物技术研究所	2

6.3.4　四川省生物技术发明专利有效性分布

研究生物技术专利的有效状况非常重要。专利申请之后，专利是否维持有效间接证明了该专利成果的价值，若成果顺利得到转化，则专利维持的有效的时间会比较长。

图6-5是四川省生物技术发明专利有效性分布。从总体上看，四川省生物技术发明专

利中，有效数量占比为41.9%；审核中的专利占比为27.2%；无效专利占比也较高，为30.9%。一方面说明四川省生物技术发明专利成果价值没有体现，另外一方面也说明四川省生物技术专利保护做得不够到位。

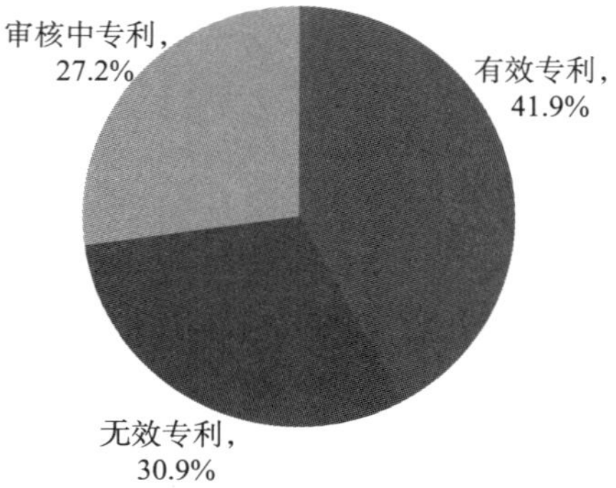

图 6-5　四川省生物技术发明专利有效性分布

图6-6是2010～2015年四川省生物技术发明专利无效占比状况。2012～2015年，四川省生物技术发明专利的有效数量占比增长较为明显，体现在无效专利占比上，6年平均无效专利占比为15.6%，逐年在下降。但与全国相比，四川省平均无效专利占比较全国高出4.3%；除2014年和2015年两年的无效专利数量较少导致数据没有可比性外，其他年限四川省无效专利占比均远高于全国无效专利占比。这说明四川省的知识产权保护力度较为薄弱。

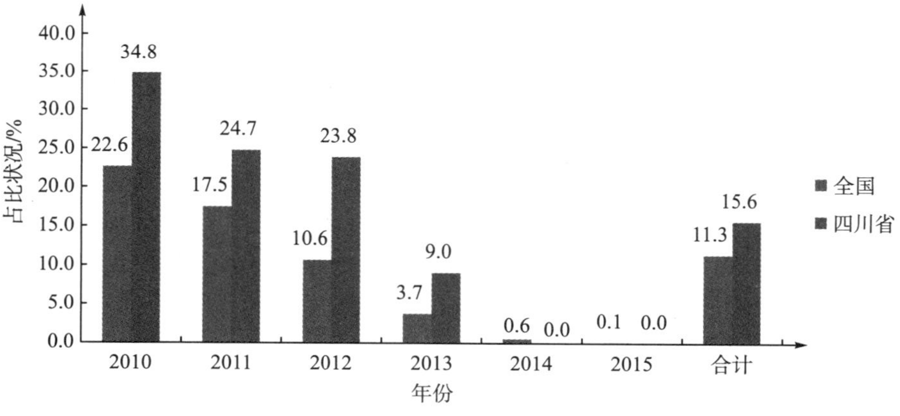

图 6-6　2010～2015年四川省生物技术发明专利无效占比状况

6.4　四川省生物技术企业知识产权运营的影响因素分析

专利文献中包含了大量有价值的信息，国内外诸多学者通过专利文献，研究了专利文献中的一些特征变量对专利维持状态的影响作用。本书旨在探索四川省生物技术发明专利的运营发展情况，由于篇幅有限，不再对影响因素本身与专利运营之间的正负相关关系进行阐述，而是综合前人的研究成果，归纳总结几个重要的影响因素，并与国内其他先进的省份做比较，找出四川省在生物技术发明专利上的薄弱环节。

6.4.1 申请人和发明人数量及专利合作率

专利的合作率指的是专利的申请人或者发明人数量在2个或2个以上的专利数量占该区域或技术领域的专利总数量的比率。一般来说，专利的发明人或者申请人越多，也间接反映出该专利投入了越多的人力或者财力。相应地，也其专利的技术含量也就越高。所以说，专利合作率对专利的质量有一定的正向反映。本节使用各省(市、自治区)的专利合作率来进行横向的对比分析，反映四川省在各省份中专利合作率状况。

图 6-7 是 2010～2015 年全国各省份平均申请人数量。2010～2015 年，国家知识产权局受理的生物技术发明专利，全国平均申请人数量为 1.117 个，四川省在全国排名为 18 位，平均发明人数量为 1.094 个，低于全国平均水平。图 6-8 是 2010～2015 年全国各省份平均发明人数量。2010～2015 年，国家知识产权局受理的生物技术发明专利，全国平均发明人数量 4.753 个，四川省在全国排名为 16 位，平均发明人数量为 5.070 个，高于全国平均水平。

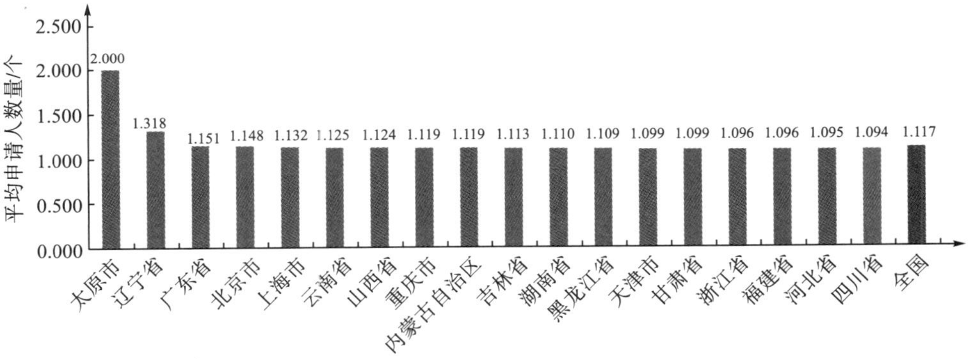

图 6-7 2010～2015 年全国各省份平均申请人数量

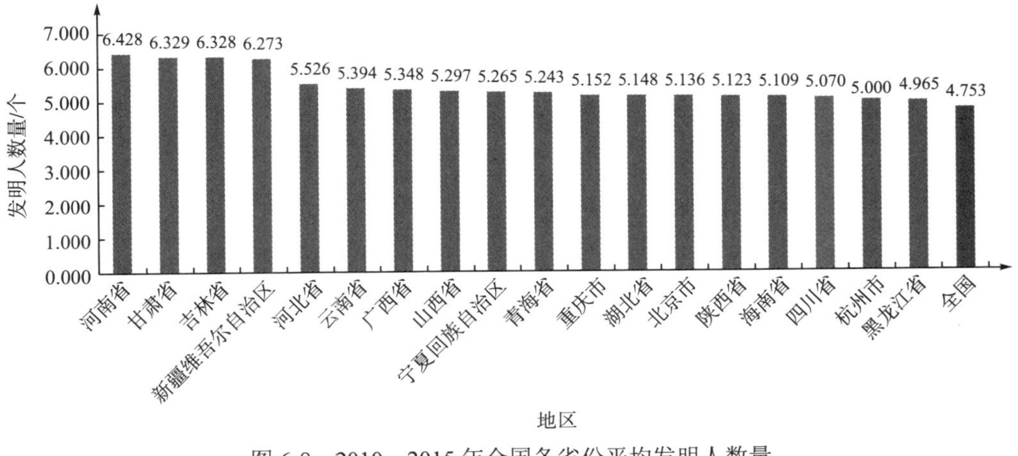

图 6-8 2010～2015 年全国各省份平均发明人数量

图 6-9 是 2010～2015 年全国各省份专利合作率情况。从专利的合作率上看，2010～2015 年，国家知识产权局受理的生物技术发明专利，全国平均专利合作率为 9.1%，四川省在全国排名为 23 位，专利合作率为 6.1%，远低于全国平均水平。值得一提的是，国外专利的合作率为 12.2%，高于我国平均水平，也高于我国除辽宁省以外的所有省市水平。

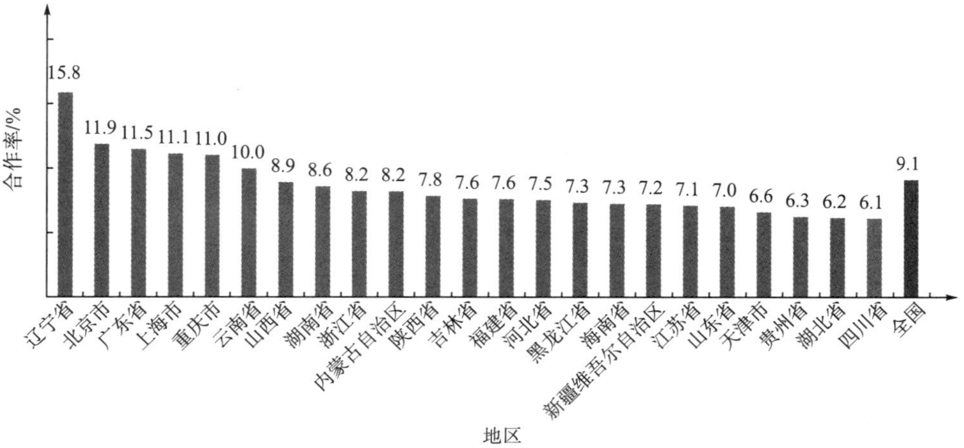

图 6-9　2010～2015 年全国各省份专利合作率情况

6.4.2　知识产权中介参与率

中介参与率即通过知识产权中介申请的专利数量占全部专利数量的比例。本书使用中介参与率参数来评价各省份的知识产权服务体系情况。综合了国内外学者的研究，本节得出，知识产权中介的参与能够在一定程度上促进知识产权的申请与保护维持，即知识产权中介可以间接反映出一个区域的知识产权服务体系的健全程度。

图 6-10 是 2010～2015 年全国各省份中介参与率情况。2010～2015 年，国家知识产权局受理的生物技术发明专利，全国平均专利中介参与率 86.7%，中介参与比例总体较高；四川省中介参与率为 78.8%，排名全国各省(市、区)第 24 位，低于全国平均水平。而国外在我国国家知识产权局申请的发明专利，其中介参与率为 100%。

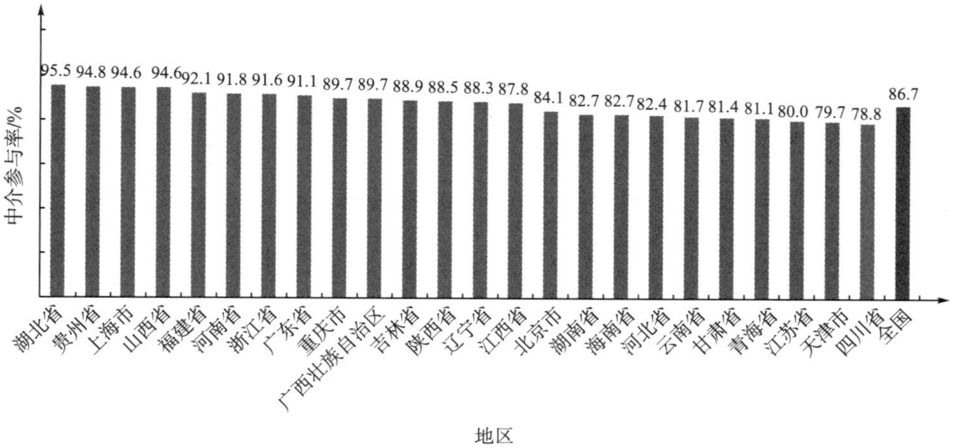

图 6-10　2010～2015 年全国各省份中介参与率情况

6.4.3　专利申请时长

一般来说，专利的维持时间与从申请到授权所需时间成反比，即从申请到授权所需时间越长，专利维持时间越短。专利的申请周期长，从某个角度可以说明该发明专利不被知识产权局认可的概率就越大。

图 6-11 是 2010～2015 年全国各省份申请周期时长情况。2010～2015 年，国家知识产权局受理的生物技术发明专利，全国平均专利的申请周期时长 534 天，四川省专利申请周期为 474 天，排名全国各省市第 19 位，低于全国平均水平。

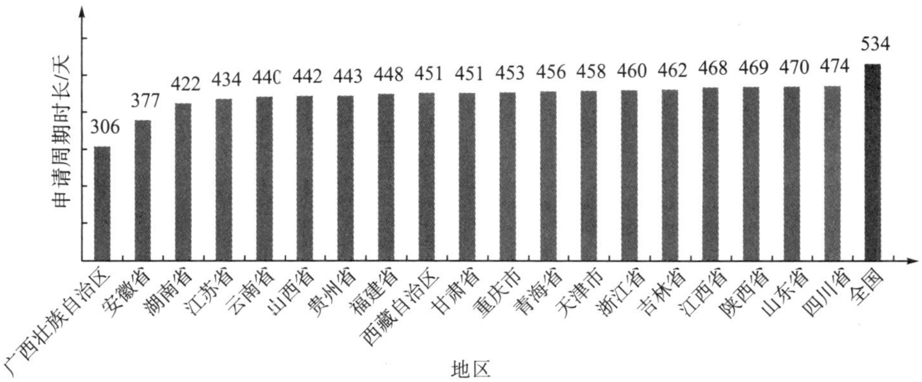

图 6-11　2010～2015 年全国各省份申请周期时长情况

6.4.4　引用专利数量和被引用专利数量

一般情况下，引用专利数量多，说明该发明专利吸取前人研究的成果较多。被引用专利数量多，说明该发明专利获得较多的认可。根据学者的研究，引用专利数量和被引用专利数量越多，该发明专利能够维持的时间越久。

图 6-12 是 2010～2015 年全国各省份发明专利引用专利数量情况。从发明专利引用专利数量来看，2010～2015 年，国家知识产权局受理的生物技术发明专利中，全国平均引用专利数量为 0.75 条；四川省平均引用专利数量为 0.82 条，排名全国各省(市、区)第 4 位，高于全国平均水平。

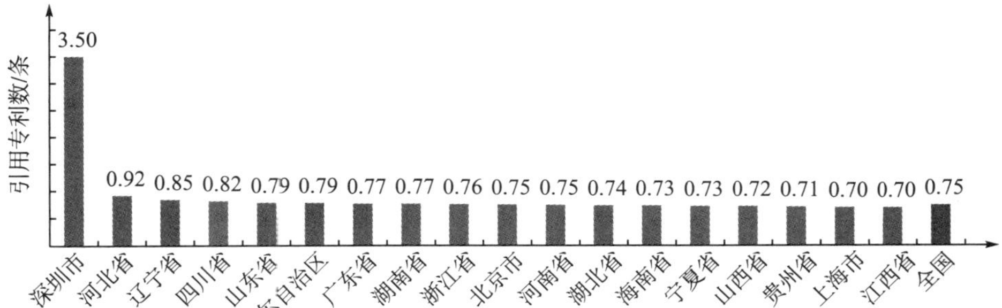

图 6-12　2010～2015 年全国各省份发明专利引用专利数量情况

图 6-13 是 2010～2015 年全国各省份发明专利被引用专利数量情况。从发明专利被引用专利数量来看，2010～2015 年，国家知识产权局受理的生物技术发明专利，全国平均被引用专利数量为 0.074 条，四川省平均被引用专利数量为 0.080 条，排名全国各省(市、区)第 12 位，同样高于全国平均水平。

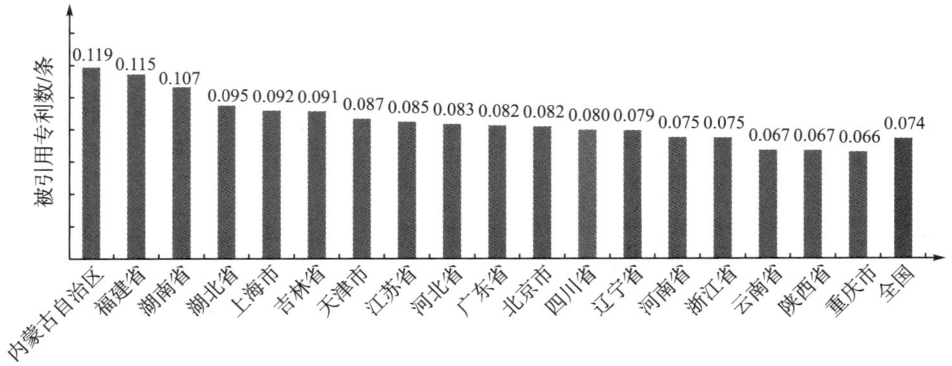

图 6-13　2010～2015 年全国各省份发明专利被引用专利数量情况

6.4.5　专利 IPC 分类号数量

专利的 IPC 分类号并不一定唯一。IPC 主分类号越多，反映出该件发明专利所涉及的技术领域越广泛，但 IPC 分类号覆盖领域多，并不表示该发明专利技术性优越。

图 6-14 是 2010～2015 年全国各省份发明平均 IPC 分类号数量情况。从发明专利的 IPC 分类号数量来看，2010～2015 年，国家知识产权局受理的生物技术发明专利，全国平均 IPC 分类号数量为 3.50 个；四川省平均 IPC 分类号数量为 3.19 个，排名全国各省市第 18 位，低于全国平均水平。

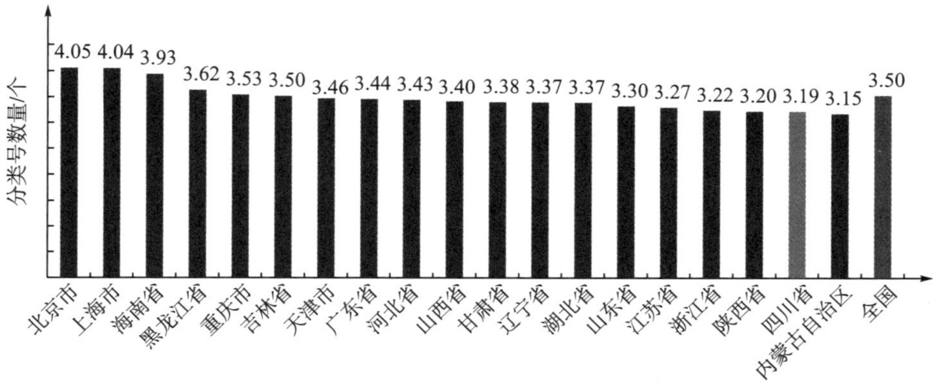

图 6-14　2010～2015 年全国各省份发明平均 IPC 分类号数量情况

6.4.6　四川省生物技术发明专利综合分析

雷达图是专门用来进行多指标体系比较分析的专业图表。本节通过两个方面对四川省生物技术发明专利情况进行综合分析。首先，将四川省知识产权发展影响的因素与全国平均水平对比，可以看出四川省知识产权发展在某些方面存在的劣势；另一方面将四川省知识产权发展影响的因素在全国各省中的排名与四川省知识产权申请量的排名相比，同样也可以看出某些因素与总体情况排名的不匹配之处。

如图 6-15 所示，是四川省知识产权发展影响因素与全国平均水平对比雷达图。从四川省知识产权发展影响因素与全国平均水平对比情况来看，四川省的专利合作率、中介参与率两个方面明显存在不足，从另一方面也说明四川省的知识产权体系不够健全，组织机构间的合作有待加强。

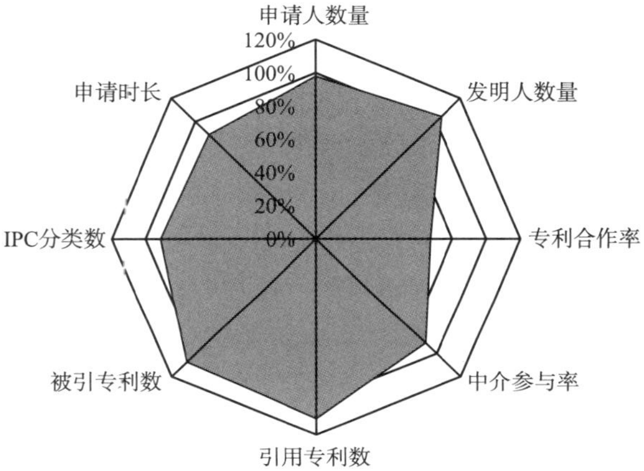

图 6-15　四川省知识产权发展影响因素与全国平均水平对比雷达图

如图 6-16 所示，是四川省知识产权发展影响因素排名与申请量排名对比雷达图。从四川省知识产权发展影响的因素在全国各省中的排名与四川省知识产权申请量的排名相比情况来看，四川省除在引用专利数上排名远高于四川省知识产权申请排名以外，其他指标都不具有优势。尤其是专利合作率、中介参与率两个方面明显存在不足。

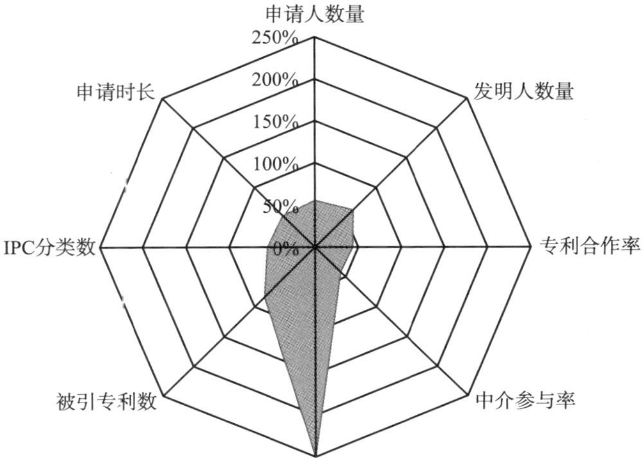

图 6-16　四川省知识产权发展影响因素排名与申请量排名对比雷达图

6.5　四川省生物技术企业知识产权运营态势分析

为了更深一步地探究企业层面的专利运营现状，本书对应课题组深入企业内部，对典型的生物技术企业做了重点走访调查，对四川省几十家生物技术企业发放了调查问卷。

通过对企业的走访座谈和回收问卷的分析，作者深切感到，四川省生物技术企业关于知识产权运营的意识还相对薄弱，对知识产权运营的思考也相对较少，这与全国的情况基本一致(对全国生物技术知识产权运营的基本判断由文献分析和网络查询得出)。下面是本书对应课题组通过走访座谈和问卷分析得出的一些与知识产权运营相关的基本结论。

6.5.1　四川省生物技术企业技术创新的主要方式

四川省生物技术企业技术创新采取的主要方式为改进式创新和突破式创新。其中，改进式创新比例超过60%，突破式创新比例接近40%，被调查企业中没有企业采用反向工程，四川省生物技术企业技术创新主要方式如图6-17所示。由图6-17可见，四川省生物技术企业技术创新的主要方式仍然是改进式创新，这种以改进式创新为主的创新结构，是导致四川省生物技术专利申请质量偏低，实用新型专利申请占比过高的直接原因。另需说明，在调查中没有企业采用反向工程，可能与企业对反向工程这一术语的理解有关。

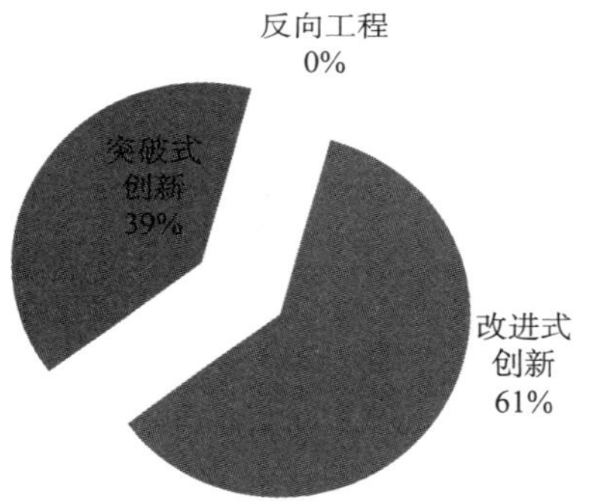

图6-17　四川省生物技术企业技术创新主要方式

6.5.2　四川省生物技术企业保护创新成果的最有效方式

如图6-18所示，四川省生物技术企业认为保护创新成果的最有效方式为知识产权和时间领先。其中，四川省生物技术企业中，认为知识产权是保护创新成果最有效方式的企业占53%，超过1/2；其次是时间领先，占38%；认为补充性资产是最有效方式的只有6%。可见，四川省生物技术企业能够充分认识到知识产权的重要性，但由于生物技术的研发具有周期长、投入大、技术复杂程度高等特点，导致时间领先成为保护创新成果的一种重要手段。

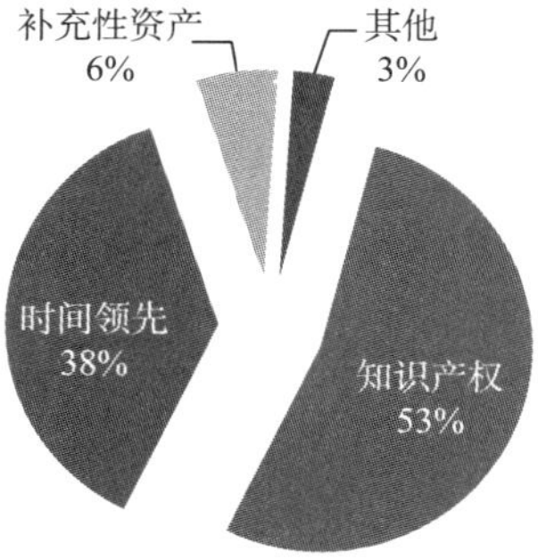

图 6-18　四川省生物技术企业认为保护创新成果的最有效方式

6.5.3　四川省生物技术企业获取知识产权的主要途径

四川省生物技术企业获取知识产权的主要途径包括自主创新、并购、受让和被许可四种。其中，自主创新比例最高(占比 61%)；其次为受让，占比 21%；并购占比 11%，而被许可占比 7%，四川省生物技术企业获取知识产权的主要途径如图 6-19 所示。从知识产权获取途径上看，四川省生物技术企业获取知识产权的途径是多样的；从知识产权获取途径的结构上看，目前形成了以自主创新为主，受让、被许可、并购为辅的基本结构，本书认为这也是基本合理的。同时需要指出，对于四川省急待发展，而四川省在技术研发、发明专利授权等方面不占优势的领域，需要通过被许可、并购和受让等多种途径，来促进相关的领域和行业的快速发展；而对于四川省在技术研发、发明专利布局方面拥有比较优势的领域，则需要继续鼓励开展自主创新，做到“强者恒强”，继续保持和扩大在该领域的优势地位。

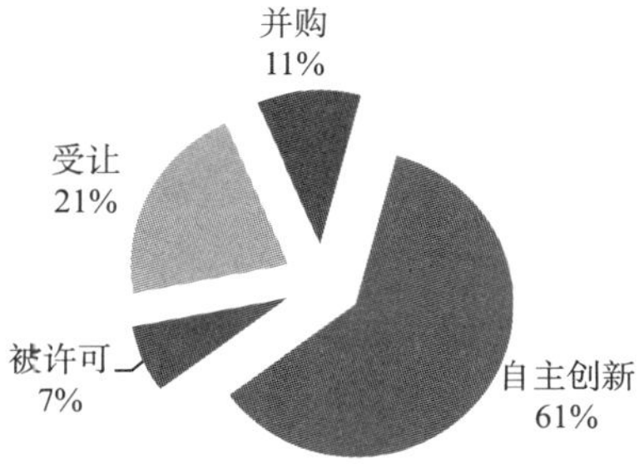

图 6-19　四川省生物技术企业获取知识产权的主要途径

小计数字的和不等于总计数字，是因为有些数据进行过舍入修约。

6.5.4　四川省生物技术企业知识产权的主要利用方式

四川省生物技术企业知识产权的主要利用方式包括自行使用、许可、转让和融资等。其中，自行使用的比例最高，占比 54.29%。其次为许可(占比 17.14%)，转让占比 14.29%，融资为 8.57%，其他占比 5.71%，四川省生物技术企业知识产权的主要利用方式如图 6-20 所示。调查数据表明，四川省生物技术企业发明专利主要用于自身的经营发展，同时也兼顾了许可和转让，这说明专利的实际使用率是较高的，专利的几种主要运营方式也都受到企业的重视并较为广泛的运用。企业使用知识产权进行融资的比例偏低，并不完全是因为企业的资金十分充裕，主要是与目前的专利评估作价还缺乏充分的理论依据有一定关系。

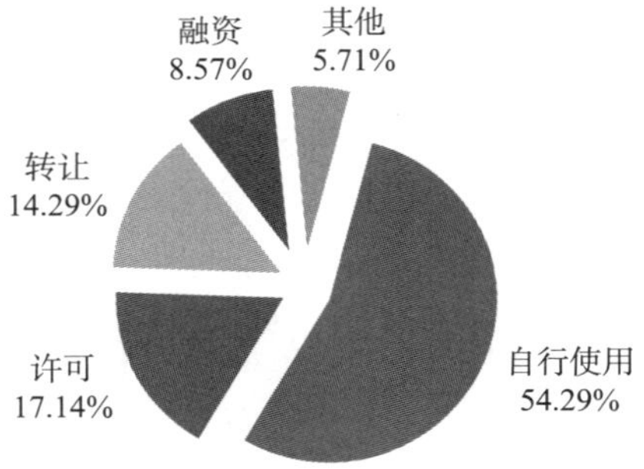

图 6-20　四川省生物技术企业知识产权的主要利用方式

6.6　四川省生物技术企业知识产权运营存在的主要问题

四川省生物技术企业知识产权运营存在的主要问题有以下方面。

(1) 多数企业的知识产权工作处于起步阶段。本节将生物技术企业知识产权工作所处阶段分为四类：起步阶段是指刚刚开始重视专利等知识产权申请和保护；发展阶段是指专利等知识产权申请正处于数量累积过程，并制定了知识产权战略；较为成熟阶段是指开始由数量累积转向重视申请质量和申请布局，实施了知识产权战略；成熟阶段是指以重视申请质量为主，有目的地进行申请布局，在全球(或全国)范围推进知识产权战略。

四川省生物技术企业知识产权工作所处阶段如图 6-21 所示。调查结果显示，45.00%的企业知识产权工作处于起步阶段，35.00%的企业处于发展阶段，15.00%的企业处于较为成熟阶段，仅有 5.00%的企业处于成熟阶段。可见，四川省生物技术企业知识产权工作的整体状况还相对薄弱，知识产权申请和保护工作刚刚起步。

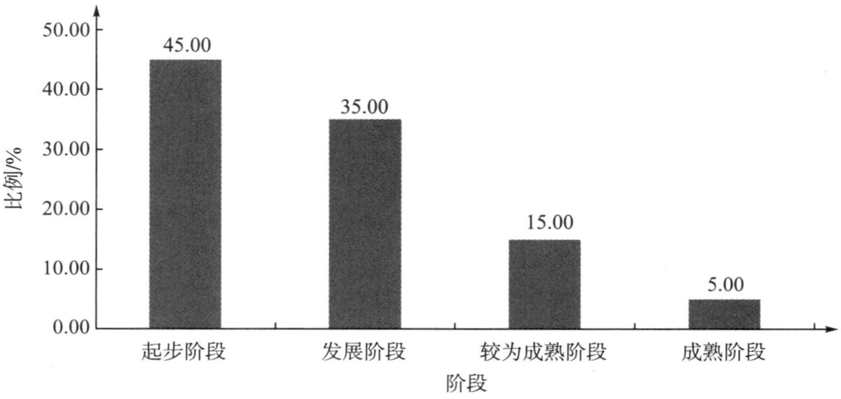

图 6-21　四川省生物技术企业知识产权工作所处阶段

(2) 企业知识产权管理机构设置较为薄弱。四川省生物技术企业知识产权管理机构的设置情况见图 6-22。调查显示，在四川省生物技术企业中，有 50.00%的企业选择兼职机构来管理企业知识产权，而 39.00%的企业选择设置专门机构来管理运营知识产权，还有 11.00%的企业没有设置任何知识产权管理机构。可见，四川省生物技术企业知识产权管理机构设置较为薄弱，对知识产权管理的重视程度还有待提高，执行力度较差。

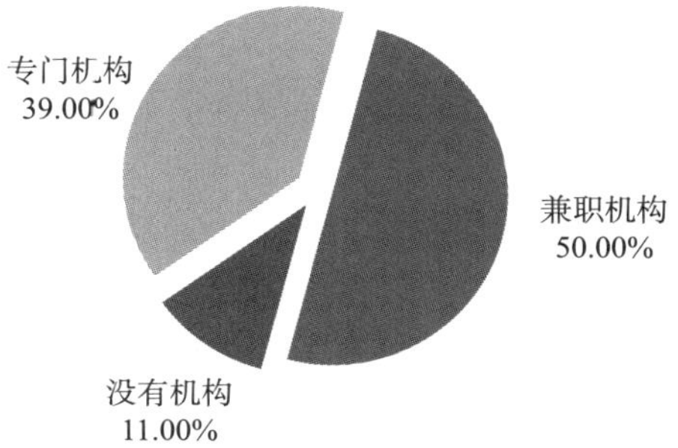

图 6-22　四川省生物技术企业知识产权管理机构的设置情况

(3) 企业知识产权制度的制定和实施有待加强。表 6-4 为四川省生物技术企业知识产权制度制定和实施的情况。调查显示，有 50.0%的四川省生物技术企业已有相关的知识产权制度，并且能够得到较好的执行；而 27. 8%的企业虽然已有相关的知识产权制度，但执行力度不佳；22. 2%的企业目前尚无系统、完善的知识产权制度。可见四川省生物技术企业虽然意识到知识产权保护的重要性，但实施情况还不够乐观。

表 6-4　四川省生物技术企业知识产权制度制定和实施的情况

知识产权制度制定和实施的情况	占比/%
尚无系统、完善的知识产权制度	22.2
已有相关的知识产权制度，但执行力度不佳	27.8
已有相关的知识产权制度，并且能够得到较好的执行	50.0

注：小计数字的和不等于总计数字，是因为有些数据进行过舍入修约。

(4) 企业知识产权专业人才较为缺乏。通过对四川省生物技术企业的访谈调查发现，企业所需专业人才还不能得到有效满足。生物技术产业是高科技产业，需要大量的有行业背景知识的产权高级人才。虽然四川省内高校众多，但熟悉知识产权的生物技术专业人才输出却明显不足。在详细调研的八家企业中，有三家企业专门提到知识产权人才需求问题，比例达到受访企业的 37.5%，说明知识产权专业人才问题已经不容忽视。

(5) 四川省生物技术企业技术创新的方式仍以改进式创新为主。根据本书对应课题组的问卷调查结果，四川省生物技术企业主要的技术创新方式为改进式创新，占比超过 60%，而创新的重点在于工艺创新。因此，在四川省生物技术专利中，创造性较低的实用新型专利占比较高。本书认为，改进式创新虽然是后发国家后发企业创新的主要方式，但是生物技术产业作为全球公认的高技术产业，能够对该产业产生重大影响的仍然是具有较高知识和技术含量的发明专利。在生物技术产业中，不乏有一项发明专利成就一个企业的例子。例如，安进凭借促红细胞生长素专利一举成为生物制药巨头。四川省生物技术企业无疑应当在突破式创新方式上有所“突破”。

(6) 四川省生物技术企业获取知识产权的途径以自主创新为主，其他获取途径的潜力尚可进一步挖掘。

四川省生物技术企业获取知识产权的途径比较多元化，其中以自主创新为主，比例超过 60%；知识产权受让和被许可为辅，两者比例之和接近 30%。这种结构，一方面显示了四川省生物技术企业具有较强的研发能力，知识产权获取途径基本合理；另一方面，本书认为知识产权受让、被许可、并购等其他辅助方式的潜力尚可进一步挖掘。对于研发过程具有高技术、长周期、高回报的现代生物技术而言，企业的自主研发过程同时伴随着高风险。因此，现代生物技术的技术创新往往不是一家企业完成的，而呈现出数家企业“接力创新”的特质。而接力的过程中必然伴随知识产权的受让或者被许可等模式。因此，本书认为，在保持自主创新为主的基础上，四川省现代生物技术企业在获取知识产权的途径上，可以适当提高受让、被许可、并购等方式的比例。如果四川省现代生物技术企业能够进一步挖掘知识产权受让、被许可等其他途径的潜力，无疑会进一步降低企业的研发成本和风险。

(7)四川省生物技术企业知识产权运营模式中自行使用比例较高，知识产权融资等新型模式比例偏低。四川省生物技术企业知识产权的运营方式中，自用的比例最高，占比 54.29%。虽然数据显示专利的实际利用率较高，也兼顾了转让和许可等其他方式。但是，在对一些重点企业的走访和调研中，本书仍然发现了一些问题。首先，很多企业只重视核心专利和拳头产品，对本企业申请的其他专利缺乏有效管理和运用。即使是一些四川省知识产权示范单位，其专利仍然是以自用为主。很多已经申请但并未实施的专利则被束之高阁，鲜有进行许可使用、转让或者作为资产进行投资。其次，利用专利进行投融资的新型知识产权运营模式比例偏低。知识产权资本运营无疑是生物技术企业知识产权运营模式中的新生事物，也是未来发展的趋势。目前国际上出现的大量生物技术企业之间的并购和合作，都涉及知识产权资本运营的模式。由于四川省尚缺乏全面系统的专利评估作价机制以及相关的中介服务，使四川省生物技术企业利用知识产权进行投融资的比例还非常小，这也说明四川省的生物技术专利尚需拓展新的运营模式，使其得到更充分、有效的运用。最后，利用知识产权进行质押融资的比例更低，本书认为出现这种情况的原因并不是企业不愿意用知识产权进行质押融资，主要是政府的引导和金融机构的配合问题。

(8)四川省生物技术创新主体间的合作尚待加强。四川省生物技术发明专利申请与授权主要以大专院校和企业为主，个人申请的比例也相对较高。四川省生物技术发明专利申请与授权中，大专院校与科研院所占据了总申请量的 54.6%，而企业虽占比 36.6%，但是低于全国水平，个人申请比例则远远高于全国水平。这一现状表明加强生物技术创新主体之间的合作对四川省生物技术产业的发展尤为重要。如何将大专院校、科研院所的生物技术专利(特别是发明专利)迅速转化为现实生产力，如何在大专院校、科研院所与企业之间搭建起“接力创新”的桥梁，是四川省生物技术产业做大做强的一个重要课题，值得政府加以高度关注。在调研过程中，企业也普遍反映希望加强与高校的知识产权合作，希望政府能扶持和加强公共平台的建立和发展，促进生物技术发明的商业化。

(9)政府相关部门的知识产权工作有待加强。尽管四川省知识产权部门已经出台了一系列鼓励以生物技术为代表的战略性新兴产业技术创新的政策法规，但是，本书对应课题组的调研发现，相关企业在具体实践中，对政府部门的相关知识产权工作提出了更高要求。根据企业的建议，本书总结了以下几点：①在政策制定上，现有政策还不能完全满足一些企业的需求，应进一步指导和规范企业开展知识产权工作，结合四川省的实际情况和产业发展重点，引导企业进行知识产权申请和布局；②政府对生物技术产业的扶持力度有待进一步加强；③四川省生物技术人才的培养和输送尚不能完全满足企业需求；④政府对高校与企业间的产学研合作的促进力度还需加大。

6.7　关于知识产权运营的建议

根据本书对应课题组的前期调研，在对问卷数据进行分析整理的基础之上，针对我国现代生物技术知识产权运营目前存在的问题，本节提出以下建议。

6.7.1　加强知识产权交易市场建设

知识产权运营与知识产权运用不同，知识产权运营离不开知识产权交易市场的作用。就目前全国的情况来看，虽然国内建立了不少技术产权交易机构，但实际发挥的作用都十分有限，知识产权运营仍然处于一种自发和无序的状态，其中的原因是多方面的：①对知识产权价值的认识存在一定的误区，认为无形资产的价值可高可低，有形资产的价值才是实实在在的，即无形资产的价值远不如有形资产；②像知识产权这类无形资产的作价问题一直没有得到真正解决，在进行知识产权交易时很难在供需双方之间达成交易价格上的一致；③社会各界对知识产权运营的认识不足，不少单位尚没有将知识产权运营纳入知识产权工作的职能之中。

要帮助企业和其他拥有知识产权的单位(包括大专院校、科研院所及个人)做好知识产权运营工作，首先需要建立和完善知识产权交易市场，或在现有技术交易市场中突出知识产权交易的职能；其次，需要理论界与企业界通力合作，研究出一种适合生物技术专利评估作价的一套方法(因运营方式不同，作价的金额也大不相同)，特别是专利转让和专利入股的评估作价方法。上述工作可为企业进行知识产权运营提供良好的外部环境。

6.7.2　将知识产权运营作为知识产权工作的职能之一

在目前的知识产权工作中，一般较少提及知识产权运营，不少知识产权管理部门也没有将知识产权运营作为其工作内容之一加以重视。从本书对应课题组调研的实际情况来看，目前四川省部分生物技术企业还存在着专利利用率低，知识产权运营方式单一(主要集中在自用上)，或过分依赖于某种习惯的运营模式，对运营方式多样性和重要性认识不足，新型知识产权运营模式运用较少．企业对知识产权运营缺乏统筹安排和具体目标等问题。

企业和其他知识产权创造单位要做好知识产权运营工作，首先需要认识到知识产权运营可以为知识产权拥有者创造更大的经济效益，是发挥知识产权最大效用的重要途径；其次是需要将知识产权运营纳入知识产权管理部门的日常工作，作为知识产权管理部门的工作职能之一，并确定具体的任务和目标；再次，知识产权管理人员要熟练掌握知识产权的运营模式，明确不同运营模式的优劣势和适用范围，根据专利在产品中的作用、专利有效期、市场竞争态势、企业自身的市场能力和后续技术研发能力等因素，确定对企业(或单位)最为有利的知识产权运营模式；最后，需要经常对现有的有效专利进行梳理，尤其是对闲置专利和即将到期的专利进行深入分析并设计出具体的运营方式，通过知识产权交易市场或与相关企业加强联系和交流，实现知识产权价值的充分发挥。

6.7.3 加强中介服务体系建设，为知识产权运营牵线搭桥

知识产权运营除了交易市场的建设和企业自身的努力之外，还离不开中介服务机构的专业服务。在企业运营自身的知识产权或引入企业外部的知识产权工作中，都有中介服务机构发挥作用的空间。中介服务机构服务范围的扩展和服务质量的提高，可大大提高企业知识产权运营的效率。

首先，要拓展知识产权中介服务机构的业务范围和领域，提高服务质量。目前，全国已经有一些规模较大的知识产权代理公司，如北京中细软公司、四川九鼎天元公司等，其业务范围已经从单纯的知识产权申请代理服务扩展到了专业培训、企业知识产权战略制定、专利评估等企业知识产权工作可能涉及的诸多方面。但是，大量的中小型知识产权代理公司，其主要业务仍然局限于专利、商标申请和专利查新等传统业务，有必要促进更多的中介服务机构发展新业务，满足发展战略性新兴产业对知识产权提出的新要求。其次，中介服务机构要熟练掌握各种知识产权运营模式的优缺点和适用范围，梳理国内外知识产权运营的成功经验，掌握知识产权运营，尤其是生物技术专利运营的国际惯例，为企业进行知识产权运营提供理论和实践上的指导；再次，中介服务机构要致力于收集知识产权运营中的供需信息，并对供需信息进行分析和归类，为企业进行知识产权运营做好牵线搭桥的工作；最后，有条件的中介服务机构要尽力熟悉专利评估作价的方法以及相应法律法规，为企业进行知识产权运营提供一条龙服务。

6.7.4 制定有利于专利技术交易的优惠政策

开展专利运营，对企业有利：可增加企业经济收益；对产业有利：可促进产业发展；对社会有利：可实现知识与技术扩散，推动技术进步。产业是企业的集合体，通过专利的运营，专利供需双方都获益和发展了，产业自然也就壮大了。

因此，促进与战略性新兴产业有关的专利技术的运营，是我国发展战略性新兴产业的一条重要途径。各级地方政府在发展战略性新兴产业时，可对促进专利运营、实施专利技术交易和转移制定相应的优惠政策。①鉴于专利技术在形成过程中要比专有技术支付更多的费用，如专利申请费、专利年费、专利成型策划费等，同时受到相关法律法规的保护，因此可以在比照目前技术转移优惠政策的基础上，对专利技术转让、独占性许可给予进一步的政策倾斜，以激发专利发明人将其技术作为专利而不是专有技术进行转化的积极性(同时也达到增加专利数量、提高专利质量的目的)；②针对个人专利技术转移所得制定合理的个税调整政策，调动个人发明专利转移的积极性，可采取按专利技术研发时间分摊收入后再独立按特定累计税率纳税的思路；③各级地方政府可对本地企业接受转让和独占性许可的专利给予一定的财政补贴，以鼓励企业引进生产经营所需专利，增强产品的技术含量和市场竞争力。

6.7.5 构建“产学研”互动机制，提高现代生物技术成果孵化率

前已谈到，现代生物技术产业在创新过程中呈现出“科学-商业”和“接力创新”的

特质。因此，“产学研”之间的合作互动，对于现代生物技术产业的发展就显得尤为重要。

以四川省为例，生物技术发明专利申请与授权主要以大专院校和科研院所为主(合计占 54.6%)，企业申请和授权比例(36.6%)则低于全国平均水平，生物技术企业技术创新的主体地位还远未确立，而且四川省生物技术发明专利有效率较低，这也与多数发明专利掌握在大专院校、科研院所手中有一定关系。因此，如何充分发挥大专院校、科研院所发明专利的价值并迅速转化为现实生产力，如何促进大专院校、科研院所与企业开展协同创新以尽快确立四川省生物技术企业在技术创新中的主体地位，便成为现代生物技术产业发展中的重要问题。就这些问题，提出以下建议。

(1)从政策层面鼓励大专院校、科研院所与企业联合开展技术研发、联合申报发明专利。这样不仅可以较大幅度提高发明专利的知识、技术含量；而且专利容易转化为现实生产力，直接为企业所使用；也可较大限度避免大专院校、科研院所为了申请而申请、专利与产业发展相对脱节的现象。

(2)重视技术创新联盟、产学研合作体、创新网络等创新载体的建设，与政府科技管理等部门一起鼓励组建强强联合和优势互补的技术创新联盟，并在项目申报等方面给予相应的支持。充分发挥大专院校、科研院所和企业各自在专利创造方面的优势，鼓励技术创新联盟从企业生产经营的实际需求出发进行技术研发、申报专利，从而有效解决专利创造与专利实施的对接问题。鼓励通过产学研合作就生物技术优势领域开展全产业链技术创新和专利申报，为生物技术产业的发展提供源源不断的技术支撑。

(3)根据生物技术具有“接力创新”的特性，鼓励企业购买大专院校、科研院所的发明专利进行二次创新，或企业与大专院校、科研院所开展合作，对大专院校、科研院所拥有的专利进行二次开发，转化为可以实际生产的产品或使用的技术(工艺流程)。

(4)通过政策引导进一步强化企业专利创造的意识，完善企业知识产权管理机构，配置充足的知识产权管理人员，制定中长期知识产权发展战略，将企业专利申请和专利授权作为评价企业技术创新主体地位的重要指标，以提高生物技术企业的专利申请和专利授权比例的全国平均水平，改变专利申请和授权的结构，使企业成为专利申请和授权的主要力量。

(5)加强知识产权交易的市场建设，促进知识产权有效转化。知识产权只有转化为现实生产力后才能发挥其最大效用。大专院校、科研院所的知识产权能否得以有效转化，不仅取决于专利本身的转化潜力，更取决于知识产权交易市场的完善程度。企业的知识产权也需要通过知识产权交易(许可、转让、投资入股等)发挥其最大经济价值。因此，知识产权交易市场和中介服务体系的建立，是促进生物技术专利转化，进而促进生物技术产业发展的重要手段。

6.7.6　加强人才队伍建设，夯实知识产权管理工作基础

发展战略性新兴产业，对知识产权的人才及知识产权管理提出了更高的要求，根据前面的分析并结合实际情况，在知识产权人才队伍建设和夯实知识产权管理工作基础等方面提出如下两点建议。

(1)加强高层次专利人才培养，满足现代生物技术企业对知识产权人才的需求。高素质的知识产权人才，不仅要求在技术层面具有较为全面的专业知识，更要在知识产权布局

和管理方面具有全局性、前瞻性的能力。在进行研发之初，企业就需要在技术领域的选取、重点技术的识别、知识产权申报等方面进行合理的布局。本书对应课题组调研发现，我国高层次的知识产权人才相对匮乏，应该把培养高层次的知识产权管理人才纳入政府计划之中。一方面，可与各省内著名理工科院校合作，开办针对技术人员的知识产权培训班，委托开办知识产权管理方向的工程硕士、工商管理硕士等；另一方面，可鼓励在大专院校生物技术专业开设知识产权课程，强化生物技术专业毕业生的知识产权意识，为这些学生今后积极参与知识产权管理工作打下良好基础。此外，企业还可以根据不同时期的需求和产业发展的需要，有针对性地举办各种短期集中培训。

(2) 进一步加强知识产权工作的宣传力度，强化企业知识产权战略意识，把知识产权工作作为实施创新驱动战略的内容之一，作为企业技术创新的重要组成部分和产业转型升级的重要支撑。例如，对四川省现代生物技术产业中的重点企业、重点技术领域继续加强专利特派员工作，可学习广东省科技特派员的经验，邀请大专院校、科研院所的专家学者担任专利特派员；也可邀请经验丰富的专利代理人担任专利特派员，指导企业积极申报发明专利，进行知识产权合理布局，并将发明专利申请和授权作为专利特派员的主要任务之一，以促进四川省生物技术领域发明专利的有效增长。各级地方政府的知识产权管理部门要进一步发挥信息枢纽的作用，做好各类知识产权专业信息的发布工作，为企业的知识产权战略和战略性新兴产业发展服务；要进一步发挥政策指导和创新组织的桥梁作用，为生物技术产业中各类创新主体，包括大专院校、科研院所、专家型公司、核心公司、中介服务机构、风险投资机构等牵线搭桥，组织各创新载体开展协同创新，促进生物技术专利的合理布局和产业化工作，发挥知识产权的最大效用，共同推动特色、优势生物技术产业的健康发展。

6.8　本章小结

本章对现有的生物技术企业基于不同创新阶段的知识产权策略和“接力创新”过程中的知识产权运营策略及模式进行了探讨，提出了现代生物技术企业基于创新过程的知识产权策略和现代生物技术企业“接力创新”中的知识产权运营模式两个理论模型。在“握手接力”的过程中，企业的知识产权管理策略必然与单个公司在创新过程中的知识产权管理策略有很大不同。正如本书的前期研究所指出的，企业的知识产权管理策略是包含了知识产权创造、运用、保护、组织在内的有机整体。知识产权运营策略具有全局性、长期性的战略意义。正确的知识产权策略对于现代生物技术企业的运作来说具有举足轻重的作用。上述各阶段的策略也并非是一成不变的，现代生物技术企业只有结合自身的实际情况，以及企业所处的内外部环境，灵活运用知识产权策略，将知识产权的保护渗透到技术创新的各阶段中，才能真正使自己立于不败之地。

本章以四川省为代表，以对四川省省内数十家生物技术企业的问卷调查为依据，分析了四川省生物技术企业专利运营态势，总结研究了四川省生物技术专利运营态势存在的主要问题，并且提出了相应的对策建议。

第七章 现代生物技术企业知识产权布局与运营策略案例研究

7.1 现代生物技术企业“不同创新阶段”知识产权布局与运营案例

Eisenhardt(1989)和Yin(1994)指出，当回答“怎么样”或“为什么”类型问题时，案例研究应成为最优先考虑的研究方法。本节选取三个比较有代表性的，处于不同的创新阶段以及具有不同的规模的生物制药企业作为研究对象，分别分析了国际生物制药巨头——美国辉瑞公司、中国生物制药的龙头企业——地奥集团成都药业股份有限公司和众多中小型生物制药企业的代表成都某生物科技有限公司的知识产权策略，对上文的理论研究结论进行验证。

7.1.1 案例概述

虽然部分偏好定量研究的学者常常批评案例研究是研究者的主观判断，缺乏严谨性，然而大量的研究事实表明，案例研究同样是我们认识世界的必要手段。在很多情况下，它能有效弥补单纯定量研究的不足。当然，要克服上述缺点，我们必须使用规范性案例研究，尽量减少随意性。早在20世纪初期，案例研究的方法就已在西方得到广泛应用。Yin(1994)关于案例研究方法论的研究进一步提升了案例研究方法的科学性和合法性。李自然等(2011)指出案例研究是认识客观世界的必要环节，是处理复杂问题的有力工具，单纯依靠统计数据进行决策十分危险，案例研究可以弥补统计的不足，近年来大量的管理理论创新都是源于案例研究。Sanders(1982)指出案例研究方法属于现象研究范畴，其作用在于让人们透过现象看本质，即透过表象看到深层因素。吴金希和于永达(2004)认为，如果所研究的问题比较前沿，是一项理论空白，或者处于学科幼稚期，已有参考文献较少，不足以解释现有问题，需要从实践中进行归纳总结，得出理论框架或概念模型时，就需要采取定性的理论构建策略，而案例研究恰好能为我们提供这样的途径。根据Tellis(1997)的理论，案例研究分为描述性、探索性和解释性三种类型。描述性案例研究主要用于对某一理论的成立提供实证支持，起到一种理论验证和证明的作用，在教学中运用较为广泛；探索性案例研究在案例分析之前一般没有明确的理论假设，但是事先应该具有严格的分析框架；解释性案例研究则多用于在案例分析之前就已经建立了若干竞争性的理论假设，比较适合进行因果分析。本章研究属于描述性案例研究，目的在于验证第六章通过理论推演得出的结论。

Yin(1994)指出，案例分析的材料可以是单一案例，也可以是多案例。前者主要用于在研究中挑战某一既有理论，后者则主要用于在研究中进行自身的理论构建。案例分析一般包括案例内分析和案例间分析两部分。孙海法和朱莹楚(2004)认为多案例研究可以在一定程度上克服单案例研究的结论难以推广、外部效度欠缺的缺点。本章研究采用多案例分析方法，希望能够构建现代生物技术企业在技术创新的不同阶段所应采取的知识产权策略。Berg (2005) 指出多案例研究的最佳案例数为三至七个，本节最终选择了三个案例企业作为分析对象。

1) 分析单元

吴金希和于永达 (2004) 认为分析单元是案例研究要聚焦的主要对象，也是数据搜集的边界。孙海法和朱莹楚 (2004) 则指出案例研究的分析单元可以是个体，也可以是组织和社区，具体应该取决于研究的问题；而恰当的分析单元可以提高案例研究的针对性及分析效率。本章聚焦在现代生物技术企业的知识产权保护策略。因此，本章案例研究的分析单位为企业，经营者或者行业、产业等因素不纳入案例材料。

2) 案例样本

为了提升案例研究的外部效度，使所得出的结论更为可靠，作者尽可能确保案例样本的多样化和代表性。在设计案例样本时主要考虑以下几个因素：企业所处的技术创新阶段、企业的实力规模、企业的国籍、企业的主营业务。由于同样面临所有案例研究所不可避免的数据的可得性和可靠性方面的问题，样本选择在一定程度上受到作者与该企业取得实际联系的情况的影响。本章研究最后确定的三个样本企业是：美国辉瑞公司、中国地奥集团成都药业股份有限公司和成都某生物科技有限公司。它们在上述因素中具有广泛代表性，各自处于技术创新的不同阶段；企业的实力规模相去甚远；涵盖了中外不同国籍的公司；主营业务都是生物制药。这为本章研究结论的有效性和普适性提供了一定的保障。

3) 案例数据

刘丽华和杨乃定 (2005) 指出较为常用的案例数据搜集方法包括访谈、观察和文档搜集。案例分析应该综合运用各种数据搜集方法，使所得案例资料相互印证，形成完整的证据链条，将研究问题和结论缜密地联系在一起。本节主要通过以下途径搜集数据，所有数据收集日期截至 2010 年 12 月 31 日。

(1) 访谈。在 2008 年 1 月～2010 年 8 月，本书对应课题组对两家位于中国的案例企业进行了数次访谈，每次访谈持续一个半小时左右。主要访谈对象是上述企业的知识产权部门负责人。针对不同的企业，本书对应课题组事先制定了不同的访谈提纲，这样有助于在较短时间的交流中有的放矢，最大限度地获取有用信息。

(2) 观察。在实际的企业调研过程中，本书对应课题组参观访问了案例企业的技术中心和相关的制造、销售部门等。

(3) 公开资源的文档搜集。本书对应课题组采用了中国国家知识产权局、美国专利商标局等官方网站公布的统计数据以及辉瑞制药公司公开的年度金融报告上的数据，为本章的多案例研究提供了丰富的资料。

7.1.2 案例分析

1. 美国辉瑞公司——商业化和扩散阶段的知识产权布局与运营

1）美国辉瑞公司基本情况

美国辉瑞公司创建于 1849 年，是世界领先的以研发为基础的生物医学和制药公司，其总部设于美国纽约市。辉瑞公司畅销产品包括降胆固醇药立普妥、口服抗真菌药大扶康、抗生素希舒美以及治阳痿药万艾可等。辉瑞公司是目前世界上最大的医药企业。辉瑞公司的股票于 2004 年 4 月 8 日成为道琼斯工业指数的成分股。2008 年，辉瑞公司年销售额为 483 亿美元，并投资 75 亿美元用于研发。

辉瑞公司最初的业务是生产精细化学药品，药物作为化学品的一种也属于公司的经营范围。公司所生产的第一个医学突破性产品是山道年塔糖——一种好吃的驱虫药。1861 年，美国爆发的南北战争给了美国辉瑞公司发展的机会，北军的药品都是辉瑞公司提供的，公司随着战争的进展而迅速发展，成为美国国内较大的化学品生产企业之一。

美国南北战争之后辉瑞公司的主要产品是柠檬酸。1880 年，辉瑞公司利用进口的浓缩柠檬汁和浓缩酸橙汁，开始生产柠檬酸。第一次世界大战期间，辉瑞公司制造柠檬酸产品所需要的进口原材料被中断了。而柠檬酸是当时辉瑞公司最重要的一项产品，停止生产也就意味着倒闭，辉瑞公司必须要找到一条生路。为了生存，辉瑞公司不遗余力地开发替代柠檬酸原料的产品。1917 年，由于詹姆斯·卡瑞（James Currie）博士的加盟，该公司开发出一种名为 SUCIAC（糖转化为柠檬酸）的工艺。辉瑞公司认为此工艺有希望成功，冒着一定风险将当时赢利的硼酸和硼砂生产设备用来进行 SUCIAC 生产。通过一系列的实验，到 1929 年，辉瑞公司最终成功地生产出了可以完全取代进口原料和传统工艺流程的柠檬酸。该产品的研发成功，帮助辉瑞公司渡过难关，终于使辉瑞公司再也不用依赖欧洲的柑橘种植者，促成了辉瑞公司在之后许多年里的成长。

1928 年，弗莱明爵士发现青霉素的抗生特性，这不仅是医学史上的一件大事，也彻底改变了辉瑞公司的未来方向。辉瑞公司开始介入抗生素的生产，并逐渐将企业的重心转移到抗生素领域。此后，辉瑞公司对发酵工艺进行了深入研究，并将其用于柠檬酸和青霉素的生产。1939 年，辉瑞公司已经成功使每磅柠檬酸的价格从 1919 年的 1.25 美元下跌到 20 美分，现在工业界普遍认同辉瑞公司是发展发酵技术的先驱之一。

第二次世界大战给了辉瑞公司又一次发展的机会。辉瑞公司是当时唯一使用发酵技术生产青霉素的企业，不仅产量极大且生产成本非常低，向美国军方提供了大量相对廉价的青霉素产品，公司也利用这一机会飞速扩张。1944 年，辉瑞公司利用深罐发酵技术成功地实现了大量生产青霉素的目标，并成为世界最大的该“奇迹药物”生产者。1944 年 6 月，第二次世界大战中，英美盟军在诺曼底登陆时所携带的青霉素，绝大部分是辉瑞公司生产的。

第二次世界大战后的辉瑞公司进一步加强了药物的生产与研发，并于 1950 年成功研发广谱抗生素土霉素（Terramycin）。Terramycin 是辉瑞公司首项发现计划的成果，并成为第一个用辉瑞公司（Pfizer）的标签在美国出售的药物。1954 年，Tetracyn®（四环素）正式投放市场。1982 年，Feldene®（吡罗昔康）已经是全世界销量最大的处方消炎药，并且最终成为辉瑞公司的第一个销售额达十亿美元的产品。这些药物很多成为临床的经典药物，而辉瑞公司的很多研发案例也因而成为药物设计的经典案例。

1998 年，辉瑞公司研发的西地那非(别名万艾可)上市，并且获得空前成功。据统计，在全世界，每秒钟就有四粒万艾可被患者服用。至此，辉瑞公司的研究投资已接近 25 亿美元。辉瑞公司也因为万艾可在商业上的巨大成功，先后于 2000 年和 2003 年并购了华纳兰伯特公司和法玛西亚公司，成为美国最大的药品生产企业。2009 年，辉瑞公司成功并购惠氏，致力于打造新辉瑞。

2)辉瑞公司知识产权布局与运营的重大事件

(1)主要知识产权诉讼。自 2003 年以来，辉瑞公司的 Norvasc、Lipitor、Detrol 等主要产品在美国、加拿大、英国等地遭遇了多起专利诉讼，2003～2008 年辉瑞公司主要诉讼情况见表 7-1。

表 7-1　2003～2008 年辉瑞公司主要诉讼情况

药品名称	竞争者	所涉专利/到期日	起诉方/时间	一审结果	上诉方/时间	二审结果	地区
Norvasc (amlodi-pine)	Torpharm/Apotex	Amlodipine Besylate/2007 年 9 月	辉瑞公司/2006 年 1 月	专利有效；对方侵权成立；法院签发禁令	对方/2006 年 2 月	尚未判决	美国伊利诺伊州
	Synthon Pharmace-uticals	Amlodipine Besylate/2007 年 9 月	辉瑞公司/2006 年 8 月	专利有效；对方侵权成立；法院签发禁令	对方/2006 年 9 月	尚未判决	美国加利福尼亚州
	Mylan	Amlodipine Besylate/2007 年 9 月	辉瑞公司/2007 年 2 月	专利有效；对方侵权成立；法院签发禁令	对方/2007 年 2 月	尚未判决	美国宾夕法尼亚州
	Synthon	Amlodipine Besylate	对方/2005 年 11 月	对方专利无效，败诉			美国弗吉尼亚州
	Cobalt	Norvasc Patent/2010 年 8 月	辉瑞公司/2008 年 2 月	尚未判决			加拿大多伦多市
	Ratio-pharm	Norvasc Patent/2010 年 8 月	辉瑞公司/2006 年	专利有效；对方侵权成立	对方	上诉被驳回	加拿大
	Parmascience	Norvasc Patent/2010 年 8 月	辉瑞公司/2008 年 4 月	专利有效；对方侵权成立；法院签发禁令	对方/2008 年 5 月	尚未判决	加拿大多伦多市
	Dr.Reddy's	Norvasc Patent/2010 年 8 月	辉瑞公司/2008 年 10 月	尚未判决			加拿大多伦多市
	Apotex	Norvasc Patent/2010 年 8 月	辉瑞公司/2008 年 6 月	尚未判决			加拿大多伦多市
Lipitor (atorva-Statin)	Ranbaxy	Lipitor Basic patent/2010 年 3 月；Enantiomer Patent/2011 年 6 月	辉瑞公司/2003 年	专利有效，对方侵权	对方/2006 年 8 月	仅基础专利有效；对方继续上诉，尚未判决	美国特拉华州

续表

药品名称	竞争者	所涉专利/到期日	起诉方/时间	一审结果	上诉方/时间	二审结果	地区
		Lipitor Basic Patent/2011年11月；Enantiomer Patent/2010年7月	对方/2005年10月	基础专利有效，对方侵权；第二项专利无效	对方/2006年6月	维持原判；对方继续上诉，2006年12月上议院驳回	英国
		Lipitor Basic Patent/2007年5月；Enantiomer Patent/2010年6月	辉瑞公司/2007年1月	基础专利有效，对方侵权；第二项专利无效	辉瑞公司/2007年2月		加拿大多伦多市
	Teva Pharma-ceuticals	Enantiomer Patent	辉瑞公司/2007年6月				美国特拉华州
	Cobalt	Enantiomer Patent	辉瑞公司/2007年11月				美国特拉华州
	Apotex	Enantiomer Patent	辉瑞公司/2007年10月	专利无效，辉瑞公司败诉	辉瑞公司/2008年3月	双方和解	加拿大多伦多市
			辉瑞公司/2008年12月				美国伊利诺伊州
Detrol（tolter-rodine）	Teva	Detrol/2012年9月	辉瑞公司/2004年3月	对方撤回新药申请，诉讼终止			美国新泽西州
	Teva的附属企业	Detrol/2012年9月	辉瑞公司/2007年1月				美国新泽西州
	Teva	Detrol LA系列/2012～2020年	辉瑞公司/2007年11月		审理中		美国纽约市
	Impax Lab	Detrol LA系列/2012～2020年	辉瑞公司/2008年		审理中		美国纽约市
Celebrex（Celecoxib）	某药品生产商	Celecoxib/2015年	辉瑞公司/2004年2月		审理中		美国新泽西州
	Teva	Celecoxib/2015年	辉瑞公司/2004年2月	专利有效，对方侵权，法院签发禁令	对方/2007年4月	尚未判决	
Exubera	Nova Nordisk	吸入胰岛素专利；吸入胰岛素方法专利	对方/2006年8月	法院驳回对方的临时禁令申请	对方/2007年12月	双方和解	美国
Caduet	Ranbaxy	Atorvastatin/amplodopine combination	辉瑞公司/2007年3月	审理中			美国特拉华州
Neurontin（Gabapentin）	数家同行	Gabapentin low-lactam/2017年	辉瑞公司/2005年8月	辉瑞公司败诉，侵权不成立	辉瑞公司/2007年9月	推翻一审判决，重审	美国新泽西州
Aricept（Denepezil hydroch-loride）	Teva	Denepezil Hydrochloride/2010年11月	Eisai/2005年12月	法院签发临时禁令			美国新泽西州

(2)主要许可和并购。近年来，辉瑞公司在全球范围内进行了一系列许可和并购。2003年5月，Guilford制药公司宣布与辉瑞公司就潜在的创新性药物NAALADase抑制剂签订了独占许可权协议。根据双方协议，辉瑞公司将独享NAALADase抑制剂在全球市场开发的所有权，并管理和支付协议相关产品的研发和商业化的所有费用。辉瑞公司在将来可优先购买Guilford制药公司对相关适应症开发的任何产品。作为交换条件，辉瑞公司同意向Guilford制药公司支付1500万美元现金。2005年2月，辉瑞公司与德国先灵公司达成抗凝血药许可转让协议，辉瑞公司获得先灵公司ADP受体拮抗剂项目的全球许可权。2009年9月，辉瑞公司与日本卫材株式会社(Eisai)宣布，双方就阿尔茨海默病治疗药物多奈哌齐(donepezil，Aricept)达成一项新协议。根据该协议，辉瑞公司与卫材株式会社将继续共同负责多奈哌齐在美国、日本和欧洲主要市场的销售推广。此外，辉瑞公司继续拥有多奈哌齐在某些国家的独占许可权。双方也对辉瑞公司神经疼痛治疗药普瑞巴林(pregabalin，Lyrica)签订了新的许可协议。该产品目前正接受日本当局审批，如果获批上市，卫材株式会社和辉瑞公司将共同负责该产品在日本市场的销售推广(直至2022年7月)。

3)借鉴与启示

作为全球生物制药的巨头，辉瑞公司深知知识产权对其的重要意义。在辉瑞公司2005～2008年的年度金融报告中均指出：“我们的商业模式很大程度上依赖于知识产权，尤其是政府授予专利权的形式，以及我们在全球保护上述权利的能力。知识产权的法律保护和救济是我们业务中的重要因素”。征战生物制药行业多年的经验，使辉瑞公司已经深谙如何在研发阶段积极申请知识产权，构建立体的知识产权保护网，保护自己的巨额研发投入。辉瑞公司的许多产品都有广泛的专利权保护，例如合成物专利、联合专利、程序和方法专利以及发现其他用途的专利。因此，辉瑞公司的很多产品都有多重专利，而这些专利的到期日是不同的，这样就能加强辉瑞公司整体的专利保护。对于辉瑞公司来讲，目前更为棘手的问题是如何在全球保护自己的这些已有专利以及如何应对专利到期或者被判决无效带来的负面效应。

通过对辉瑞公司2006～2008年的相关知识产权诉讼和其他重大事件的分析，本书总结出辉瑞公司在商业化和扩散阶段所采取的几项成功的知识产权策略。

(1)有效利用专利诉讼，打击侵权行为，捍卫全球知识产权。从表7-1中可以看出，近年来辉瑞公司的主要产品的专利权在美国、加拿大、英国等市场不断受到竞争者的挑战，专利纠纷不断。辉瑞公司在相关的诉讼中大部分能取得胜诉，或者从诉讼中获益，其主要的成功经验有以下几点。

第一，善用与诉讼相关的行政程序，拖延时间。一个诉讼往往涉及多项专利。其中，围绕Lipitor的相关专利纠纷表现最为明显。辉瑞公司与老对手Ranbaxy之间围绕Lipitor展开了一系列的较量，双方的主要诉讼都是围绕Lipitor基础专利及其对映体专利(enantiomer patent)进行的。美国、加拿大、英国的法院都对辉瑞公司所持有的Lipitor基础专利的有效性予以确认，从而判决Ranbaxy侵权成立。但是对第二项专利，即对映体专利的有效性则有不同意见。美国特拉华州法院判决辉瑞公司的对映体专利有效，Ranbaxy提起上诉；而英国法院、加拿大多伦多法院均判决对映体专利无效，这就使诉讼结果复杂化了。面对这种情形，辉瑞公司的对策是：一方面在英国、加拿大的法院提起上诉；另一方面，为避免美国的二审判决出现不利的局面，积极利用美国专利局的相关行政程序进行补救。根据美国专利局的规定，允许专利权人对已有专利申请书中的技术缺陷进行修正。2007 年 1 月，辉瑞公司向美国专利局提出重新签发对映体专利的申请。2007 年 8 月，美国专利局在回复中认为该专利中的技术缺陷已被纠正，但是基于其他理由，仍然否定了辉瑞公司的对映体专利。辉瑞公司对该回复又进行了答辩。2009 年 1 月，美国专利局接受了辉瑞公司重新签发专利的申请，新专利的效力、范围、到期日均与原有专利相同。表面上看，行政程序似乎对辉瑞公司并不有利，但实际上行政程序起到了拖延时间的效果，预计该程序要经过几年的时间才能全部完成。而在此期间，辉瑞公司与 Ranbaxy 之间的诉讼则一直处于中止状态，法院一般不会在行政程序完成之前贸然下判。这样，辉瑞公司就为自己的对映体专利赢得了时间，甚至直到其在 2011 年 6 月到期。

第二，密切关注行业动态，主动发起诉讼。在上述统计的 26 项诉讼中，辉瑞公司主动发起的有 22 项，占到诉讼总量的 84.6%。基于制药行业的特殊性，竞争对手如果想要仿制或者生产与辉瑞公司的专利产品类似的药品，必须要向有关部门［如，在美国是食品药品监督管理局(Food and Drug Administration，FDA)］提起新药申请。辉瑞公司的专利诉讼绝大多数都是在竞争者提出新药申请之后，该申请获得批准之前，而不是传统的侵权专利诉讼所选择的侵权产品上市之后。这一诉讼时机的选取使辉瑞公司在专利侵权诉讼中把握了先机，此时被控产品尚未获得批准，也就尚未对辉瑞公司造成任何实质性的损害，之后诉讼中可能产生的所有时间延误，都将是竞争对手的损失，而不是辉瑞公司的。

第三，适时与对方和解，而非一味追求胜诉。在上述诉讼中，有两起辉瑞公司与对方达成了和解协议。一项是与 Apotex 就 Lipitor 对映体专利在加拿大的诉讼，还有一起是 Nova Nordisk 在美国起诉辉瑞公司侵犯其吸入胰岛素专利及吸入胰岛素方法专利侵权的诉讼。不难看出，这两项诉讼对于辉瑞公司都不太有利，第一项诉讼中涉及的对映体专利的有效性在加拿大的法院已经受到质疑，辉瑞公司胜诉的可能性很小。第二项诉讼中虽然法院驳回了 Nova Nordisk 要求签发临时禁令的申请，但这并不意味着辉瑞公司将迎来对自己有利的一审判决。而且，如果继续诉讼，辉瑞公司作为专利诉讼的被告方还将承担时间等各方面的成本损失。在这种情况下，辉瑞公司选择与对方和解，节约诉讼成本，不失为一种明智之举。

(2)广泛运用许可协议，使知识产权的价值最大化。在创新过程的商业化阶段，广泛采用许可协议的方式，与合作伙伴之间交叉许可知识产权，使知识产权的价值最大化，是辉瑞公司的又一成功的知识产权策略。如表 7-2 所示是辉瑞公司 2005～2008 年的无形资产账面价值。

表 7-2　2005～2008 年辉瑞公司无形资产账面价值

年份	固定期限无形资产/百万美元	无固定期限无形资产/百万美元	无形资产总值/百万美元
2005	32318	3082	35400
2006	34147	3103	37250
2007	34249	2936	37185
2008	33395	2933	36328

资料来源：辉瑞公司 2006～2008 年度金融报告。

可以看出，2005～2008 年，辉瑞公司许可协议以及其他无形资产(包括专利、未完成的许可协议、顾客合同以及其他无形资产)的价值基本呈上升趋势。这表明许可以及交叉许可专利权，给辉瑞公司带来了巨大的经济效益。例如，一系列的许可协议使辉瑞公司所拥有的知识产权数量不断增加，也使现有知识产权的价值得到充分利用，在辉瑞公司进军新领域和扩展海外市场中起到了重要作用。

(3) 积极运用商标和品牌战略，构建立体知识产权保护网，应对专利到期问题，完善知识产权布局。专利的有期性是专利权人必须面对的一个现实问题，是任何成功的专利保护策略都不能克服的。生物药品的专利权还面临着的一个特殊的问题是：除了专利审查方面的时间损失之外，由于世界各国一般都设有新药上市的审批程序，生物药品的专利权还要经受新药审批过程的延迟。因此，虽然新药的专利权期限一般在 20 年左右，但当药品上市时专利权往往已经所剩无几。对于辉瑞公司这样的生物制药巨头而言，随时都必须面对自己各种药品上的专利在世界各国相继到期的局面，如何在已经丧失专利权的产品上继续盈利，是辉瑞公司必须要解决的一个问题。通过持续的努力，辉瑞公司已经成功摸索出一套如何将一项收益日渐减少的业务(包括那些已经丧失独占权的产品)转变为一项在未来继续盈利的路径——即成功的商标和品牌战略。图 7-1 展示了 2007～2009 年辉瑞公司商标和品牌价值变化的情况。

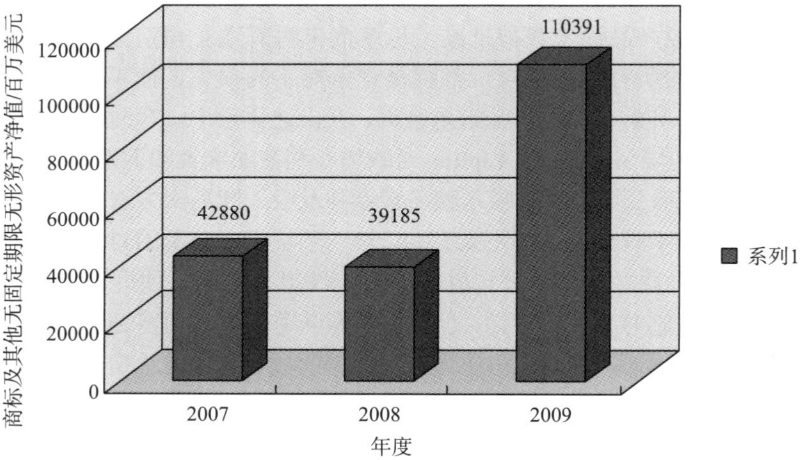

图 7-1　2007～2009 年辉瑞公司商标和品牌价值变化的情况

资料来源：辉瑞公司 2009 年度金融报告

纵观辉瑞公司的发展史，它在前 100 年的生产过程中一直没有自己的产品品牌，而到后 50 年里才逐步推出自己的品牌，企业品牌一直顽强地成长着。1950 年，辉瑞公司推出首个用辉瑞公司(Pfizer)的标签在美国出售的药物——Terramycin。1954 年，加贴有注册商标标志的 Tetracyn®(四环素，由辉瑞公司研究人员发现的第一个完全合成广谱抗生素)正式投放市场。经历过两次世界大战的洗礼仍然不衰的企业品牌已经微乎其微，能跟上世界潮流保持行业领导品牌的百年企业更是凤毛麟角。辉瑞公司留给世界的不仅仅是青霉素和第二次世界大战盟军的动人故事，也不仅仅是在消费者中如雷贯耳的“伟哥”商标，还有它一百多年的品牌历史和苦心经营的商标战略。辉瑞公司对人类健康的杰出贡献及出色的业绩得到了国际医药界的广泛认同，并多次被美国《财富》杂志评为全球最受推崇的医药公司品牌。为自己旗下的每一项产品申请商标，并且保持这些加贴特定标志的商品的特定质量，在消费者中建立良好的信誉度，这样的商标保护体系使辉瑞公司的产品在相关消费者中获得了极高的认同度。其产生的一项直接影响就是，即使辉瑞公司相关产品的专利已经到期，即使市面上已经出现其他同类的竞争产品也能够达到同样的疗效，甚至价格更低，但是辉瑞公司原有的客户仍然愿意选择辉瑞公司的产品，因为他们已经相当信任辉瑞这个品牌以及相应的产品商标。在专利有效期内加强相关商标的广告和宣传，使辉瑞公司在享有专利独占权期间有从容的时间来树立品牌和企业形象。专利与商标、品牌战略相结合，构建对于生物药品的立体保护网，能有效应对专利过期所带来的市场利润损失。

2. 地奥集团成都药业股份有限公司——研发、商业化和扩散阶段的知识产权布局与运营

1）地奥集团成都药业股份有限公司基本情况

地奥集团成都药业股份有限公司于1988年8月依托中国科学院成都生物研究所成立，初始投资仅为50万元，截至本书对应课题组研究时，已发展壮大为拥有科技人员1634人，包括博士及博士后24人、硕士140余人，占地面积近400亩的大型集团化股份公司，建立了5万多平方米的现代化生产场地，所有生产车间均通过了国家GMP认证，成为拥有现代化科技、大生产、质量检测、高新技术产品以及营销网络优势的国内实力最强的药物研制、中试、生产基地之一，集天然药物、基因工程药物、合成药物、新型制剂研制、生产、销售为一体，并堪称世界上最大的高纯度甾体皂苷和高纯度胸腺肽生产企业之一。

截至本书对应课题组研究时，地奥集团成都药业股份有限公司拥有四个制药生产企业、一个化妆品生产企业、两个药品销售公司、一个保健品（含化妆品）销售公司、一个医药连锁销售公司、一个房地产公司、一个矿业能源公司等共计11个下属企业和控股企业。其主要产品有地奥心血康、地奥脂必妥胶囊、地奥黄芪注射液、迈普新、银黄含片等。

地奥集团成都药业股份有限公司先后被科技部认定为国家火炬计划重点高新技术企业，跻身全国百强高新技术企业前列，被国家中医药管理局评为全国中药行业优秀企业，被列为全国重点高新技术企业及国家中成药重点企业。“地奥”商标被认定为中国驰名商标。

2）公司知识产权布局与运营情况

（1）知识产权布局情况。地奥集团成都药业股份有限公司依靠高素质的科研人员和一流的实验研究设备条件，在新药研发中较国内同行业其他企业具备了较强的自主创新能力，取得了多项知识产权成果，如专利、商标、商业秘密等，还有部分产品依据相关法规享有新药监测期保护、中药品种保护以及植物新品种保护。

地奥集团成都药业股份有限公司的知识产权布局与运营中的专利与商标都是重头戏，而行业标准的参与制定成为其创造特色。首先，从表7-3地奥集团成都药业股份有限公司历年知识产权情况可以看到，地奥集团成都药业股份有限公司的专利申请量基本呈增长态

势。其专利主要以发明专利为主，实用新型专利没有涉及，外观设计专利涉及甚少。

表 7-3　地奥集团成都药业股份有限公司历年知识产权情况

		2002 年	2003 年	2004 年	2005 年	2006 年	2007 年	2008 年	2009 年
专利申请/件	年度合计	8	19	10	22	15	23	14	15
	发明	6	14	8	19	14	10	11	14
	实用新型	0	0	0	0	0	0	0	0
	外观设计	2	4	0	0	0	13	3	1
	PCT	0	1	2	3	1	0	0	0
专利授权/件	年度合计	2	6	1	3	5	3	9	2
	发明	1	0	1	3	5	3	2	2
	实用新型	0	0	0	0	0	0	0	0
	外观设计	1	6	0	0	0	0	7	0
	PCT	0	0	0	0	0	0	0	0
商标注册/件	年度合计	52	12	15	6	11	5	6	9
	国外注册	0	0	0	4	5	0	0	0
	驰名商标	2	0	0	0	0	0	0	0
	著名商标	3	0	0	0	0	0	0	2

“地奥”商标于 1999 年被国家工商总局认定为驰名商标。截至本书对应课题研究时，地奥集团成都药业股份有限公司围绕该商品在国内的所有商品类别中防御性注册了“地奥”商标 61 个，同时在 27 个国家和地区进行了申请注册，其中 8 个国家和地区已注册成功。地奥集团成都药业股份有限公司还在药品、化妆品、保健品等商品类别中注册其他商标 93 个。更重要的是，在此期间，地奥集团成都药业股份有限公司参与了 45 个企业标准的制定，10 个国家、行业标准的制定。为了确保公司专利申请的质量，公司专门成立地奥药物筛选中心，通过对数万个中药、合成药、微生物样品的药物筛选，将产业化前景好、市场竞争力强、发明创造性较高的技术创新成果挑选出来申请专利，保证了集团专利申请量稳定地增长。

实际上，随着国内药品行业竞争日益加剧，地奥集团成都药业股份有限公司已步入第二次创业期，提出了国际化、多元化新时期战略发展目标①。为了配合集团开拓国际医药市场，参与国际竞争，地奥集团成都药业股份有限公司知识产权管理部门通过对技术及其市场信息的认真调研和分析，选择部分具有国际市场潜力的药品发明进行 PCT 国际专利申请，其中包括公司拳头产品“地奥心血康胶囊”的 PCT 国际专利申请，并以该专利申请作为“地奥心血康胶囊”进入欧盟或其他国家的主流药品市场的有力支持。

(2) 知识产权运营情况。到目前为止，地奥集团成都药业股份有限公司所申请的专利、

① 走向国际化道路的企业的自主创新能力相对较强，通常这类都是新兴技术企业，对于知识产权中的发明的创造、利用、保护与组织尤为重视。对于处于后来者地位的中国新兴技术企业而言，国际化道路不失为这类企业的出路。这与华为的国际化道路有异曲同工之妙。

商标等主要以自用、保护技术研发成果为主。地奥集团成都药业股份有限公司一方面通过专利实施以提高市场竞争力，另一方面通过商标的广告效应提高知名度和美誉度。地奥集团成都药业股份有限公司极其注重专利成果转化率，在2004～2006年，地奥集团成都药业股份有限公司拥有自主知识产权的产品销售收入已占到总销售收入的85%以上。

(3)知识产权保护情况。目前，地奥集团成都药业股份有限公司初步建立起了以多种知识产权工具组合而成的保护体系，根据知识产权中商标权、专利权、版权、商业秘密等的不同保护特点，结合地奥集团成都药业股份有限公司的自身情况和产品特点，以专利保护核心技术、以行政保护为补充、以商标保护树立品牌、以商业秘密保护技术诀窍，形成了较为严密的知识产权保护网络，在整个知识产权网络中专利处于核心地位，对于重点产品采取基本专利、外围专利、交叉许可专利等全方位立体的专利保护。

第一，专利保护。药品专利保护是通过专利权而获得的一种法律保护方式，是药品保护最为有效的一种方式。集团申请专利以药品发明专利为主，结合药品包装等相关外观设计，以期获得较为全面的保护。

第二，药品行政保护。行政保护包括新药监测期保护和中药品种保护。行政保护是药品知识产权保护的重要补充，但行政保护只是国内强制性措施，有一定局限性，最终还是要依靠专利保护药品知识产权。

第三，商标保护。商标是商标持有人信誉的标志，是商品品质和服务质量的标志，是进行公平竞争的有效手段。药品注册商标保护的市场独占权可以为企业带来巨大的收益。

第四，商业秘密保护。通过商业秘密保护，可以在不公开的条件下保护具有很高商业价值的，或可能因不符合发明专利有关创造性要求而无法获得专利保护的技术。针对药品而言，其配方和工艺复杂多样，单从单品分析很难应用反向工程倒推出其配方和工艺，尤其是药品生产工艺中往往有不少技术诀窍，不一定适宜采用专利保护，因此商业秘密也是药品知识产权保护的一种有效方式，可以作为药品专利保护的必要补充。

(4)知识产权组织情况。地奥集团成都药业股份有限公司知识产权的组织工作较有特色。该企业并没有设立一个统管整体知识产权工作的知识产权管理部门，而是将知识产权管理职能分解到几个相关的部门，并重点围绕专利开展管理工作。成立于2002年的集团法律部主要负责集团商标、版权等相关知识产权事务；而集团药物研究所则负责专利申请、专利纠纷等专利事务，这项工作最初(2002年)是由集团指定专人，2004年起成立由总裁助理、药物研究所所长刘忠荣博士分管的知识产权(专利)研究室全面负责专利申请、维权、处理专利纠纷等以专利管理为主的知识产权事务。该研究室有21名工作人员，其中14名为兼职人员，7名为专职工件人员，具体落实集团专利管理工件，包括公司日常的专利事务工件。除了这两个承担知识产权管理的核心部门之外，集团还建立了由各新药研究室、人力资源部、生产部及销售部等部门的负责人组成的兼职专利工作者队伍，配合开展专利管理工作，形成了企业知识产权管理部门与研发、生产、销售等职能部门之间的协作机制。

地奥集团成都药业股份有限公司知识产权管理工作主要围绕知识产权制度建设、知识产权信息管理、知识产权日常事务经办、知识产权研讨培训组织、加强与知识产权行政部门的联系、专利技术转化与实施管理、知识产权维权和防侵权管理等几个大的方面展开，同时也将知识产权战略构建逐步提上了日程，曾承担了成都市知识产权局“地奥集团企业及重点产品专利战略研究”课题。其最主要的工作内容是针对具体项目检索专利文献信息和非专利文献信息，分析竞争对手布局、技术垄断范围和空白区域、专利申请趋势，从而预测技术未来发展走势、竞争对手战略意图和市场成熟度，为决策最佳的市场切入点和技术切入点、选择发展模式、占据行业制高点提供专业的信息支持。同时，通过对收集的专利信息进行有序管理，建立了针对企业产品的专利信息管理系统，为分析竞争对手的专利保护网、提高自身产品开发的起点和充分利用专利技术提供指导，以避免纠纷和诉讼。

在知识产权制度建设方面，地奥集团成都药业股份有限公司注重学习、借鉴国内外企业建立专利工作管理制度的模式和先进经验，制定了如《专利工作管理制度》《专利发明或设计人的奖励制度》《商业秘密保密制度》《关于资料移交、项目申报等相关问题的规定》《专利工作管理细则》《与专利申请相关的技术资料档案管理制度》等一整套管理制度，对于专利的申请程序及相关内容、专利申请相关的文件管理等做出了详细的规定，同时明确了职务发明的专利权归属、员工保密责任及竞业限制等。

3) 公司知识产权布局与运营重大事件

迄今为止，得益于公司的知识产权保护网，地奥集团成都药业股份有限公司在知识产权方面尚未遭遇重大诉讼或纠纷。但地奥集团成都药业股份有限公司在知识产权创造、利用、保护过程中亦受到过一些困扰，可以说既有成功的经验，也有失败的经历，典型的事件如下。

(1) 全面布局，构建“地奥心血康”知识产权防护网。地奥心血康胶囊是地奥集团成都药业股份有限公司的拳头产品。问世之初，地奥心血康胶囊便获得药品行政保护，并在很长的时间里该产品凭借行政保护独占市场。但是近年来，随着《专利法》的实施，行政保护呈渐趋弱化的趋势，集团知识产权管理部门及早捕捉了这一态势，专门针对地奥心血康产品开展专利战略研究并组织实施，围绕该产品申请了相关专利 12 项，目前其核心专利已获得授权；同时“地奥”商标于 1999 年被国家工商总局认定为驰名商标，围绕该商品，集团在国内的所有商品类别中防御性注册了“地奥”商标 61 个；对于生产过程工艺则采取商业秘密方式加以保护。地奥集团成都药业股份有限公司主动、及时、有效的知识产权工作为“地奥心血康”编织了密集的立体知识产权防护网，保证了“地奥心血康”自上市以来，既无仿制品种，亦无知识产权纠纷。到目前为止，“地奥心血康”在市场上仍然保持其独占地位，年销售额超过 5 亿元。

(2) 遭遇美国辉瑞公司“伟哥”专利壁垒。2001 年 9 月，我国国家知识产权局正式授予美国辉瑞公司“万艾可”专利。就在美国辉瑞公司拿到专利授权的同时，自然人潘华平马上提出无效宣告请求。紧接着，成都地奥制药集团有限责任公司以及广州白云山制药、上海双龙高科技开发公司等 12 家企业联合提出无效宣告请求，理由是“万艾可”专利不符合中国《专利法》第二十六条第三款的规定。经过两年零九个月的漫长审议，“万艾可”专利权被撤销。辉瑞公司对知识产权局的撤销决定不服，并提起诉讼。经过长达一年多的审理，北京市第一中级人民法院对“万艾可案”作出一审裁决，“万艾可”专利所有人美国辉瑞公司胜诉。这一起专利事件让地奥集团成都药业股份有限公司切身体会到知识产权对于公司产品和企业发展的重大影响。

(3) 以诉讼排除“地奥 DA 及图形”商标侵权。地奥集团成都药业股份有限公司在

2005 年前发现昆明大庄园复混肥有限公司在其生产的复混肥包装上使用和销售与驰名商标地奥相同和相近似的商标“地奥 DA 及图形”组合商标，严重侵害了地奥集团成都药业股份有限公司的权益，集团知识产权管理部门慎重考虑后选择以诉讼作为救济方式。2006 年，成都市中级人民法院判决被告昆明大庄园复混肥有限公司自判决生效之日起立即停止使用与原告地奥集团成都药业股份有限公司所有的中国驰名商标相近似的商标标识的行为，赔偿地奥集团成都药业股份有限公司经济损失 15 万元，并承担合理开支 2.2 万余元。

(4) 以商业秘密扼制拳头产品潜在竞争对手。2006 年，地奥集团成都药业股份有限公司知识产权部门了解到西安一制药公司试图以地奥心血康“软”胶囊报批，如获准通过，将对集团地奥心血康胶囊的市场构成极大冲击。集团专利管理部门对此予以高度关注，并以“地奥心血康生产工艺属地奥集团成都药业股份有限公司商业秘密，西安某制药厂报批的‘软’胶囊工艺与地奥集团成都药业股份有限公司工艺不同，尽管主成分与地奥心血康胶囊一致，但工艺的不同将引起药品性质的改变”这一充分理由，与国家药品监督管理局药品审评中心进行了反复多次的沟通，最终国家药品监督管理局药品审评中心对西安某制药厂的“软”胶囊予以退审，理由为：该“软”胶囊应以新药申请程序报批。

4) 借鉴与启示

只有持续不断的创新才能保持企业的活力，在技术创新的过程中，地奥集团成都药业股份有限公司始终坚持将企业的知识产权工作与技术创新相结合，摸索出一套对于中国大型生物制药企业行之有效的知识产权保护策略。总结起来，主要有以下几点。

(1) 高度重视研发与创新，鼓励自主创新。重视研发与创新，决定了企业知识产权拥有可持续的源头活水。地奥集团成都药业股份有限公司网聚了大批一流的创新人才，并提供了优良的科研和创新环境，配备了充沛的创新经费，具备基础研究和工程化应用研究的全套技术优势，从发病机理到受体与配体研究，从药物设计到化学结构修饰，从高通量体外药物筛选到体内动物模型实验，开展了大量的前沿性研究。地奥集团成都药业股份有限公司不断研发起点高、科技含量高的自主创新产品，谨慎延伸品牌。现在，地奥集团成都药业股份有限公司基本上不再仿制药品，提倡创新或模仿创新；而且把知识产权工作落在药品上，没有知识产权保护不推产品。目前，地奥集团成都药业股份有限公司已拥有了 10 个自主创新药物，其产品销售收入已占到总销售收入 60%以上。同时，地奥集团成都药业股份有限公司致力于激励机制与知识产权文化培育相结合，推动技术优势向产品优势和市场优势的转化。激励专利发明人的发明创造积极性是专利工作中一个极其重要的环节。地奥集团成都药业股份有限公司建立了针对专利职务发明人专利申请和专利授权的奖励机制，还将专利奖励与专利产品转化实施后的市场效益紧密挂钩，即科技人员可在他们开发的专利产品投入市场后，从其转化实施后的利润中提取 3%～5%的奖励金。这极大地调动了科研人员的创新积极性，也促使研究人员全流程地关注知识产权的创造、保护和产业化。除物质奖励外，对发明人、知识产权产业化方面的能手，公司还给予必要的精神奖励，将知识产权工作成绩作为职称晋升、工资调整的重要考核指标。通过这些措施，激励了员工和广大科研人员的创新原动力，在知识产权成果的产业化方面取得了积极的效果。

(2) 根据企业创新的需求，合理设置知识产权部门。地奥集团成都药业股份有限公司清晰的思路、务实的风格以及规范的运作，使得知识产权管理对企业的发展起到了支撑作用。处在以知识产权为立身之本的医药行业，地奥集团成都药业股份有限公司的知识产权工作讲求实效，突出重点，而非盲目的求大求新。从组织架构、制度设置到人员配备，该公司均以专利为中心，技术为导向，其知识产权核心机构设置在企业技术开发的最前沿——药物研究所，即以专题专利研究室命名，主要由高学历专业技术人员承担专利管理工作。该机构除与从事具体科研创新的各个研究室合作紧密，还与生产、销售等职能部门之间相互协作，切实将专利管理工作渗透到新药研发、生产、经营的全过程之中。在知识产权工具的应用策略上，则以产品为中心，构建由核心专利、外围专利、交叉许可专利、商业秘密、商标、版权等组成的多层防护网。

(3) 在政府知识产权部门的扶持与引导下提升企业知识产权布局与运营水平。地奥集团成都药业股份有限公司知识产权工作一直受到各级知识产权管理部门的高度关注。作为知识产权示范企业，地奥集团成都药业股份有限公司知识产权工作不断走向规范化、制度化。2004 年，地奥集团成都药业股份有限公司先后被正式列为省、市专利试点单位，在两年试点期内，企业知识产权创造、运用和保护能力得到提升，先后有 4 项科研成果分别获得中国科学院科技进步一等奖、国家科技进步二等奖、国家科技进步三等奖及四川省科技进步一等奖，专利申请和授权量均取得显著增长；发明专利申请量年增长率达到 50% 以上，发明专利授权量年增长率达 100%，PCT 国际专利申请量取得显著增长。目前，地奥集团成都药业股份有限公司已被确定为全国第三批企事业知识产权试点单位、全国创新型企业试点单位和国家“863”高技术成果转化基地。

(4) 充分利用现代科技手段，提高知识产权工作效率。地奥集团成都药业股份有限公司购买了最权威的专利文献数据库(德温特世界专利索引数据库)，建立了适合自身需求的专利文献检索系统，收集、整理、研究与本企业有关的专利信息，特别是竞争对手的信息，掌握最新的医药行业动态和技术走向，分析竞争对手的技术情况和战略意图，推测可能遇上的专利风险，为新药研发的决策提供重要参考依据，为项目立项、研发及市场拓展保驾护航。

(5) 专利与标准相结合，专利与商标相结合，确保把握市场先机。截至本书对应课题组研究时，地奥集团成都药业股份有限公司现已参与制定了 10 个药品的国家标准，同时还制定了若干高于药品现行质量标准的企业内控标准，确保产品具有充分的质量保证和市场竞争力。地奥集团成都药业股份有限公司始终致力于研发创新药物，将自主创新活动中产生的新标准、新质量控制方法和新成果积极申请专利，直接通过结合专利制定国家标准，或作为技术标准储备，实现国内首家或独家生产，把握市场先机和主动性，力争达到和实现“专利标准化”的企业知识产权战略目标，引领整个产业及产品的发展方向。

地奥集团成都药业股份有限公司品牌的知名度居国内医药行业前列。截至本书对应课题组研究时，为了保护驰名商标，已在国内所有商品类别中防御性注册了“地奥”商标 61 个，成功防止了“地奥”商标在其他商品类别中被抢注；为了执行公司的国际战略、加强地奥品牌全球保护，“地奥”商标已在 27 个国家和地区进行了申请注册，已在 8 个国家和地区注册成功，为地奥产品进入国际市场提供了有力支持；集团还在药品、化妆品、保健品等商品类别中注册其他商标 93 个，其中有的正在使用，有的作为储备以支持新产品开发和上市。对于竞争对手的商标侵权行为，地奥集团成都药业股份有限公司能够做出迅速反应，采取强有力的法律手段，维护“地奥”商标，防止混淆和淡化的行为。

3. 成都某生物科技有限公司——研发阶段的知识产权布局与运营

1)成都某生物科技有限公司基本情况

成都某生物科技有限公司创建于 1999 年 9 月，注册资本 200 万元，位于成都市高新技术开发区，是一家从事抗肿瘤基因治疗药物研制与开发的综合性生物公司。公司自成立以来一直与四川大学华西医学中心合作研发，与华西国家重点实验室长期合作研制与开发抗肿瘤国家一类新药。目前，成都某生物科技有限公司开发出拥有自主知识产权的国家抗癌一类新药，并已获得国家发明专利(专利号：ZL#)，该抗癌新药于 2007 年 5 月获得国家药品监督管理局批准进入一期临床试验(批文号：CXST#)[①]，现已顺利完成一期临床试验，进入二期临床实验申报阶段。成都某生物科技有限公司拥有先进完善的研发设备及(中试)车间。公司拥有一批经验丰富、具有较强技术创新能力的技术精英，有博士生导师、博士生、硕士生和大学本科学历以上人员共 48 名，占公司员工人数的 90%以上。

2)成都某生物科技有限公司知识产权布局与运营情况

由于成都某生物科技有限公司主要产品为一种抗癌新药，截至本书对应课题组研究时，尚处于二期临床实验申报阶段，公司尚无真正的产品面世，即公司主要处于技术研发阶段，所以公司的知识产权管理工作也重点放在了知识产权创造方面。因此，对于公司知识产权管理情况本书分为两部分讨论：公司知识产权创造情况和公司知识产权管理的其他情况(包括知识产权的运用、保护和组织方面)。

(1)知识产权创造情况。成都某生物科技有限公司拥有的知识产权主要表现为专利和商业秘密。从成立以来，公司一直致力于抗肿瘤基因治疗药物的研发，到本书对应课题组研究时为止，投资已经超过 2000 万元。在研发过程中，公司十分注重知识产权问题。一方面，为了避免自己研发的药物出现侵犯他人知识产权的情况，公司研发人员经常自己或者委托专利事务所进行查新，做好事前防范工作。公司研发人员认为，查新除了可以防止将来侵犯他人专利权，专利文献还可以作为自己研发的参考，避免重复研发，浪费研发经费；同时，研究专利文献，也能为绕过他人已有专利提供有用途径。该公司研发的主要产品在临床前研究阶段就已经于 2005 年向国家知识产权局申请专利，专利名称为：“一种重组人内皮抑素腺病毒及其制备方法和用途”，该专利于 2007 年获得授权。除了专利以外，在公司自主研发和与四川大学华西医学中心合作研发的过程中，其产生了大量的商业秘密，这些商业秘密成为公司知识产权的又一大来源。成都某生物科技有限公司的主要研发人员认为，当在研发过程中有了新的突破性创新后，公司并不是急于或者盲目地立刻申请专利。公司首先要评估的是该发明创造的可复制性，也就是被竞争对手模仿的可能性。

① 基于调研时成都某生物科技有限公司对本书对应课题研究提出的保密要求，本书对专利号、批文号等内容未作批露。

对于可复制性很强，一旦公开，易于被竞争对手模仿，并且属于生产方法而非产品创新的发明创造，公司会选择用技术秘密的方式来保护该发明创造。目前，公司已经有较为完善的内部商业秘密管理条例，例如新进的技术人员都要与公司签订保密协议，严格限制不同级别的技术和管理人员接触公司商业秘密的权限等。

(2) 知识产权管理其他情况。由于公司的主要产品截至本书研究时还处于二期实验申报临床阶段，成都某生物科技有限公司知识产权工作的其他方面显得尚不成熟。首先，知识产权运用方面，公司的意向主要是对于公司所拥有的专利和商业秘密进行自用，将新药推向市场。当然，也不排除在合理价格下将专利许可给他人使用或者转让商业秘密的可能性。其次，知识产权保护方面，目前，成都某生物科技有限公司尚未碰到过被他人起诉侵权的情形，这得益于该公司对本书前面提到的经常的专利查新和对专利文献的深入研究。由于自己还未有产品面世，截至本书研究时，成都某生物科技有限公司也没有发现市场上有侵犯自己专利权或者商业秘密的行为出现。公司的管理人员表示，一旦发现这种情况，公司将毫不犹豫地选择诉讼。再次，知识产权组织方面，成都某生物科技有限公司的现状不容乐观，有待加强。公司没有专门的知识产权部门，只设立了一个专门管理知识产权事务的岗位，目前由一名管理专业背景的人员负责。该知识产权人员平时也只负责一些事务性的工作，例如委托专利查新、专利申报等，由于缺乏技术背景，该人员几乎不参与研发。公司内部也没有制定系统的知识产权制度，仅在专利和技术秘密的奖励方面有一些惯例，正式的、成文的公司知识产权规定较少。当然，成都某生物科技有限公司在知识产权组织方面也有值得肯定的地方。例如，公司平时比较注意培养员工的知识产权意识，会不定期地组织知识产权培训等，通过访谈，本书作者发现，该公司的员工都对专利、商业秘密的保护途径和程序比较熟悉。

3) 借鉴与启示

作为比较典型的中小型生物制药企业，成都某生物科技有限公司在技术创新过程中的研发阶段所采取的知识产权策略代表了很多这类企业的现实选择。虽然产品尚未面世，但成都某生物科技有限公司已经意识到在研发过程中专利先行的重要性。其研发阶段以知识产权创造为主的知识产权策略主要有以下经验可供参考。

(1) 在研发过程中及早进行专利布局。从生物制药的研发来看，一项新药的研发过程主要要经历以下几个阶段：临床前研究（包括药理、病理实验、工艺、质量标准控制等）；一期临床（耐受性研究）；二期临床（药效研究）以及三期临床（药品评价），之后才能向国家药品监督管理局申请批准生产新药。在这几个阶段中，成都某生物科技有限公司在临床前研究即向中国专利局提起了专利申请，而不是等到真正的临床研究开始之后。这种及早申请专利的策略保证了公司突破性创新成果的法律地位，为新药上市后迅速打开市场和销路，避免同行仿冒等恶性竞争起到了很好的预防作用。

(2) 为企业的创新成果选择正确的保护途径。在自主研发过程中产生的大量创新成果，成都某生物科技有限公司并没有贸然地选择一概申请专利，而是经过审慎研究后，将大部分成果作为技术秘密来保护，仅有一项主要技术选择了专利保护。成都某生物科技有限公司认为，在自己所处的生物制药研究领域，在生产工艺和方法方面的创新，虽然可以申请专利保护，但是如果该创新的可复制性本身较强的话，一旦申请专利，公开创新之后，很容易遭到竞争对手的模仿。而针对这种方法发明的侵权，尽管我国《专利法》中已经有“举证责任倒置”的规定，要赢得最终的专利侵权诉讼难度仍然不小。此时，公司就会倾向于选择“秘而不宣”的策略，即采用商业秘密的方式来进行保护。同时，对于可复制性很低的、已经选择申请专利的技术，公司在专利申请文件的撰写上也很慎重。一方面既要满足专利法所规定的“实用性”要求，公开相应的技术资料；另一方面，又要从公司的利益出发，保留一些技术细节，以期达到专利权和商业秘密的双重保护。

(3)注重专利查新，跟踪最新行业动态。成都某生物科技有限公司的主要研发人员认为，仔细阅读和研究现有专利文献，对于本企业自己的研发具有重要意义。日常的专利查新工作主要有三项作用：第一，防止侵犯他人专利；第二，有的放矢，避免重复研发；第三，为自己的研发提供参考，为绕过他人现有专利提供可能性。在生物制药领域，不乏一些大的生物制药公司就某些产品多次、多国申请专利的情况。例如，德国一家生物技术公司研制的一种酶，20 世纪 60 年代就已经商业化，到现在还有专利保护。针对这种情况，必须绕过他人的现有专利，才能有所突破。例如，利用专利已经到期的机会，研发现有专利药品的不同制剂、不同的生产工艺，申请自己的专利。因此，成都某生物科技有限公司在研发过程中特别注意日常专利查新工作，及时跟踪行业最新动态。

4)知识产权策略的建议

针对成都某生物科技有限公司的知识产权管理工作的现状和存在的问题，本书提出以下建议。

(1)研发阶段知识产权策略建议。目前成都某生物科技有限公司研发阶段的知识产权创造工作已经取得了一定的成效，并且提供了一些值得我们借鉴的经验。本书认为，就公司知识产权创造工作的可持续而言：第一，成都某生物科技有限公司应加强主要技术的国外专利申请，为今后企业打入海外市场做准备；第二，可以借鉴辉瑞公司等生物制药巨头的成功经验，在不同时间，向不同国家提出同一专利申请，延长专利有效期；第三，成都某生物科技有限公司应尽早为即将面世的新药申请商标保护，避免他人抢注商标的行为。

(2)商业化阶段知识产权策略建议。对于成都某生物科技有限公司即将进入的商业化阶段，本书提出以下知识产权策略建议。

第一，成都某生物科技有限公司自行使用相关专利。自行使用相关专利是目前我国生物技术公司自主知识产权利用的主要方式，该方式属于知识产权最原始和最简易的运用层次。它主要是指权利人排斥他方的使用，由权利人亲自使用该知识产权，将自身所拥有的知识产权商品化，并在权利不断积累和利用过程中达到知识产权的产业化。简要而言，自己使用就是权利人在本产业范围内，直接将技术转化为产品。这种简单的利用方式虽然一定程度实现了知识产权的使用价值，但很难将知识产权潜在的交换价值和权利价值体现和放大出来。企业自用知识产权时需要排除他人的侵害，排斥他人共享其知识产权。该禁止权又因专利类型不同而有所区别：对于产品专利(包括发明专利和实用新型专利)，禁止权主要包括禁止他人制造、使用、许诺销售、销售、进口该产品的权利；对于方法专利，专利权的效力不仅是方法本身，而且涉及以该方法直接获得的产品，因此方法专利的禁止权内容包括禁止使用该方法、使用该方法直接获得的产品、许诺销售依该方法直接获得的产品、销售依该方法直接获得的产品、进口依该方法直接获得的产品。

第二，知识产权的许可使用。如果成都某生物科技有限公司采用许可他人使用的方式来实现商业化，首先需要分清的是许可使用的方式。

专利许可有一般许可、独占许可、独家许可和交叉许可之分。①一般许可是最常见的一种许可。一般许可的许可人(这里的许可人包括自然人和法人)允许被许可人在规定的地区内使用有关的专利技术，同时自己保留使用该项技术及再与第三方签订该项专利技术的许可合同的权利。被许可人要向许可人支付一定的使用费。②独占许可的被许可人不仅有权自己在授权范围内使用有关的专利技术，而且有权排斥包括许可人在内的一切其他人使用该项专利技术。在发现侵权行为时，被许可人有权直接向法院起诉；独占许可的被许可人还有权向第三方进行分许可。所以，在许可合同规定的地区内，独占许可的被许可人的权利几乎与专利权受让人的权利相同。③独占许可除了不能排斥许可人自己使用专利技术外，其他情况与独占许可基本相同。独占许可或独家许可的使用费通常要高于一般许可的使用费。④交叉许可是技术贸易双方以价值相当的专利技术互惠交换的一种许可。此时，根据企业自身的情况，订立完善的许可协议必不可少。第一，选择并确定适当的许可内容。许可的标的是“知识产权”，一项许可协议可能要涵盖专利、版权、商标、商业秘密、专有技术和其他新型的知识产权。每个许可协议中，成都某生物科技有限公司都可以准备自己的“权利包”，然后以一种适合双方需要的组合排列方式确定是否以及如何被许可或者被保留。第二，在不违反反垄断法和反不正当竞争法的前提下，确保改良后的知识产权都归属于成都某生物科技有限公司。成都某生物科技有限公司应该通过合同的管束条款，约定被许可人对许可的知识产权的改进必须经得成都某生物科技有限公司的认可，且改良后的知识产权归属成都某生物科技有限公司。这样有利于许可人的“权利包”达到滚雪球的效应。

第三，知识产权的转让。知识产权的转让主要具有以下特点。首先，知识并不因知识产权转让而消失。知识产权属于无体物权利，因此它区别于有体物的转让。实物财产在转让后，卖方获得了对价的同时失去了该物，买方支付对价的同时获得了该物。而在知识产权转让过程中，知识产权的出让方在获得对价的同时并不会失去技术本身，知识产权在转让出去后，原权利人也不会失去该知识。其次，转让价格难以确定。知识产权的转让由于转让标的的特殊性，转让价格存在很大的升降空间。例如，专利转让价格不仅需要涵盖开发成本，而且还需要包括现有的市场状况和未来市场的前景。另外，技术更新速度和知识产权自身寿命，也给知识产权价格的确定带来了很多不确定性。知识产权的一般转让与技术的成熟度、现有市场规模以及市场发展阶段等因素有关。因此，在转让过程中，需要结合知识产权的自身特点注意以下问题：①避免出现多次转让，产生不必要的合同纠纷；②价格合理的情况下才考虑转让。转让这种一次卖断的方式下，如果卖方对预期收益预估不足，就可能出现低价转让的情况，这样对于公司的利益无疑是一种损失。

(3) 扩散阶段的知识产权策略。虽然还没有出现被诉侵权或者他人侵犯自己知识产权的情况，本书对成都某生物科技有限公司扩散阶段的知识产权保护仍然提出以下建议，以供参考。在访谈过程中，该公司明确表示，如果一旦出现侵权行为，将毫不犹豫地提起诉讼。但实际上，诉讼只是解决侵权纠纷的一种途径。除此以外，具有法律意义的途径还有行政途径，即向专利管理部门举报专利侵权行为。比较专利侵权的行政途径和司法途径，各有优劣，权利人应该根据实际情况进行选择。首先，从时间上来说，行政途径更快，效率更高，一般会在一个月内完成，能够及时制止侵权行为。而司法途径则有可能经历两审，历时较长，不能及时有效地制止侵权行为。其次，从费用上来说，行政途径一般比司法途径更节约、更经济。再次，从获得补偿来讲，行政途径强调的是对侵权行为的制止和处罚，罚款不会支付给权利人；司法途径则不然，一旦胜诉，原告能够获得相应的赔偿。因此，如果将来面对侵权行为，成都某生物科技有限公司应该从自身的需要(例如，是想及时制止侵权行为、澄清市场还是想要获得侵权赔偿)以及对方的经济实力出发，决定采用哪种途径来保护自己的知识产权。当然，协商和谈判也不失为解决知识产权纠纷的有力途径，但其本身并不具有法律效力。

(4)知识产权组织的建议。针对前文所分析的成都某生物科技有限公司在知识产权组织工作方面存在的问题，本书认为，该公司首先应该提升知识产权战略高度。企业的知识产权战略一定要与企业的发展经营战略相结合并形成合力。知识产权建设作为“一把手工程”，能有效助推企业的知识产权战略。为了便于驱动企业的知识产权组织工作，成都某生物科技有限公司应该尽快改变目前只有一人负责知识产权工作的现状，设立专门的知识产权管理部门，并且设定高于一般行政管理部门的级别，同时做到垂直布局——在企业的技术开发部门、营销部门设置知识产权“前哨”。总之，合适的组织架构定位会使得一个企业的知识产权工作执行到位、管理高效。成都某生物科技有限公司还应尽快制定书面的知识产权制度，完善知识产权奖惩措施，做出明确规定。例如，发布创新激励制度，对积极创造智力成果的员工，根据智力成果的含金量给予经济和精神奖励。为了激励员工参与专利发明，公司可以制定专利申请奖、初审合格奖、专利授权奖、专利实施奖等奖励类型。同时，知识产权的奖励措施还可以尝试把知识产权工作与员工、部门的绩效、评级、工资考核有机结合起来，运用经济与精神综合奖励以达到激励目的。

7.1.3　案例结论

本节对以上三家案例企业基于技术创新阶段的知识产权布局与运营策略进行对比，如表 7-4 所示，以检验本书所提出的理论模型是否正确。通过表 7-4，可以得出以下结论：①三个案例企业处于不同的技术创新阶段时确实采取了不同的知识产权布局与运营策略，基本符合本书第六章 6.1 中关于现代生物企业在研发阶段以知识产权创造为主、商业化阶段以知识产权运用为主、扩散阶段以知识产权保护为主的结论；②不同的企业即使处于技术创新的相同阶段，根据企业自身规模实力和企业所处的内外部环境不同，在具体的知识产权策略运用上，可能采取不同的实施方案。这一点也符合本书第三章通过理论研究得出的结论。

从表 7-4 可以看出，不同的现代生物技术企业，由于处于技术创新的不同阶段，在知识产权策略的采用上大相径庭。只有在不同的技术创新阶段，采用与该阶段相适应的知识产权策略，才能使企业的创新成果得到最有效的保护。不仅如此，即使处于技术创新的相同阶段，由于企业规模、实力等实际情况的不同，各企业所采取的知识产权策略也各不相同。例如，美国辉瑞公司和地奥集团成都药业股份有限公司在商业化阶段中，就采取了不同的做法。前者广泛采取了许可协议的方式，与其他生物制药企业进行合作，形成联盟，每年收取可观的知识产权许可费用；而后者显然尚处于商业化的较初级的阶段，专利成果主要以自用为主，仅有少量对外许可实施。相比而言，美国辉瑞公司除了致力于在研发阶段创造大量的知识产权外，近年来辉瑞公司向竞争者发起的多项诉讼以及大量的签订知识产权许可协议的策略格外引人注目。辉瑞公司的成功表明，在技术的商业化和扩散阶段，恰当地运用和保护知识产权，将给现代生物技术企业带来可观的收益。从另一方面来讲，国内众多的中小型生物制药企业可能正处于同成都某生物科技有限公司一样的阶段——十余年来一直致力于某种生物药品的研发，已经取得阶段性成果，但并未真正开始商业化。成都某生物科技有限公司目前的工作重点主要放在知识产权的创造以及避免侵犯他人的知识产权上。因此，制定合理的激励知识产权创造的公司制度以及随时进行专利查新等对这类中小型生物技术企业尤为重要。从企业规模上讲，地奥集团成都药业股份有限公司作为中国现代生物制药的龙头企业，处于前两者之间。通过对地奥集团成都药业股份有限公司知识产权策略的全面考察，本书得出的结论是地奥集团成都药业股份有限公司对于其核心产品，如“地奥心血康”等所采用的立体保护模式，即专利、商标、专有技术等多重保护，构建知识产权保护网的方式值得其他生物制药企业借鉴。当然，正如第六章所提到的，技术创新不同阶段的划分不是绝对的，这几个阶段在实际中可能出现交叉和反复。因此，在技术创新的不同阶段采用不同的知识产权策略，也是需要灵活应用，根据实际情况适时进行调整，而并非是一成不变的。

表 7-4 三家案例企业基于技术创新阶段的知识产权布局与运营策略对比

案例企业	创新阶段	知识产权布局与运营策略
美国辉瑞公司	商业化阶段	广泛运用许可协议，使知识产权的价值最大化
	扩散阶段	有效利用专利诉讼，打击侵权行为，捍卫全球知识产权； 积极运用商标和品牌战略，构建立体知识产权保护网，应对专利到期问题
地奥集团成都药业股份有限公司	研发阶段	鼓励自主创新，注重培养企业持续创新能力； 及时为创新中的新标准、新质量控制方法、新成果申请专利权，通过结合专利参与制定国家标准，或作为技术标准储备，力争实现“专利标准化”
	商业化阶段	自用为主，许可他人实施专利为辅
	扩散阶段	为核心产品构建全面、立体的知识产权保护网； 在专利诉讼中，被控侵权时积极应诉，据理力争；发现侵权行为时主动起诉，维护权益； 善用其他知识产权手段，如商标权、商业秘密等，对产品提供全方位知识产权保护
成都某生物科技有限公司	研发阶段	专利与商业秘密并重，为创新成果选择正确的保护途径：在新药临床前研究阶段及早申请专利；制定完善的公司商业秘密保护细则，对于不适合用专利手段保护的创新成果则严格作为商业秘密加以保护

7.2 现代生物技术企业“接力创新”中的知识产权策略案例研究

由于接力创新具有纵向性，抽样统计的方法难以对其动态的变化过程进行准确描述。在现象和其背景的界限不清晰的情况下，案例研究能够使研究人员比较详细地考察与分析社会现象背后的深层次原因，通过多种资料来源，对现实背景下的现象进行调查，抽象出新的理论，或修正现有理论。相比之下，案例研究更适合本书的研究目的和研究对象。基于此，本节将通过规范的多案例研究的方法，对上述问题进行深入探讨。

知识产权运营一直是我国企业知识产权管理的“软肋”。实际上，我国目前即使是知识产权实施较好的企业，如地奥集团成都药业股份有限公司等四川省知识产权示范企业，其知识产权运营也基本上以自行实施为主，实施方式比较单一。2010 年 2 月，国家知识产权局原局长田力普在全国知识产权局局长会议中指出，“知识产权的运用和产业化仍然是当前我国自主创新的一个薄弱环节。”过去，一般企业的知识产权运营主要把重点放在如何利用自己的知识产权对竞争对手进行限制，打击侵权行为，这更多是一种被动的“事后防御”。这种运营模式对现代生物技术企业而言远远不够。正如本书现有的研究已经得出的结论，现代生物技术具有“接力创新”的特质。那么，在不同的接力模式下，根据时机和所处的创新阶段的不同，无论是专家型公司还是核心公司，都面临不同的知识产权风险。因此，企业必须在“握手接力”的过程中选择更加积极主动的知识产权运营策略，才能做好“事前规划”，使自己在创新过程中处于有利地位，为最终赢得创新所得提供保障。

7.2.1 案例概述

现有研究表明，虽然已经有学者对生物技术的“接力创新”和生物技术企业的知识产权运营分别进行了研究，但目前尚未有专门文章探讨生物技术企业在接力创新过程中的知识产权运营策略。本节将通过如下变量，即多案例研究需要分析的具体问题，来对生物技术企业(特别是制药企业)接力创新中的知识产权运营模式进行实证检验。多案例研究需要分析的具体问题见表 7-5。

表 7-5 多案例研究需要分析的具体问题

接力方式	根据前期研究，本书将专家型公司与核心公司的接力方式总结为：平台技术转让、整体出售、合同许可(定向开发)、市场共同开发四种模式，各个案例分别采取的是哪种方式？
知识产权策略	企业的知识产权运营策略通常有以下几种：知识产权自用、知识产权转让、知识产权许可、知识产权共有、知识产权投资入股，在上述不同的接力方式下，其所采取的知识产权策略分别是什么？接力方式与知识产权策略间是否存在对应关系？
接力时机	从一种生物制药的初期发现到最后的生产销售阶段，需要经历一系列的发展过程，在这一过程中，哪一个阶段是接力的最佳时机？而这一时机与接力方式和知识产权策略之间又有什么联系？
动机、目的和实施效果	每一项接力创新的背后推动力是什么？企业想要达到什么目的？考察在企业所选择的接力方式和知识产权策略下，是否达到了企业所预期的效果？我们可以从中得出哪些启示？

1. 案例介绍

本节采取多案例研究的方法，因为从多个案例推导出的结论往往被认为更具说服力，更能经得起推敲(Herriott and Firestone，1983)。多案例研究所需的案例一般以 4～10 个为宜，案例的选取要求具有较大的典型性和极端情形，同时要具有独特的研究价值。

通过对相关文献的阅读和整理，查阅相关的企业和产业资料，并结合对相关技术专家和管理专家的访谈，本节选择表 7-6 中的 8 个典型案例作为研究对象，运用规范的多案例研究流程葛兰素史克进行研究。

表 7-6　典型案例描述

	接力主体	接力时机	客体	知识产权策略
第一类接力模式	葛兰素史克(GSK)-拜耳集团(Bayer)(2002)	临床前开发	过氧化物酶体增殖物激活受体(peroxisome proliferator-activated receptor，PPARγ)	专利许可权
	辉瑞(Pfizer)-威斯康星校友研究基金会(WARF)(2009)	初期发现，实验室研究	人胚胎干细胞治疗的新药研制	专利许可权
第二类接力模式	千年制药(Millennium Pharmaceuticals)-AnorMed (2006)	已完成两轮人体试验，正进入三期临床试验	白血病治疗药物普乐沙福(Mozobil)	并购
	辉瑞(Pfizer)-惠氏(Wyeth) (2009)	大部分已进入商业化阶段	治疗婴儿肺炎双球菌的肺炎多价疫苗，治疗类风湿性关节炎的药物依那西普以及猪肺炎支原体疫苗等生物制剂、补品、疫苗、抗生素专利	并购
第三类接力模式	雅培(AbbVie)-Ablynx (2013)	IIa 期临床试验	抗 IL-6R 纳米抗体 ALX-0061	全球合作开发协议
	雅培(AbbVie)-Alvine (2013)	IIa 期临床试验	新型的口服药物 ALV003	全球合作可发协议
第四类接力模式	安进(Amgen)-麒麟株式会社(1984)	临床前研究	红细胞生长激素(EPO)	成立安进-麒麟合资公司
	贝达药业-安进(Amgen) (2013)	后期临床研究	抗癌药物帕妥木单	成立贝达安进制药有限公司

2. 案例样本

案例选择主要基于两个标准：第一，尽可能选取不同接力模式下的案例进行研究，保证每种接力模式下都有 2 个以上案例入选，以提高研究结论的普适性；第二，涉及的接力创新主体尽量包括生物技术中的典型企业［如安进(Amgen)、辉瑞(Pfizer)、葛兰素史克(GSK)、雅培(AbbVie)等］，以提高案例的典型性和代表性。除了关注生物制药的巨头企业之外，本节也特别关注了中国本土企业，因此有一个中国企业案例入选。为后续分析方便，根据本书已有研究成果，表 7-6 将案例分为四种不同的接力模式进行归纳。需要指出，由于罕有文献从接力创新的角度对企业的知识产权策略进行整理和研究，因此无法从已有文献和访谈中直接获得研究所需的案例。表 7-6 是本书通过资料收集获得零散的接力创新案例资料，然后依据接力创新的特性进行筛选和拼接而得到，并且表 7-6 所列的案例仅是本书整理得到的案例中的一部分。限于研究条件，所选择的典型案例大多来自于国外(这也源于生物制药巨头主要是国外公司)，无法进行企业访谈，可能在一定程度上影响了研究质量。为了弥补这一缺陷，针对每一个入选的典型案例，本书均从 2 个以上不同的数据来源(专著、学术论文、行业动态资讯、公司网站等)获取与该案例相关的信息，对案例进行检验和追踪，以确保案例的真实性和客观性，案例的质量可以得到保证。因此，本节认为表 7-6 中的案例可以较好地满足研究所需。

3. 分析研究

本节首先对拼接后的 8 个案例资料进行整理和归类，然后运用前述的理论框架和定义的变量，对这些案例进行讨论，探寻它们的不同特征，归纳出相应的研究结论。下面分别对其进行详述。

1)接力方式

本节对 8 个案例进行分类，发现葛兰素史克-拜耳案以及辉瑞-WARF 案属于第一种接力类型，即平台技术转让(以下简称方式一)。此时，专家型公司或者是大学等非盈利机构已经在基础研究上取得了一定成果，其平台技术已经获得专利等知识产权，但市场应用方向尚不明确。这种模式下，平台技术已开发成功，由专家型公司将专利权许可给核心公司，核心公司在此基础上进一步开发出目标产品。千年制药-AnorMed 案以及辉瑞-惠氏案属于第二种接力类型，即整体出售(以下简称方式二)。由于专家型公司将公司或某个新药项目整体高价出售给核心公司，其所拥有的知识产权自然也全部归核心公司所有。雅培-Ablynx 案、雅培-Alvine 案属于第三种接力类型，即合同许可(定向开发)(以下简称方式三)。通常是核心公司以合同形式委托专家型公司为其完成药品的定向开发，再由核心公司完成新药商业化，专家型公司将获得部分销售权或者数量可观的里程金。安进-麒麟株式会社案、贝达药业-安进案属于第四种接力类型，即市场共同开发(以下简称方式四)。专家型公司与核心公司合作，在特定时间、特定适应症范围以及特定地域范围内对新产品的潜在市场进行划分，共同对新市场进行开发和占领。

2)知识产权策略

知识产权策略具体如下所示。

(1)方式一中的两个案例的知识产权策略均是采用的许可证贸易。在专家型公司发展初期，由于资金极度匮乏，往往需要以已经获得专利授权的平台技术为融资手段，通过许可证交易，将其许可给核心公司使用，由核心公司完成后续的临床前研究、临床试验及商业化等创新阶段。同时，一些核心公司为了提高产品创新能力，充实其研发和产品渠道，也急需寻求有潜力的专利授权进行进一步产品开发。葛兰素史克-拜耳案即是这种情况的典型代表。辉瑞-WARF 案则属于另一种典型情况。WARF 是一家隶属于威斯康星大学(University of Wisconsin-Madison)的私人非营利性机构，它通过申请专利权的方式来保护该大学的教师、员工以及学生的发明创造，并将其许可给一些公司进行商业化使用。辉瑞公司与 WARF 的专利许可协议，正是生物研发机构与生物技术企业之间通过接力创新，将生物技术发明商业化的最好例证。

(2)方式二中的两个案例均采用的是并购模式，即知识产权转让。千年制药-AnorMed 案属于创新型制药公司收购研发企业；辉瑞-惠氏案属于传统制药巨头收购生物制药公司。与其他行业企业间的并购不同，知识产权因素在生物制药行业的并购中举足轻重。收购方一般都是看中了被收购方的“重磅专利”，才会有的放矢，不惜花重金收购。例如，千年制药正是看中了 AnorMed 白血病治疗药物 Mozobil，才会出价 5.15 亿美元，力克健赞公司，收购成功。而辉瑞公司对于惠氏的一系列收购，无疑是看中了惠氏以治疗婴儿肺炎双球菌的肺炎多价疫苗等为代表的几种“拳头”产品的专利权，由于是整体转让，目标公司的知识产权直接归属于收购企业。对于双方所面临的知识产权风险，本节将在下一部分详细论述。

(3) 方式三的两个案例均来自雅培，都采取的是签订全球合作开发协议实现知识产权共有的策略。由于采取定向合作的方式，双方的权利、义务均由合作合同规定，而其中的知识产权归属和利益分配，无疑是双方合作合同的重要内容。在这种知识产权策略下，通常是专家型公司继续完成目标药物的临床试验，而由核心公司负责后续的商业化运作，知识产权也归两家公司共有。基于此，专家型公司将分阶段获得不同数量的里程金，核心公司则通过合同的方式，获得相应的知识产权授权许可以及产品的最终销售权。在与 Ablynx 的合作中，Ablynx 将负责完成 ALX-0061 在类风湿性关节炎（RA）和系统性红斑狼疮（SLE）中的二期临床开发。在达到既定的成功标准后，雅培将行使对 ALX-0061 的许可权利，同时将负责后续的三期临床开发和商业化。Ablynx 将保留在比利时、荷兰、卢森堡的联合销售权。在与 Alvine 的合作中，Alvine 将继续负责 IIb 期临床开发。雅培将支付一笔 7000 万美元的预付款，获得收购 ALV003 相关资产或 Alvine 公司股权的独家选择权。

(4) 方式四的两个案例均采取的是设立合资公司，即运用知识产权进行投资入股的策略。这两个案例的参与主体都有安进公司，但安进公司在其中的身份不同。在安进公司与麒麟公司就 EPO 商业化成立安进-麒麟合资公司中，安进公司以专利作价出资 800 万美元，吸引麒麟公司 1200 万美元的投资，双方各占 50%的股份，并规定将来合资公司可取得母公司安进的授权生产 Epogen 并在亚洲地区销售，每年向安进公司缴纳销售额 5%的专利费。此举使得安进公司从麒麟公司方面获得 4450 万美元的资金。正是由于当年 EPO 商业化的成功才使安进公司起死回生。而在贝达药业与安进公司的合资公司中，贝达药业将拥有该合资公司 51%的权益，安进公司通过其子公司——安进大中华区有限公司拥有该合资公司 49%的权益。安进公司的目的不再是吸引投资，而是为了其抗癌药物帕妥木单能够迅速在中国商业化，寻求中国本土制药企业合作。贝达药业在分子靶向药物研发和营销方面都十分专业，因此成为安进公司的合作伙伴。

3) 接力时机

方式一中的两个案例均处于生物制药的比较早期阶段。葛兰素史克-拜耳案发生在临床前开发阶段，辉瑞-WARF 案发生在初期发现和实验室研究阶段。方式二中的千年制药-AnorMed 案发生在 Mozobil 已完成两轮人体试验，正进入三期临床阶段；而辉瑞-惠氏案中惠氏的大部分产品已进入商业化阶段。方式三中的两个案例都发生在 IIa 期临床试验阶段。方式四中的安进-麒麟案发生在临床前研究阶段，贝达药业-安进案则发生在后期临床研究阶段。

4) 接力动机、目的和实施效果

总的来说，上述案例中，通过在不同创新阶段选取不同的接力方式，采用不同的知识产权策略，相关企业基本上都实现了自己的目的。当然，由于时间关系，有的案例尚在进一步的进行之中，具体实施效果还没有明显显现出来。但是本书认为，适当的知识产权策略将有助于双方目的的实现。本书案例企业的动机、目的和实施效果具体见表 7-7。

表 7-7　本书案例企业的动机、目的和实施效果

案例	接力动机或目的	实施效果
葛兰素史克-拜耳（2002）	葛兰素史克：充实其研究与开发产品管道，以满足持续增长的需要； 拜耳：这项交易是拜耳公司将资源集中于 13 个核心治疗领域战略的一部分	较为成功，此后双方进行了进一步的合作
辉瑞-WARF（2009）	辉瑞：在药品发明中使用人体细胞作为工具，增加新疗法的安全性。更重要的是可以用于研制新的治疗手段； WARF：将这一专利许可给辉瑞公司将对公共健康和威斯康星的生物技术发展带来好处	这一基础性专利许可权的获取使辉瑞公司在人体干细胞治疗的新药研制方面取得了巨大进展
千年制药-AnorMed（2006）	千年制药：弥补当时公司只拥有一个上市产品——万珂（Velcade）的不足； AnorMed：提高公司价值，实现公司核心专利的商业化	当时收购价格为 5.15 亿美元；两年后，即 2008 年，武田制药收购千年制药，收购价格为 88 亿美元
辉瑞-惠氏（2009）	辉瑞：解决持续创新能力不足和大批专利药物即将到期两大问题； 惠氏：提高公司价值，谋求强强联合	通过此次并购使新辉瑞公司将研发重心由化学制药领域延伸到生物制药领域，一举成为一家世界领先的综合性、多元化生物制药公司；长期效果仍有待考察
雅培-Ablynx（2013）	雅培：支持 Ablynx 对 ALX-0061 的二期临床开发，在达到既定的成功标准后，行使许可权，并对其进行后续的三期临床开发和商业化； 雅培：获得里程金，继续药物研发，并保留商业化后特定区域的销售权	实施中，效果尚不明确
雅培-Alvine（2013）	雅培：支持 Alvine 继续 ALV003 的 IIb 期临床开发。获得收购相关资产或 Alvine 公司股权（equity）的独家选择权。 Alvine：获得里程金，继续药物研发，并保留商业化后特定区域的销害权	实施中，效果尚不明确
安进-麒麟株式会社（1984）	安进：获取资金，继续 EPO 的研发； 麒麟株式会社：投资生物制药，寻求新的盈利领域	EPO 获得巨大成功，使安进起死回生；麒麟仅投资 1200 万美元，但在 2000 年，红细胞和白细胞的生长激素在日本的销售额高达 6 亿美元，此营业额占麒麟整体营收的 5%，却占其纯利的 75%
贝达药业-安进（2013）	贝达药业：与国际巨头合作，巩固在中国生物制药领域的地位，拓展新的盈利渠道； 安进：利用贝达在分子靶向药物研发和营销方面的经验，与本土企业合作，迅速打开中国市场	贝达跨入了一个新的发展阶段。新公司的成展现了安进公司向中国市场这样关键性的、快速成长的市场加快拓展的责任感和决心；实施中，效果尚不明确

7.2.2　案例分析

1）接力方式与知识产权策略

制药企业的接力创新过程中，不同的接力方式下应采取不同的知识产权策略，接力方式与知识产权策略之间有一定的对应关系。在本书分析的案例中，在方式一的接力模式下，专家型公司往往处于发展初期，通常资金极度匮乏，需要以已经获得专利授权的平台技术为融资手段，通过许可证交易，将其许可给核心公司使用，由核心公司完成后续的临床前研究、临床试验及商业化等创新阶段。这种模式下，平台技术已开发成功，由专家型公司将专利权许可给核心公司，核心公司在此基础上进一步开发出目标产品。同时，如辉瑞公

司与 WARF 案所显示，许可证交易也是大多数大学或科研机构将研究成果向专家型或核心公司转让时所经常采用的知识产权策略。在方式二中，整体并购的接力方式决定了双方之间的知识产权策略只能采取知识产权转让的模式。在方式三中，其知识产权策略最为灵活。由于是定向合作，双方的权利、义务均由合同规定，此时，双方有充分的缔约自由，来确定知识产权的归属。而知识产权的归属无疑与合作成功之后的利润分配等紧密联系。因此，在方式三中，双方必须审慎拟定合作合同，特别是其中涉及的知识产权条款，应充分考虑到知识产权的有限性、地域性等法律特征。在方式四中，通常采取的知识产权接力手段是普通授权许可或组建合资公司等方式。由于普通授权许可使被许可方在很多方面面临许可方和其他竞争对手的挑战，实践中企业之间更愿意选择组建合资公司的形式，入选的两个案例也正好证明了这一点。本书特别注意到，贝达药业-安进案显示了我国生物制药企业与国际巨头合作的趋势。一方面，像安进公司这样的国际生物制药公司，已经注意到了中国生物制药市场的巨大潜力，愿意寻求本土企业合作。另一方面，为了在中国生物制药市场中站稳脚跟，通过引进新药来弥补创新和研发上的不足，像贝达药业这样的中国制药新秀希望有与国际巨头合作的机会，学习其先进经验。而在组建合作公司的接力方式下，知识产权投资入股就成为双方首选的策略。而这种策略对于中国企业的知识产权运营实践来说，还是一个新生事物。知识产权投资入股是知识产权资本运营的一种方式，也是近年来知识产权运营理论研究和实践中的一个热点问题。知识产权投资入股是企业将知识产权作为资本投入，与其他有形和无形资本结合，共负盈亏，共担风险，建立新的经济实体的运作方式。知识产权投资是将知识产权转化为产业资本的经营形式(刘银良，2000)。本书认为，知识产权投资入股作为知识产权资本运营的一种典型代表，也是最能体现知识产权价值的一种知识产权运营模式。由于相关法律法规的缺失和“重有形，轻无形”等观念的影响，我国企业在这方面的实践还非常薄弱。

2)接力时机与知识产权策略

李天柱等(2010)将生物制药创新的典型发展阶段总结为初期发现、实验室研究、中试研究、临床前研究、临床试验、审批、生产和销售阶段，并进一步将生物制药专家型公司与核心公司的接力模式总结为平台技术转让、整体出售、合同研究和市场共同开发等四种典型模式。本节以上述研究结论为基础，根据生物制药企业的创新阶段及其面临的主要知识产权风险，将专家型公司与核心公司接力创新过程中的知识产权运营策略分为许可证交易、知识产权转让、约定所有权(单独所有/共有)、投资入股四种方式进行论述。

通过对入选案例的比较分析，本书发现，方式一大多发生在“接力创新”的前端，即生物制药技术研发的实验室研究或中试阶段；方式二则主要发生在生物制药技术研发的临床前研究到临床阶段；方式三广泛应用于生物制药技术的实验室研发到临床前研究的各个阶段；方式四大都发生在接力创新的比较后期的阶段，但安进-麒麟案却发生在临床前研究阶段，是属于比较特殊的一个例子。因此，本书认为，在创新的不同阶段，专家型公司与核心公司的专利情况、企业规模、实力都有所不同。不同的接力时机，可能会影响企业选择不同的知识产权策略，但它们之间却不存在严格的一一对应的关系。

7.2.3　案例结论

现代生物技术的创新具有“接力创新”的特质，生物技术企业要在“接力创新”中获利，离不开有效的知识产权运营。专家型公司和核心公司在不同的创新阶段和时机下可能选择不同的接力方式，而每一种接力方式下，都必须考虑所应采取的知识产权的策略。某一种知识产权运营模式可能在某一创新阶段和接力模式下更为适用，但是模式绝不是一成不变的。生物技术企业必须根据自身所处的客观情况，全面分析所面临的知识产权风险，选择适合自己的知识产权运营模式，才能在激烈的市场竞争中立于不败之地。

本节运用多案例研究的方法，对现有的生物技术企业“接力创新”过程中的知识产权运营策略及模式进行了探讨，是对本书已有研究的细化和延伸。然而，本书也注意到，在“握手接力”的过程中，企业的知识产权管理策略必然与单个公司在创新过程中的知识产权管理策略有很大不同。正如本书的前期研究所指出的，企业的知识产权管理策略是包含了知识产权创造、运用、保护、组织在内的有机整体。本节主要论述了其中的运用方面，即知识产权运营模式，尚未涉及基于“接力创新”的特质。现代生物技术企业知识产权管理策略的其他方面与传统企业有何异同，也是本书需要进一步研究的内容。另外，由于时间因素，入选的一些案例目前正在实施过程中，其实施效果有待进一步观察和评估，尚不能完全证明本节的研究结论，这也成为作者持续研究的主要动力。

7.3　本章小结

本章作为本书现有研究的深化和延续，运用多案例分析的研究方法，探讨不同创新阶段现代生物技术企业的不同知识产权策略以及不同接力模式下企业的知识产权运营模式，对本书理论研究部分提出的理论模型进行验证，以期为我国现代生物技术企业的知识产权管理提供有效借鉴。通过案例研究，本书提出的理论模型得到了有效验证。同时，本书也进一步发现，尽管在技术创新的不同阶段和不同握手接力的模式下，现代生物技术企业可能更倾向于选择某种知识产权策略，但是，知识产权策略并不是一成不变的。除了企业创新阶段和“接力创新”的模式外，企业本身所处的行业、技术发展阶段、产品的市场前景、竞争态势等都是影响企业选择知识产权布局和运营策略的重要因素。只有结合企业自身的实际情况，充分考虑上述各类影响因素，灵活运用和选择各种知识产权布局和运营策略，才能使企业在市场竞争中保持竞争优势，提高核心竞争力。

参 考 文 献

艾墨, 等. 2012. 保障中国经济发展——知识产权的作用与持续增长的可预测性[J]. 中国质量万里行, (5): 10-13.

包海波, 徐竹青, 李东华. 2004. 论政府在知识产权战略中的作用[J]. 中国软科学, (01): 114-120.

陈安安. 2013. 苹果公司在华专利布局分析[J]. 中国发明与专利, (5): 35-38.

陈鸿宇. 2008. 知识产权、产业集群与区域协调发展[N]. 中国知识产权报, 01-25(003).

陈蕾. 2011. 软件产业组织演进与知识产权的作用机制[J]. 经济导刊, (05): 62-63.

陈燕娟. 2013. 我国种业知识产权海外布局战略研究[J]. 农业经济问题, 04: 23.

陈宇峰, 曲亮. 2005. 知识产权保护的负面效应与发展中国家的回应性政策研究[J]. 国际贸易问题, (11): 123-127.

崔国斌. 1998. 基因技术的专利保护和利益分享[A]. 知识产权文丛: 第三卷[C]. 北京: 中国政法大学出版社: 262.

董雪兵, 史晋川. 2006. 累积创新框架下的知识产权保护研究[J]. 经济研究, (05): 97-105.

冯薇. 2011. 现代生物技术的知识产权保护及企业的相关策略研究[D]. 成都: 电子科技大学.

冯薇, 银路. 2006. 论生物技术企业的知识产权管理策略[J]. 研究与发展管理, 6(1): 101-105.

冯薇, 银路. 2008. 生物剽窃与我国的应对措施研究[J]. 研究与发展管理, (6): 112-116.

冯薇, 银路. 2012. 基于创新过程的现代生物技术企业知识产权策略研究[J]. 管理学报, 02: 250-257.

冯薇, 银路, 李天柱, 等. 2014. 生物技术企业接力创新中的知识产权运营模式研究——以生物制药为例[J]. 电子科技大学学报(社科版), 06: 87-91, 100.

冯薇, 李天柱, 马佳. 2015. 生物技术企业接力创新中的专利运营模式——一个多案例研究[J]. 科学学与科学技术管理, 03: 132-142.

冯晓青. 2013. 企业知识产权运营及法律规制研究[J]. 南京社会科学, 06: 86-92.

冯晓青. 2014. 我国企业知识产权运营战略及其实施研究[J]. 河北法学, 10: 10-21.

付江. 2014. 钢铁行业知识产权国际化布局的管理[J]. 冶金经济与管理, 06: 15.

顾宏俊, 张继红. 2007. 企业发展过程中知识产权保护体系的建立[J]. 苏南科技开发, (03): 22-23.

郭民生. 2006. 略论国家知识产权战略的基本内涵及其实现途径[J]. 知识产权, (06): 33-38.

何建军, 胡隆菊, 裴新宇, 等. 2002. 关于生物技术知识产权研究的几点思考[J]. 中国医师杂志, 10: 1041-1043.

何建军, 胡隆菊, 王国华. 2002. 生物技术知识产权保护的几个问题[J]. 湖南医科大学学报(社会科学版), (9): 61-65.

何礼果. 2005. 现代生物技术法律问题研究[J]. 西南民族大学学报（人文社科版）, (2): 57-59.

黄璐, 钱丽娜, 张晓瑜, 等. 2017. 医药领域的专利保护与专利布局策略[J]. 中国新药杂志, 26(02): 139-144.

姜莉. 2007. 浅析生物技术制药产业发展中知识产权保护与创新模式的选择[J]. 云南科技管理, (3): 18-20.

姜银鑫. 2014. 破解中国企业专利困局[J]. 法人, (12): 64-66.

靳宗振, 刘海波. 2015. 创新驱动发展的关键议题: 知财运营研究[J]. 中国软科学, 05: 47-57.

李皓. 2013. 研发管理中的知识产权规避及布局策略研究与应用[J]. 世界钢铁, 03: 15.

李慧. 2014. 浅谈知识产权服务机构如何协助企业做好专利布局[J]. 中国发明与专利, 11: 16.

李洁. 2015. 基于产业集聚的江苏生物医药产业布局模式研究[J]. 科技管理研究, 35(12): 167-172.

李金玉. 2005. 基因专利成果利益分享的法律思考[J]. 科技信息, (03): 388-389.

李黎明，刘海波. 2014. 知识产权运营关键要素分析——基于案例分析视角[J]. 科技进步与对策, 05: 123-130.

李平. 2006. 基于区域产业创新的知识产权战略研究[D]. 成都：电子科技大学.

李天柱. 2010. 现代生物技术管理的企业策略与集群发展研究[D]. 成都：电子科技大学.

李天柱，银路. 2009. 现代生物技术的管理特征及我国企业现阶段的发展思路[J]. 科学学与科学技术管理, (6): 130-134.

李天柱，银路，程跃. 2010. 生物技术产业集群持续创新网络研究——基于国外典型机群的多案例研究[J]. 研究与发展管理, 22(3): 1-8.

李天柱，银路，苗仁涛，等. 2012. "科学商业"与"接力创新"研究——基于生物制药[J]. 科学学研究 , 30(12): 1881-1890.

李向辉，李艳茹，金福兰. 2015. 美国孟山都公司在华专利布局战略分析[J]. 江苏农业科学, 43(5): 462-468.

李长健，王璟. 2006. 转基因生物技术的知识产权困境与出路[J]. 理论观察, (2): 28-29.

李长健，王璟. 2007. 现代生物技术知识产权保护的理念重构与策略选择[J]. 经济师, (2): 27-28.

李自然，成思危，祖垒. 2011. 基于格兰杰因果检验遍历性分析的中国股市和国际股市的时变联动特征研究[J]. 系统科学与数学, 31(02): 131-143.

刘驰，靖继鹏，马捷. 2009. 基于产业集群的专利管理信息化体系构建研究[J]. 情报科学, 27(08): 1257-1261.

刘洁. 2015. 知识产权互联网融资平台运营中的风险及其分散对策[J]. 知识产权, 09: 68-72.

刘俊荣. 2005. 基因专利保护的伦理审视[J]. 医学与哲学, (6): 30-31.

刘丽华，杨乃定. 2005. 针对案例研究局限性的案例研究方法操作过程设计[J]. 科学管理研究, 23: 118- 121.

刘银良. 2000. 生物技术产业的知识产权保护和管理[J]. 生物技术通报, (3): 35-38.

刘永波. 2003. 注册商标转让中的法律问题[J]. 中华商标, 12: 50-52.

刘运华. 2016. 建设知识产权强国背景下的专利布局策略探讨[J]. 中国科技论坛, (7): 43-47.

刘子豪. 2011. 日、美在华专利布局分析及我国的应对策略[D]. 天津：天津大学.

陆幼雅. 2003. 论知识产权制度在经济发展中的作用[J]. 财贸研究, 14(3): 121-124.

栾春娟，王续琨，刘则渊. 2008. 三星电子公司与华为技术公司专利布局的比较[J]. 科学管理研究, 26(2): 117-120.

吕斌. 2013. 中企海外知识产权布局难题待解[J]. 法人, 07.

马宏建. 2006. 试析国内外农业生物技术知识产权管理特征[J]. 中国科技产业, (1): 146-149.

马天旗. 2016. 专利布局[M]. 北京：知识产权出版社.

毛伟，居占杰. 2013. 广东省战略性新兴海洋产业布局研究[J]. 河北渔业, (01): 43-45.

毛志新. 2005. 基因专利的哲学思考[J]. 科学学研究, (12): 746-749.

倪新洁，梁彪，邹涛. 2014. 企业知识产权运营模式探讨[J]. 江苏科技信息, 12: 9-10.

裘江南，张野. 2016. 中国高技术企业国际化中的专利布局研究[J]. 科研管理, 37(11): 43-51.

沈莹，郭丽. 2015. eSIM 知识产权风险逐渐聚集——我国应加紧研发投入和专利布局[J]. 世界电信, 03: 15.

宋思扬，楼士林. 2007. 生物技术概论[M]. 北京：科学出版社.

孙海法，朱莹楚. 2004. 案例研究法的理论与应用[J]. 科学管理研究, (01): 116-120.

孙祥壮，黄海英. 2008. 生物技术专利保护范围研究[A]. 知识产权文丛[C]. 北京：知识产权出版社, (5): 39-73.

汤湘希. 2005. 企业核心竞争力会计控制与相关概念的关系研究[J]. 财会通讯(学术版), (10): 5-9.

田家林，顾晓燕. 2014. 基于创新主体视角的区域知识产权运营效率提升对策[J]. 科学学与科学技术管理, 12: 62-70.

汪任澜，梅凤乔. 2008. 遗传资源多样性与生物技术知识产权保护冲突及对策分析[J]. 安徽农业科学, (19): 8303-8305.

王林. 2002. 基因专利保护初探[J]. 科研管理, (9): 26-30.

王敏，银路. 2012. 新兴技术共生演化：基于市场、企业能力、配套环境的研究[M]. 北京：科学出版社.

王姝怡. 2013. 知识产权保护与南北垂直分工布局——基于产品生命周期理论的分析[J]. 经济经纬, 09: 10
王雪原, 王宏起, 高翔, 等. 2014. 我国战略性新兴产业布局方法与实证研究[J]. 科技进步与对策, 31(16): 55-60.
王艳. 2014a. 浙江海洋战略性新兴产业知识产权布局研究[J]. 改革与战略, 04: 20.
王艳. 2014b. 浙江省海水淡化产业知识产权布局研究[J]. 生态经济（学术版）, 01: 15.
王志本. 1998. 21世纪我国生物技术知识产权发展战略[J]. 中国软科学, (12): 73-76.
王智源. 2016. 关于技术和知识产权交易平台建设的对策建议[J]. 产权导刊, 02: 42-44.
巫晓倩. 2006. 佳能公司在中国的专利布局状况分析(上)[J]. 电子知识产权, (7): 55-59.
吴海玲, 丁文佳, 施蕾. 2015. 企业知识产权战略中的专利布局——以卫星导航技术为例[J]. 卫星与网络, (12): 60-63, 65.
吴椒军. 2008. 构建我国生物产业专利池的对策研究[J]. 华东经济管理, (11): 66-69.
吴金希, 于永达. 2004. 浅议管理学中的案例研究方法——特点、方法设计与有效性讨论[J]. 科学学研究, (S1): 105-111.
吴齐芳. 2008. 我国汽车企业知识产权布局研究[J]. 汽车科技, (04): 45-48.
吴文华, 曾德明. 2006. 移动通信产业技术标准形成机制比较及启示[D]. 长沙: 湖南大学.
吴颖, 钟海粒. 2012. 国家创新系统中知识产权战略作用机制研究[J]. 知识产权, (08): 73-76.
武忠亮. 2008. 植物生物技术在农业中的应用[J]. 现代农业科学, (12): 26-28.
肖延高, 范晓波, 万小丽, 等. 2016. 知识产权管理: 理论与实践[M]. 北京: 科学出版社.
小艾尔佛雷德·钱德勒. 2006. 塑造工业时代——现代化学工业和制药工业的非凡历程[M]. 罗仲伟译. 北京: 华夏出版社.
谢顺星, 高荣英, 瞿卫军. 2012. 专利布局浅析[J]. 中国发明与专利, (8): 24-29.
徐棣枫, 陈瑶. 2011. 自主创新与知识产权保护——基于江苏软件产业的研究[J]. 南京大学法律评论, (02): 220-230.
徐国胜. 2013. 合肥市生物医药产业现状及发展对策研究[D]. 合肥: 安徽医科大学.
许超伊. 2017. 刍议完善我国知识产权质押融资的对策及建议[J]. 江苏商论, 24: 81-82.
杨大为. 2005. 我国生物技术知识产权保护的策略[J]. 江苏科技信息, (4): 36-38.
杨铁军. 2015. 产业专利分析报告（第36册）——抗肿瘤药物[M]. 北京: 知识产权出版社,
杨盈霄, 刘锐, 李凯. 2017. WiGig技术专利布局与发展趋势[J]. 中国发明与专利, 14(5): 45-49.
杨远斌. 2005. 遗传资源的知识产权保护分析[J]. 知识产权, (4): 20-24.
姚维保. 2005. 我国生物技术与新医药产业专利保护: 现状、问题与可持续创新战略[J]. 科技管理研究, (9): 20-23.
银路. 2004. 技术创新管理[M]. 北京: 机械工业出版社.
于丽艳, 毕克新. 2009. 基于国际专利分类法的中国专利布局实证研究[J]. 中国软科学, (3): 186-192.
余江, 陈凯华. 2011. 提升知识产权战略能力, 推动战略性新兴产业发展[J]. 科技促进发展, (03): 48-51.
袁真富. 2015. 知识产权领域的马甲公司[J]. 中国知识产权, 98: 28-29.
曾德国. 2015. 企业知识产权管理[M]. 北京: 北京大学出版社.
张君立, 郑美群. 2008. 知识产权和信息技术系统对高技术企业竞争优势的作用机理分析[J]. 现代情报, (02): 195-196.
张婷, 肖晶. 2017. 知识产权质押融资: 实践、障碍与机制优化[J]. 南方金融, 02: 86-90.
张彦坤, 张辉, 李煜华, 等. 2017. 高校知识产权运营驱动模式研究[J]. 科技进步与对策, 07: 114-118
张玉明, 李凯. 2007. 中国创新产出的空间分布及空间相关性研究——基于1996-2005年省际专利统计数据的空间计量分析[J]. 中国软科学, (11): 97-103.
郑明辉. 2000. 发挥知识产权对技术创新的作用[J]. 机械制造, (10): 7-9.
周大成. 2017. 企业专利布局实践探讨[J]. 中国发明与专利, 14(01): 16-22.
周寄中, 张黎, 汤超颖. 2006. 知识产权与技术创新: 联动与效应分析[J]. 研究与发展管理, (05): 106-112.

周霞，叶广锋. 2006. 知识管理背景下知识产权对企业的作用[J]. 商业时代，(06)：22-23.

朱瑞博. 2011. 战略性新兴产业培育的知识产权与标准竞争战略研究[J]. 上海经济研究，(04)：79-88.

朱晓超，段宏庆. 2010. 蓝色药丸“万艾可”的中国之旅[N]. 财经，2004-07-21.

朱雪忠，常俊丽，何光源. 2006. 生物信息技术的知识产权保护初探[J]. 知识产权，(1)：27-32.

朱雪忠，詹映，蒋逊明. 2007. 技术标准下的专利池对我国自主创新的影响研究[J]. 科研管理，(3)：180-186.

庄喻韬，孙通. 2013. 知识产权显性作用的思考[J]. 产业与科技论坛，12(13)：56-57.

邹文俊，张宇清，徐芳媛，等. 2013. 礼来公司吉西他滨全球及在华专利布局策略分析[J]. 中国新药杂志，22（17）.

BERG B L. 2005. Qualitative research methods for the social science[J]. Thousand Oaks: Sage:136-139.

BERG B L. 2011. Qualitative research methods for the social sciences[M]. Thousand Oaks, CA: Sage.

BLIND K, CREMERS K, MUELLER E. 2009. The influence of strategic patenting on companies' patent portfolios[J]. Research Policy, 38(2): 428-436.

BLIND K, et al. 2006. Motives to patent: Empirical evidence from Germany[J]. Research Policy, 35(5): 655-672.

CHEN Y, PUTTITANUN T . 2005. Intellectual property rights and innovation in developing countries[J]. Journal of Development Economics, 78(2): 474-493.

ERNST H. 2002. The patent portfolio for strategic R&D planning;proceedings of the Innovation in Technology Management - The Key to Global Leadership PICMET ' 97: Portland International Conference on Management and Technology, F [C].

EISENHARDT K. 1989. Building theories from case study research[J]. Academic Manage Review, 4(4): 532-550.

FABRY B , et al. 2006. Patent portfolio analysis as a useful tool for identifying R&D and business opportunities—an empirical application in the nutrition and health industry[J]. World Patent Information, 28(3): 215-225.

HELLER M A, REBECCA S E. 1998. Can patents deter innovation? The anti-commons in biomedical research[J]. Science, 280(5364): 698-701.

HERRIOTT R E, FIRESTONE W A. 1983. Multisite qualitative policy research: optimizing description and generalizability[J]. Educational Researcher, 12(2): 14-19.

LERNER J. 2002. Patent protection and innovation over 150 years[J]. American Economic Review, 92(8977): 7-50.

LITTMANN-HILMER G, KUCKARTZ M. 2009. SME tailor-designed patent portfolio analysis [J]. World Patent Information, 31(4): 273-277.

LLEWLYN M. 1997. The legal protection of biotechnological inventions: an alternative approach[J]. European Intellectual Property Review, 3: 122.

MERGE R P , NELSON R P. 1992. Market Structure and Technical Advance: The Pole of Patent Scope Decisions[M]//JORDE, T. M, TEECE D J. Antitrust, Innovation and Competitiveness. Oxford: Oxford University Press.

MERGE R P. 2005. Institutions for intellectual property transactions: The case of patent pools. www.law.berkeley.edu/institutes/bclt/pubs/merges/pools.pdf, 04-17.

OVE GRANSTRAND. 1999. The Economics and Management of Intellectual Property: Towards Intellectual Capitalism [M]. UK/Northampton: Edward Elgar Publishing, Inc.

PILKINGTON A. 2003. Technology commercialisation: patent portfolio alignment and the fuel cell; proceedings of the Management of Engineering and Technology, 2003 PICMET ' 03 Technology Management for Reshaping the World Portland International Conference on, F[C].

PISANO G P. 2006. Science Business: The Promise, The Reality, and The Future of Biotech[M]. New York: Harvard Business Press.

REBECCA C.2013. The cost-cutting success of one Chinese startup makes the industry sit up and take notice [J]. Scientific American World Review, 12:14-17.

ROBERT K Yin. 1994. Case Study Research: Design and Methods[M]. Sage Publications, Inc.

SANDERS P. 1982. Phenomenology: a new way of viewing organizational research[J]. The Academy of Management Review, 7(3): 353-360.

TELLIS W. 1997. Introduction to case study[J]. The Qualitative Report, 3(2): 45～60.

YIN R K. 1994. Case study research: design and methods[J]. Beverly Hills:Sage:156-165.

附　录

“四川省现代生物技术企业的知识产权策略”调查问卷
（敬请知识产权或研发/技术部门主管及相关人士填写）

致　谢

为了解我省现代生物技术企业的知识产权策略情况，实证研究知识产权运营对企业绩效的作用机理，分析现代生物技术产业中不同行业、企业规模和市场结构条件下生物技术企业的知识产权管理策略，电子科技大学经济与管理学院“新兴技术管理”研究团队制作了本问卷。非常感谢您的支持和帮助！

2009～2014 年，本团队成员先后走访调研了深圳市、广州市、佛山市、东莞市、中山市、北京市、苏州市、武汉市、西安市、成都市、绵阳市、德阳市、宜宾市、自贡市等地一百余家企业，编写了部分企业(包括通信、创意、软件、制药、家电、装备制造、纺织等产业领域)的知识产权管理案例。在调研过程中，受访企业对学术研究的公益心和社会责任感让我们深受感动。希望我们的研究既能在理论上有所建树，更能为在市场中搏击的中国企业提供借鉴和支持。

本问卷数据和企业资料将作严格保密处理，除学术研究目的之外不对任何第三方泄露。

填 写 说 明

知识产权，指一切来自工业、科学、文学和艺术领域的智力性活动成果所享有的权利，包括“创造性智力成果权利”和“工商业标记权利”两大类。前一类包括专利、技术秘密、版权、集成电路布图设计、植物新品种等；后一类包括商标权、商号权、其他与不正当竞争有关的识别性标记权。

知识产权管理，本研究是在管理学意义上展开讨论的，知识产权管理具体包括知识产权创造、利用、保护和组织等活动。

本问卷的答案无所谓“对”或“错”，请根据贵公司实际情况，如实、客观地选择最恰当的答案。

第一部分　知识产权创造能力

请您判断下列陈述与贵公司情况的符合程度，并在最适当的选项或数字旁打“√”；电子版问卷也可用“√”替换最适当的数字，或者将最适当的选项或数字变换成其他颜色。(下同)

1. 贵公司拥有的知识产权的主要类型是：

知识产权类型	0=不符合；1=符合	
专利	0	1
商标	0	1
技术秘密	0	1
版权	0	1
其他	0	1

2. 贵公司获得知识产权的主要途径是：

获得知识产权的途径	0=不符合；1=符合	
自主创造	0	1
被许可	0	1
受让	0	1
并购	0	1
其他	0	1

3. 如果贵公司申请了专利(如果贵公司没有申请专利，此项不用填写)

(1) 贵公司在专利创造方面的实际情况是：

描　述	1=很低；5=很高				
累计国内专利申请量与国内同行业平均水平相比	1	2	3	4	5
累计国外专利申请量与国内同行业平均水平相比	1	2	3	4	5
发明专利申请量占总申请量的比重	1	2	3	4	5
专利申请获得授权的几率	1	2	3	4	5
内部专利奖励制度激励研发人员申请专利的有效性	1	2	3	4	5
内部专利申请评审机制的完善程度	1	2	3	4	5
技术合作中约定专利申请权归己方独占或共有的比例	1	2	3	4	5
公开专利文献的检索和利用程度	1	2	3	4	5
了解和分析竞争对手专利布局的及时性和有效性	1	2	3	4	5

(2) 贵公司国内专利授权量累计为：(单位：件)

□ 0～10　　□ 11～30　　□ 31～70

□ 71～150　　□ 151 以上

(3) 贵公司国外专利授权量累计为：(单位：件)

□ 0　　□ 1～5　　□ 6～10

□ 11～15　　□ 16 以上

4. 如果贵公司注册了商标(如果贵公司没有注册商标，此项不用填写)

(1)贵公司国内注册商标数量累计为：(请按注册商品类别计算，下同，单位：件)

□ 1～10　□ 11～30　□ 31～70

□ 71～150　□ 151 以上

(2)贵公司国外注册商标数量累计为：(单位：件)

□ 1～5　□ 6～10　□ 11～15

□ 16～20　□ 21 以上

(3)贵公司商标注册的实际情况是：

描　述	1=很低；5=很高				
累计注册商标数量与国内同行业平均水平相比	1	2	3	4	5
商标注册国家和地区数量与国内同行业平均水平相比	1	2	3	4	5
联合商标[①]满足防止混淆和淡化需要的程度	1	2	3	4	5
防御商标[②]满足防止混淆或市场发展需要的程度	1	2	3	4	5
从属商标[③]满足区别不同型号商品需要的程度	1	2	3	4	5
能够根据产品或市场需要及时申请商标注册	1	2	3	4	5

5. 就技术秘密而言，贵公司的实际情况是：

描　述	1=很低；5=很高				
技术秘密拥有量与国内同行业平均水平相比	1	2	3	4	5
激励员工创造技术秘密的力度	1	2	3	4	5
技术秘密甄别登记制度和流程的完善程度	1	2	3	4	5
技术合作中约定技术秘密归己方独占或共有的比例	1	2	3	4	5
技术秘密密级调整和解密的及时性和有效性	1	2	3	4	5

6. 就版权而言，贵公司的实际情况是：

(1)贵公司拥有版权的作品的主要类型是：

作品类型	0=不符合；1=符合	
计算机软件	0	1
工程设计图	0	1
产品设计图	0	1
文字作品	0	1
其他	0	1

① 联合商标是指商标所有人在同一种商品或类似商品上注册的与正商标相近似的一系列商标，即将与正商标近似的商标注册于相同或类似商品上形成的相互联系的商标。

② 防御商标是指商标所有人在与注册商标所指定的商品和服务不同的其他类别的商品或服务上注册的同一商标。

③ 从属商标是指同一经营者在自己生产经营的不同规格、型号、样式的同一种商品上除使用统一的主商标外，为区别各自特征而使用的从属于主商标的专用于标志某一特定商品的商标。

(2)贵公司版权创造的实际情况是：

描　述	1=很低；5=很高				
近三年作品内部登记数量与国内同行业平均水平相比	1	2	3	4	5
近三年作品外部登记数量与国内同行业平均水平相比	1	2	3	4	5
委托或合作设计时约定版权归己方独占或共有的比例	1	2	3	4	5
内部版权奖励制度激励研发人员创作作品的有效性	1	2	3	4	5
作品内部登记制度和流程的完善程度	1	2	3	4	5

第二部分　知识产权利用能力

1. 贵公司的知识产权主要利用方式是：

知识产权利用方式	0=不符合；1=符合	
自行使用	0	1
许可	0	1
转让	0	1
其他	0	1

2. 关于专利的利用，贵公司的实际情况是：(如果贵公司没有专利，此项不用填写)

描　述	1=很低；5=很高				
商业化了的专利占专利总量的比例	1	2	3	4	5
自行实施的专利占商业化了的专利总量的比例	1	2	3	4	5
许可或转让的专利占商业化了的专利总量的比例	1	2	3	4	5
近三年专利产品销售额增长的速度	1	2	3	4	5
近三年专利产品销售额占总销售额的比例	1	2	3	4	5

3. 关于商标的利用，贵公司的实际情况是：(如果贵公司没有注册商标，此项不用填写)

描　述	1=很低；5=很高				
使用自有商标的产品销售额占总销售额的比例	1	2	3	4	5
自有商标对产品或服务差异化的贡献	1	2	3	4	5
自有商标的市场价值与国内同行业平均水平相比	1	2	3	4	5
自有商标知名度和美誉度与国内同行业平均水平相比	1	2	3	4	5
主商标和副商标的组合使用程度	1	2	3	4	5

4. 关于技术秘密的利用，贵公司的实际情况是：

描　述	1=很低；5=很高				
商业化了的技术秘密占技术秘密总量的比例	1	2	3	4	5
自行实施的技术秘密占商业化了的技术秘密的比例	1	2	3	4	5
许可和转让的技术秘密占商业化了的技术秘密的比例	1	2	3	4	5

续表

描　述	1=很低；5=很高				
技术秘密对企业销售额的贡献	1	2	3	4	5
技术秘密在内部人员权限范围内的共享机制完善程度	1	2	3	4	5
通过正当途径获得和利用他人技术秘密的能力	1	2	3	4	5

5. 关于版权的利用，贵公司的实际情况是：

描　述	1=很低；5=很高				
商业化了的作品占企业拥有作品总量的比例	1	2	3	4	5
自行利用的作品占商业化了的作品总量的比例	1	2	3	4	5
许可和转让的作品占商业化了的作品总量的比例	1	2	3	4	5
企业内部作品查阅和流转机制的完善程度	1	2	3	4	5
通过正当途径获得和利用他人版权的能力	1	2	3	4	5

第三部分　知识产权保护能力

1. 关于专利的保护，贵公司的实际情况是：（如果贵公司没有专利，此项不用填写）

描　述	1=很低；5=很高				
核心专利和外围专利的组合保护程度	1	2	3	4	5
专利预警机制的建立和完善程度	1	2	3	4	5
对专利保护途径和程序的熟悉程度	1	2	3	4	5
追究他人侵犯专利权行为的法律责任的力度	1	2	3	4	5
现行法律制度保护专利的及时性和有效性	1	2	3	4	5

2. 关于商标专用权的保护，贵公司实际情况是：（如果贵公司没有注册商标，不填此项）

描　述	1=很低；5=很高				
通过主副商标组合以防止混淆或淡化的能力	1	2	3	4	5
与注册商标或商号关联的域名保护的有效性	1	2	3	4	5
回应他人侵犯商标专用权行为的及时性	1	2	3	4	5
对商标专用权保护途径和程序的熟悉程度	1	2	3	4	5
追究他人侵犯商标专用权行为的法律责任的力度	1	2	3	4	5

3. 关于技术秘密的保护，贵公司的实际情况是：

描　述	1=很低；5=很高				
与涉密员工签订保密协议的比例	1	2	3	4	5
外来人员参观学习的保密机制完善程度	1	2	3	4	5
与客户谈判的保密机制完善程度	1	2	3	4	5
合作研发或制造中的保密机制完善程度	1	2	3	4	5
追究侵犯技术秘密行为的法律责任的力度	1	2	3	4	5

4. 关于版权的保护，贵公司的实际情况是：

描　述	1=很低；5=很高				
通过刊物或会议等渠道发表作品的审查机制完善程度	1	2	3	4	5
对版权保护途径和程序的熟悉程度	1	2	3	4	5
追究侵犯版权行为的法律责任的力度	1	2	3	4	5
现行法律制度保护版权的及时性和有效性	1	2	3	4	5

5. 您认为我国目前下述知识产权争议解决途径的及时性和有效性实际情况是：

解决知识产权争议的途径	1=很低；5=很高				
自行协商	1	2	3	4	5
行政	1	2	3	4	5
司法	1	2	3	4	5
仲裁	1	2	3	4	5
行业自律	1	2	3	4	5

第四部分　知识产权组织能力

1. 关于知识产权管理机构和人员的设置，贵公司的实际情况是：

(1) 知识产权管理机构的设置情况是：

□ 没有机构　□ 兼职机构　□ 专门机构　□ 其他

(2) 知识产权管理机构或人员的隶属关系是：

□ 隶属于研发机构　□ 隶属于法律机构

□ 隶属于公司办公机构　□ 隶属于规划发展机构

□ 隶属于总经理　□ 其他

(3) 贵公司的专职知识产权管理人员的人数为：

□ 0 人　□ 1～3 人　□ 4～6 人

□ 7～9 人　□ 10 人以上

(4) 贵公司的兼职知识产权管理人员的人数为：

□ 0 人　□ 1～6 人　□ 7～12 人

□ 13～18 人　□ 19 人以上

(5) 贵公司知识产权管理人员的专业背景主要是：

□ 法律　□ 工学　□ 理学

□ 经济管理　□ 其他

2. 关于知识产权制度的制定与实施，贵公司的实际情况是：

描　述	1=很低；5=很高				
公司员工知识产权培训普及率	1	2	3	4	5
公司知识产权制度的系统性和完善程度	1	2	3	4	5
公司知识产权制度修订的及时性	1	2	3	4	5
公司知识产权制度的执行力度	1	2	3	4	5
公司知识产权制度对研发活动的激励力度	1	2	3	4	5
公司知识产权制度对创新成果商业化的促进力度	1	2	3	4	5

3. 关于知识产权嵌入企业运营的程度，贵公司的实际情况是：

描　述	1=很低；5=很高				
知识产权管理人员参与研发项目过程控制的程度	1	2	3	4	5
知识产权管理人员参与技术合同会签的程度	1	2	3	4	5
研发项目验收评审中知识产权指标的权重	1	2	3	4	5
知识产权管理人员参与制造过程控制的程度	1	2	3	4	5
知识产权管理人员参与市场拓展的程度	1	2	3	4	5
创新成果的知识产权类型选择与协调机制的完善程度	1	2	3	4	5
知识产权价值评估机制的完善程度	1	2	3	4	5

第五部分　企业绩效

1. 贵公司在国内同行业中的地位估计是：

□ 后 1/3　□ 中间 1/3　□ 前 1/3　□ 最成功

2. 近三年贵公司年销售额的平均增长率估计是：

□ <5%　□ 5%～14%　□ 15%～24%

□ 25%～34%　□ >34%

3. 近三年贵公司的年平均净资产收益率估计是：

□ <1%　□ 1%～5%　□ 6%～10%

□ 11%～15%　□ >15%

4. 目前贵公司主导产品的国内市场份额估计是：

□ <1%　□ 1%～5%　□ 6%～10%

□ 11%～20%　□ >20%

5. 近三年贵公司开发的新产品的销售额占企业总销售额的百分比估计是：

□ <5%　□ 5%～14%　□ 15%～29%

□ 30%～49%　□ >49%

6. 近三年贵公司所开发的新产品的利润占企业总利润的百分比估计是：

□ <5%　□ 5%～14%　□ 15%～29%

□ 30%～49%　□ >49%

7. 贵公司绩效与国内同行业相比，实际情况是：

描　述	1=很低；5=很高				
近三年年销售额平均增长率与国内同行业平均水平相比	1	2	3	4	5
近三年年平均净资产收益率与国内同行业平均水平相比	1	2	3	4	5
近三年年平均利润率与国内同行业平均水平相比	1	2	3	4	5

第六部分　贵公司的基本信息

1. 贵公司成立于哪一年？______年　　所在的城市：

2. 公司性质：□国有及控股　□ 民营　□外商投资及控股　□ 其他

3. 所属行业：□医药生物技术　□农业生物技术　□工业生物技术　□生物信息技术　□生物实验技术　□其他，请注明__________________

4. 请列出贵公司的主要产品类别(<4 类)：
□基因工程疫苗　□生化药物　□基因工程药物　□血液制品　□干细胞药物和治疗方法
□生物诊断和医疗技术　□生物农药　□生物化肥　□兽用疫苗　□胚胎工程及体细胞克隆
□转基因农作物　□基因育种　□生物材料　□发酵工程　□酶制剂
□氨基酸　□生物化工产品　□环境卫生　□食品生物技术　□生物能源
□其他，请注明__________________

5. 贵公司主导产品的市场结构：□完全垄断　□寡头垄断　□垄断竞争　□完全竞争

6. 从业人员数：□<300 人　□ 300～2000 人　□>2000 人

7. 资产总额(人民币)：□<4000 万　□ 4000 万～4 亿　□>4 亿

8. 年销售额(人民币)：□<3000 万　□ 3000 万～3 亿　□>3 亿

9. 近三年研发费用总额占销售总额的比例：□<1%　□1%～4%　□5%～10%　□>10%

10. 研发人员占员工总人数的比例：
□<2%　□2%～4%　□5%～9%　□10%～14%　□15%～30%　□>30%

11. 贵公司竞争力的主要来源是：
□资源垄断　□劳动力成本　□资本聚集　□技术创新　□商业模式　□其他

12. 贵公司技术创新的主要模式是：□引进消化吸收再创新　□集成创新　□原始创新

13. 贵公司技术创新的主要方式是：□改进式创新　□反向工程　□突破性创新

14. 贵公司创新的重点是：□产品创新　□工艺创新　□组织创新　□其他

15. 您认为保护创新成果的最有效方式是：□时间领先　□知识产权　□补充性资产　□其他

非常感谢您抽空完成这份问卷！

- 如果您希望对以上的某个问题更进一步阐述，请写在以下的空白处：

- 如果您对该问卷有任何意见或建议，请写在以下的空白处：

● 我们将按下列联系方式向您免费寄送本问卷研究成果及前述案例，谨答谢您和贵公司的大力支持和帮助。敬请提供您的：

姓　　名：

供职部门：

企业名称：

联系地址：

邮政编码：

联系电话：

电子邮箱：

后　记

本书作为作者多年来在生物技术企业知识产权策略研究上的总结、归纳与提升，围绕基于“接力创新”过程的现代生物技术企业的知识产权策略问题，从理论分析、专利数据分析、问卷调查和案例研究多方面展开全面讨论，力图得出具有说服力和对于实践有一定指导意义的结论。本书也是教育部人文社会科学项目“现代生物技术企业的知识产权策略研究：基于技术创新的视角”、国家社会科学基金项目“生物技术企业创新中的知识产权策略研究：基于创新“接力”过程的博弈分析”、国家自然科学基金项目“接力创新的模型及实证应用研究：以生物制药为例”、四川省知识产权实施与促进类项目“我省发展战略性新兴技术产业的知识产权布局与运营研究”、中央高校基本科研业务费专项资金项目“大数据驱动下的高校知识产权运营研究”、广义虚拟经济研究专项［GX2012-1020(M)］等资助项目的成果总结，在此特向国家社会科学基金、自然科学基金、教育部、四川省知识产权局等单位表示感谢。

在本书的撰写过程中，得到了电子科技大学中细软知识产权管理研究中心、四川省知识产权教育培训电子科技大学基地、专利审查协作四川中心、成都中医药大学、地奥集团成都药业股份有限公司、四川力久律师事务所等科研机构和企事业单位的大力支持。他们为本书提供了丰富的素材和中肯的意见和建议，感谢他们的鼎力相助。

特别感谢刘春田教授，为我们的系列丛书作序，对我辈从事知识产权研究的科研人员来说是莫大的鼓励。

特别感谢本书编辑莫永国，他在百忙之中抽出时间，对本书的设计、排版、文字校对一丝不苟，使本书终于能与读者见面。

由于作者自身的理论水平的局限和研究时间的有限，本书的研究和相关结论存在一定的局限性。例如，在生物技术企业知识产权现状及态势分析部分，由于我国幅员辽阔，中东部、西部地区状况差异较大，为得出较为准确的结论，本书对应课题组决定以各省为单位进行数据分析。其中我们重点以四川省为例，也对比了部分兄弟省份的情况。本书对应课题研究的问卷调查部分，主要针对四川省生物技术企业发放，这些都导致本研究的部分研究结论对四川省企业可能更具针对性。当然，我们也力图总结分析出各省的普遍性问题，使我们的结论能具有更广泛的参考价值。

此外，本书难免存在其他不足与疏漏之处，敬请各位专家学者与广大读者批评指正。